深化する日本の経営
― 社会・トップ・戦略・組織 ―

岡本 大輔
古川 靖洋
佐藤 和
馬場 杉夫

共著

千倉書房

Revisiting Japanese Management

はしがき

　21世紀はアジアの時代といわれている。中国の躍進も米国のTPP[1]への積極的参加も，アジア経済に大きな影響を与えている。一方，日本経済・日本企業の衰退が叫ばれ始めて久しい。毎年，スイスのIMDが発表する世界競争力ランキングではかつて1位であった時代[2]もあったが2011年版では26位。日本国債の格付けも，Moody'sやS＆Pでは最高ランクAaaとAAAから格下げされてAa3とAA－，国内のR＆IでもついにAA＋になってしまった[3]。東日本大震災，超円高，そしてTPP問題など，日本経済・日本企業が対処すべき課題は山積している。

　20世紀は高度成長期やバブル期を中心に基本的な成長経済であったが，21世紀には低成長・ゼロ成長となり，従来の経営方法には大きな見直しが求められている。例えば2011年のオリンパス・大王製紙の不祥事に際しても，日本の企業経営の透明性に疑問が投げかけられ，社外取締役義務化の試案も出ている。義務化の必要があるか否かを考える上で，ガバナンスに関する理論的な議論，現実問題としての人材供給の可能性や現場での経営の自由度の問題など，検討すべき課題は数限りない。日本の経営の国際的な信頼性を取り戻すためになすべきことは実に多いといえる。しかしその際，過去をすべて否定するのではなく，過去をしっかりと理解し，何を捨て何を残すべきかを考え，将来の発展への礎としたい。本書は日本企業を対象とした経営学の入門書であるが，このような筆者らの思いが『深化する日本の経営』というタイトルと，カバーデザインにあるRevisiting Japanese Managementというフレーズに込められている。

　サブタイトルの「社会・トップ・戦略・組織」は，本書の構成を表すと共に，

---

[1]　環太平洋パートナーシップ協定，Trans Pacific Partnership。
[2]　1993年まで8年連続1位。『日本経済新聞』1994年9月7日。
[3]　2012年2月現在。Moody'sは1998年11月に，S＆Pは2001年2月に，R＆Iは2011年12月に最高ランクからの格下げ開始。

本書が4人の研究者によるコラボレーションによってできあがったことを示している。筆者ら4人は共に，故・清水龍瑩慶應義塾大学名誉教授のゼミに学んだ。それ故，現在はそれぞれ異なる大学で異なる専門を研究領域としているが，基本的な経営学の考え方は共通している。4人は清水先生の書かれたテキストをベースに，別々の学生を相手に経営学の講義を行ない，各々の研究を深めると同時に講義ノートを書きためてきた。本書は20世紀の日本の経営に関する実証研究第一人者であった清水先生の考え方をベースに，4人が進めた各研究分野の視点から21世紀の日本企業の経営を模索したものである。それ故「社会・トップ・戦略・組織」という4人それぞれの専門領域（の一部）から，日本企業の経営を実学的に捉え，日本の経営の特徴を全面的に再検討する構成になっている。

　形式的には4人で分担して執筆を開始したが，それをネット上に載せ，皆がそれを読み，さらには書き込みも自由に行なう，というルールで進行させてきた[4]。そのような意味では，分担執筆ではない，真の意味での共著となった。巻末の執筆者紹介の"主担当"というのはこのような経緯を示している。お互いの信頼関係をベースに各自の原稿に対して自由に加筆訂正できたのも，すべては4人に基本的な考え方を叩きこんで下さった清水先生のお蔭である。ここに記して感謝したい。また，千倉書房の関口　聡編集部長には企画段階から最終段階の合宿に至るまで全面的なバックアップをいただいた。厚く御礼申し上げたい。

　本書が21世紀の日本経済・日本企業の発展を担う学生諸君の経営学学習のスタート台になってくれれば，筆者たちのこれに過ぎる歓びはない。

　　　2012年新春　三田山上にて

岡本　大輔　　古川　靖洋
佐藤　和　　馬場　杉夫

---

(4)　素晴らしい環境を無料で提供して下さった@Wiki（http://atwiki.jp/l/）に感謝致します。

目　次

はしがき

I　日本企業 …………………………………………………………………1

1　日本的経営——三種の神器—— ………………………………………2

〈コラム I -1　三種の神器〉　2

1-1　終身雇用制 ……………………………………………………2

◆ 終身雇用制とは何か　2
〈コラム I -2　制度ではなく慣行〉　3
◆ 終身雇用制のメリット　3　　◆ 終身雇用制のデメリット　5　　◆ 1990年代以降の終身雇用制　6

1-2　年功序列制 ……………………………………………………8

◆ 年功序列制とは何か　8　　◆ 年功序列制のメリット　9　　◆ 年功序列制のデメリット　10　　◆ 1990年代以降の年功序列制　11

1-3　企業内労働組合 ………………………………………………14

◆ 企業内労働組合とは何か　14　　◆ 企業内労働組合のメリット　15　　◆ 企業内労働組合のデメリット　15　　◆ 1990年代以降の企業内労働組合　16
〈コラム I -3　定昇とベア〉　17

2　現代の企業 ………………………………………………………………18

2-1　現代企業の概念 ………………………………………………18

◆ なぜ経営学を学ぶのか　18　　◆ 企業とは　21　　◆ 企業とは「自らの危険負担の下で自主的に意思決定する組織体である」　22　　◆ 企業とは「製品・サービスを生産する組織体である」　22　　◆ 企業とは「資本計算制度を持つ組織体である」　23　　◆ 企業とは「人間の組織体である」　23
〈コラム I -4　経営学と経済学の違い〉　24

2-2　企業経営の目的 ………………………………………………24

◆ アメリカ企業の目的は利潤の最大化　25

〈コラムⅠ-5　所有と経営の分離，所有と支配の分離〉　25
　　◆ 日本企業の目的は長期の維持発展　26　　◆ 株式持合い　27　　◆ 日本企業の長期的志向　28　　◆ 1990年代以降の変化とグローバルスタンダード　29　　◆ 利潤の最大化は手段でもあり目的でもある　31
　　◆ 利潤の源泉は企業内部にいる人間の創造性の発揮　32　　◆ 一つ上の目標を示す　33
　〈コラムⅠ-6　目的―手段関係〉　34

2-3　会社とは ……………………………………………………………34
　　◆ 公企業，公私混合企業，私企業　34　　◆ 会社法に規定される「会社」　36　　◆ 資本の必要性　36　　◆ 出資と責任　37　　◆ 合名会社と合資会社　38　　◆ 有限会社と株式会社　39　　◆ 合同会社　40

3　企業成長と企業の社会性 ……………………………………………43
　3-1　企業活性化と企業成長 ……………………………………………43
　　◆ 活性化した企業では全経営過程が好循環している　43　　◆ 局所的好循環からスタートして短期的好循環へ　44　　◆ 長期的好循環と企業文化　44　　◆ 企業成長とインタンジブルズ　45
　〈コラムⅠ-7　インタンジブルズの重要性〉　46

　3-2　企業の社会性 ………………………………………………………46
　　◆ 第3の良い企業の基準は社会性　46　　◆ CSRと社会的責任　47
　　◆ 従業員　48　　◆ 株主・取引先　49　　◆ 地域社会　49　　◆ 消費者・社会一般　50　　◆ 地球環境　50
　〈コラムⅠ-8　コーポレート・ガバナンス〉　51
　〈コラムⅠ-9　米ロータス・ディベロップメント社のケース〉　52
　〈コラムⅠ-10　サステナビリティ〉　52
　〈コラムⅠ-11　環境経営〉　53

Ⅱ　トップマネジメント …………………………………………………55

1　トップマネジメントの実態 …………………………………………56
　1-1　トップマネジメントの構成 ………………………………………56
　　〈コラムⅡ-1　監査役設置会社と委員会設置会社〉　60
　1-2　社長のタイプ ………………………………………………………60

2　コーポレート・ガバナンス …………………………………………63
　2-1　アメリカ企業のコーポレート・ガバナンス ……………………65

〈コラムⅡ-2　エンロン事件とワールドコム事件〉　66

　2-2　ドイツ企業のコーポレート・ガバナンス ……………………………67

　2-3　日本企業のコーポレート・ガバナンス ……………………………69

　　　〈コラムⅡ-3　ソニーの執行役員制度〉　71

　2-4　日本企業におけるコーポレート・ガバナンスの現状 ……………71

3　経営者機能 …………………………………………………………………76

　3-1　将来構想の構築と経営理念の明確化 ………………………………76

　　　◆ 将来構想の構築とは　76
　　　〈コラムⅡ-4　「風が吹けば桶屋が儲かる」と「バタフライ効果」〉　77
　　　◆ 長期的な視点を持つ日本企業の将来構想　78　　◆ 経営者の現場歩き　79　　◆ 変化の速度の差の原理とモノゴトの重要度の差の原理　79
　　　◆ 経営理念と経営目標　81

　3-2　戦略的意思決定 ………………………………………………………83

　　　◆ 戦略的意思決定とは　83　　◆ カシ・カリの論理の遂行　85　　◆ 根まわし　87　　◆ 公式の決定　87

　3-3　執行管理 ………………………………………………………………88

　　　◆ 執行管理とは　88
　　　〈コラムⅡ-5　経営管理論の始まり〉　90

4　経営者能力 …………………………………………………………………92

　4-1　企業家精神，管理者精神とリーダーシップの関係 ………………92

　　　◆ 企業家精神　92　　◆ 管理者精神　93　　◆ リーダーシップ　94
　　　〈コラムⅡ-6　リーダーシップ研究の系譜〉　95

　4-2　経営者能力の発揮 ……………………………………………………97

　　　◆ 創業期に求められる経営者能力　97　　◆ 成長期に求められる経営者能力　101
　　　〈コラムⅡ-7　ソニーウォークマンの開発と社長の能力〉　104
　　　◆ 安定期に求められる経営者能力　105　　◆ 再成長期に求められる経営者能力　107

Ⅲ　経営戦略論 ………………………………………………………………111

　1　経営戦略論とその系譜 …………………………………………………112

4 　目　次

- 1-1　経営戦略とは ……………………………………………………112
- 1-2　経営計画との違い ………………………………………………113
  - ◆ 計画を立てることの特徴と前提　113　　◆ 不透明な将来の主因　114
- 1-3　経営戦略の現代的意義 …………………………………………115
  - ◆ 高まる不確実性　115　　◆ 経営戦略上の課題　117
- 1-4　経営戦略の様々な局面 …………………………………………117
  - ◆ 経営戦略の階層性　118　　◆ 外部環境と内部条件の整合性　118
  - ◆ 戦略の策定と遂行　119
- 1-5　経営戦略論の展開 ………………………………………………120
  - ◆ 経営戦略論の確立　121　　◆ 自社を位置付ける　122　　◆ 内部要因の傾倒　123　　◆ 経営戦略論を学ぶ意義　123

2　経営戦略のプロセス …………………………………………………125
- 2-1　企業の基本計画とその現代的意義 ……………………………125
  - ◆ 経営理念，経営方針，ビジョンとドメイン（事業領域），社是，社訓，行動規範　125　　◆ 基本計画の内容と実際　127　　◆ 基本計画の現代的意義とその効果　128　　◆ 基本計画発信の方法　130
- 2-2　外部・内部の分析 ………………………………………………131
  - ◆ SWOT分析　131　　◆ 業界構造・競争構造の分析＝5つの競争要因　132
- 2-3　分析的展開と創発的プロセス …………………………………134
  - ◆ 分析麻痺症候群　134　　◆ 計画の限界　135　　◆ 分析，計画・誘発，トップダウンに対立する直観，創発・自律，ボトムアップ　136　　◆ 注目される創発・自律のプロセスとその課題　137
  - 〈コラムⅢ-1　計画・誘発的戦略と創発・自律的戦略の解釈：インテルの事例〉　138
- 2-4　経営戦略の策定と遂行 …………………………………………140
  - ◆ トップダウン型の戦略策定・遂行　141　　◆ 創発・自律が加えられた戦略策定・遂行　141

3　全社戦略 ………………………………………………………………143
- 3-1　企業の成長戦略 …………………………………………………143

◆アンゾフの成長ベクトル 143　◆関連型多角化が望ましい 145
◆状況によってとるべき多角化は異なる 146

3-2　事業の撤退，選択と集中 …………………………………………148
◆企業の経路依存性 148　◆撤退戦略 149　◆選択と集中 150
◆M&A（Mergers & Acquisitions）151

3-3　グローバル展開に向けて ……………………………………………153
◆グローバル化の意義 154　◆グローバル展開のプロセス 154
◆社内のグローバル化 155　◆昨今のBOPビジネスの特徴 156
〈コラムⅢ-2　マイクロファイナンスとBOPビジネス〉157

4　事業戦略 ……………………………………………………………………158

4-1　ポジショニング ………………………………………………………158
◆PPM（Product Portfolio Management）158　◆ポーターの3つの基本戦略 162

4-2　競争優位の戦略 ………………………………………………………164
◆資源ポジション・バリヤー 164　◆価値連鎖 165

4-3　競争と協調の戦略 ……………………………………………………166
◆ゲームアプローチ 166　◆戦略的提携 167

5　製品戦略 ……………………………………………………………………170

5-1　製品戦略と新製品開発プロセス ……………………………………170
◆製品開発におけるマーケティングの役割 170　◆技術開発とイノベーション 171　◆製造技術と製品技術 172　◆製品開発のプロセス 174

5-2　研究開発戦略 …………………………………………………………175
◆技術レベルと企業が取り組む研究開発 175　◆技術のS曲線 176
◆技術のロードマップ 177

6　競争優位の源泉 ……………………………………………………………178

6-1　資源ベース理論の発展と強みネットワーク ………………………178
◆VRIOフレームワーク 178　◆資源の組み合わせとしての強みネットワーク 180　◆コア・コンピタンス 181

6-2　戦略経営の必要性 ……………………………………………………182

◆ 資源を結ぶ担い手としてのヒト　182　　◆ 組織に求められる仕組み　183　　◆ 変わるミドルの役割　184

IV　組織とヒトの管理　………………………………………………………185

1　経営資源の管理　…………………………………………………………186

1-1　経営管理とは　………………………………………………………186

◆ 有効性と効率性　186　　◆ 組織の目標と個人の目標　186
〈コラムIV-1　ビジネスモデル〉　187

1-2　経営資源　……………………………………………………………188

◆ 社会性，戦略，組織，資源　189　　◆ モノゴトの重要度の差　190　　◆ カネの管理　191　　◆ 財務指標と創造性発揮　191

1-3　モノの管理　…………………………………………………………193

◆ 科学的管理法　193　　◆ 大量生産　194　　◆ 製品アーキテクチャ　194　　◆ コスト削減　195
〈コラムIV-2　海外生産による産業の空洞化と日本国内生産の強み〉　197
◆ 外部資源の活用　198　　◆ 品質管理　199

2　組織の管理　………………………………………………………………202

2-1　組織と情報　…………………………………………………………202

◆ 変化の速度の差の原理　202　　◆ 企業文化　203　　◆ イノベーション　203　　◆ 情報の管理と情報収集　204
〈コラムIV-3　怒る〉　205
◆ 知識創造　206

2-2　日本の企業組織　……………………………………………………207

◆ 信頼取引　207
〈コラムIV-4　プリペイカードとクレジットカード〉　209
◆ 家の論理　209　　◆ プロテスタンティズム　210　　◆ 社会資本　210　　◆ 和魂洋才　211

2-3　企業成長と組織構造　………………………………………………212

◆ 革新と展開　212　　◆ 非公式組織　214　　◆ 職能別組織　215
〈コラムIV-5　機械的組織と有機的組織〉　217
◆ 事業部制と子会社　217
〈コラムIV-6　SBU〉　219

　　　　◆ プロジェクト・チームとマトリックス組織　219

　2-4　新しい組織形態 …………………………………………………221
　　　　◆ フラット化組織　221
　　　〈コラムⅣ-7　アメーバ経営〉　222
　　　　◆ ネットワーク組織　222
　　　〈コラムⅣ-8　フランチャイズ〉　223

3　組織の活性化 ……………………………………………………………224
　3-1　活性化とは ………………………………………………………224
　　　　◆ 企業文化の成長段階　224　◆ 経営理念　225　◆ 組織学習　226
　　　〈コラムⅣ-9　シングル・ループ学習とダブル・ループ学習〉　227
　　　　◆ 企業の活性化と組織の活性化　228　◆ 製品戦略に対応した組織活性化の3つの方策　229

　3-2　挑戦意欲の向上 …………………………………………………231
　　　　◆ 組織制度改革　231　◆ 中間管理者の意識改革　232　◆ 減点主義から加点主義へ　233

　3-3　意識改革 …………………………………………………………233
　　　　◆ 危機感　233　◆ 経営理念・経営目標の明確化　234　◆ 現場歩き　235　◆ 企業文化変革の方策　237

　3-4　専門知識の再構築 ………………………………………………237
　　　　◆ スペシャリスト・エキスパートの教育・訓練　238　◆ 中途採用による環境適応　238　◆ 新規事業部門の設置　239　◆ 知識の深化　240

4　ヒトの管理 ………………………………………………………………241
　4-1　能力開発 …………………………………………………………241
　　　　◆ 能力とその開発　241　◆ 能力開発の循環プロセス　242　◆ Off-JT　242

　4-2　動機付け …………………………………………………………243
　　　〈コラムⅣ-10　ホーソン実験〉　243
　　　　◆ 従業員モラール　244
　　　〈コラムⅣ-11　ハーズバーグの衛生理論〉　244
　　　　◆ ほめる哲学　245

4-3 能力開発のための人事評価 ……………………………………246
　◆ 人事評価と能力開発の関連 246　◆ 人事評価と公正性 247
　◆ 具体的な評価の仕方 248　◆ 職位，職種による違い 248
　◆ 経営者の考え方，企業文化による違い 249

4-4 日本企業の人事評価の大きな流れ ……………………………250
　◆ 能力主義的評価の歴史 250　◆ 年功主義 251　◆ 能力主義 252
　◆ 能力開発主義と成果主義 252　◆ 新たな評価制度 253　◆ 大変革期における挑戦意欲 254

V　これからの企業 …………………………………………………………257

1　良い企業とは …………………………………………………………258

1-1 社会的責任，フィランソロピー，CSR ………………………258
　◆ 社会的責任ブーム 258　◆ フィランソロピー・ブーム 259
　◆ CSRブーム 259
　〈コラムV-1　好景気の判定〉 260

1-2 企業のための社会性 ……………………………………………261
　◆ 制約条件としての社会性だった社会的責任ブーム 261　◆ 企業のロジックとは無関係の社会性であったフィランソロピー・ブーム 262
　◆ CSRブームと企業のための社会性 263　◆ アメリカ企業にとっての社会性の考え方 263　◆ 欧州企業にとっての社会性の考え方 264
　◆ 単なる理想論で片付けてはならないCSR 264　◆ 日本の経営者も同意見 265　◆ 社会的責任ブームとフィランソロピー・ブームの社会性の考え方は非現実的 266　◆ 企業のための社会性と捉えるべき 266

2　社会性に関する実証研究 …………………………………………269

2-1 社会性と財務業績 ………………………………………………269
　◆ 社会性の高い企業は収益性・成長性も高い 270　◆ 高財務業績への必要条件としての社会性 272

2-2 雇用と財務業績 …………………………………………………276
　◆ 終身雇用制は崩壊していない 276　◆ 終身雇用という"概念" 277
　◆ 終身雇用維持派の財務業績は高い 277　◆ 終身雇用＋能力主義で高業績 279　◆ さらなる研究の必要性 279

REFERENCES ………………………………………………281
APPENDIX …………………………………………………289
INDEX ………………………………………………………291

Ⅰ　日　本　企　業

「日本の2010年GDP，中国に抜かれ世界第3位に」

　新聞・テレビ等で大きく報道されたこの記事をよく覚えている読者諸君も多いだろう。日本は第二次大戦後に急速な経済成長を遂げ，1968年には当時の西ドイツを抜き，2009年までの42年間，GDP世界第2位であった。2010年にその座を中国に譲ったとはいえその差はわずかで，ほぼ同規模の経済大国であることに変わりはない。この経済成長の原動力となってきたのが日本企業だ。これからの日本企業には何が必要なのであろうか。

　2011年3月11日に東北および関東地方を襲った東日本大震災で多くの日本企業が被災し，その影響は国内だけでなく，全世界の工場に及んだ。日本製の部品が届かないため，自動車・携帯端末・コンピュータ・半導体など多くの生産がストップしてしまったのである[1]。日本製部品の世界シェアの高さが改めて浮き彫りになった。

　日本企業はどのように成長発展を遂げてきたのであろうか。その間，世界の競争相手は日本企業の躍進をただ，指をくわえて眺めていたのか？　アメリカ企業はさぼっていたのか？　ドイツ企業は遊んでいたのか？　そんなはずはなく，厳しい企業間競争の中，日本企業は成長してきたのだ。その躍進の秘密は日本企業独自の経営方式にあったといわれている。世界の企業経営の方式と日本企業のそれとはどこが違うのであろうか？　本書では日本企業の経営の特徴を解説していくが，まずは古くからいわれている「日本的経営三種の神器」をみていこう。日本企業がさらに発展し，世界に向けた影響力を向上させていくためには，過去をしっかりと理解し，それらの礎の下に発展する展望を描く必要があろう。

（1）　自動車では米ゼネラルモーターズが一部工場の操業停止に追い込まれ，情報機器ではフィンランドのノキアが「一部の機種が不足する」と表明した。『日本経済新聞』2011年4月9日。

1　日本的経営
―― 三種の神器 ――

　なぜ，日本企業が急成長を遂げ，日本経済が大きく発展できたのか。世界の企業経営に比べて，日本企業はどのように異なる経営を行なってきたのか。その特徴を古くからまとめるものとして，日本的経営三種の神器，といわれるものがある（コラムⅠ-1）。それは「**終身雇用制**」，「**年功序列制**」，「**企業内労働組合**」である。それぞれの特徴とメリット・デメリット，そして近年の変化を確認してみよう。

> 〈コラムⅠ-1　三種の神器〉
> 　日本的経営の特徴としての三種の神器を世の中に大きく広めた文献として，アベグレン『日本の経営』ダイヤモンド社，1958（新訳版，日本経済新聞社2004）がある。ただし「三種の神器」という言葉自体は，1972年に刊行された経済協力開発機構『OECD対日労働報告書』の「序」を執筆した松永正男労働事務次官によって初めて使われたといわれている[2]。

1-1　終身雇用制

◆　終身雇用制とは何か

　「**終身雇用制**」（life-time employment）とは，一つの企業に入社すると，その後は原則として転職せず，一生その企業に勤務し続ける，という労働慣行であり，雇用する企業の側からいえば雇用慣行である（コラムⅠ-2）。一生といっても定年制度があるので，事実上は定年までであるが，転職を繰り返しながら自らのキャリアを築き上げていくアメリカ型の考え方などに比べれば大きな違いがある。より具体的には「全国4月新卒一斉採用」，「人事部一括採用」と

---

[2]　野村正實［2007］p. 95。

いう特徴を挙げることができる。高校生・大学生は在学中に就職活動を行ない，卒業と同時に一斉に4月入社となる。これが「全国4月新卒一斉採用」である。比較の対象としてアメリカ企業の状況をみると，アメリカの大学生も就職活動（job hunting）を行ない，6月卒業後にすぐに入社する学生もいるが，通年採用を行なっているので，日本のように入社式を行なって一斉に入社，というイメージはなく，卒業後も就職活動・入社が続く。またアメリカ企業の求人に際しては，経理部門1名とか製造部門2名など，人員の不足する部門が募集を行なうので，入社後の仕事は初めから決まっている。それに対して日本では，文系・理系という区別はあるものの人事部が一括して採用を行ない，入社後に本人の適性や希望により配属先決定となる。職種別採用もあることはあるが，「人事部一括採用」というのが一般的である。その後，社内での転勤はあっても会社を変わることはないので，終身雇用制のもとでは何年入社とか，同期，といった概念が会社人生においてずっと継続するのである。

> 〈コラム1-2 制度ではなく慣行〉
> 　終身雇用制，といっても，実際にはそのような明確な制度があるわけではなく，もちろん法律で決まっているわけでもない。ただ多くの企業がそのような雇用を行なっている，というだけで，正確にいえば，制度ではなく，慣行である。

◆ **終身雇用制のメリット**

　長い間，終身雇用制は日本において一般的であり，それが海外の経営との違いとなり，日本企業躍進の原動力の一つとみなされてきた。終身雇用制が企業に多くのメリットをもたらすからである。ここでは大きく二つに絞ってみていこう[3]。一つは高い**従業員モラール**（morale）である。ここでモラールを「やる気と帰属意識」と定義しておく[4]。すなわち終身雇用制の下ではその企業に

（3）　その他のメリットとしては，長期的キャリアデザイン，良好な労使関係，配置転換と多能工化，雇用安定社会などが考えられる。詳しくは馬場杉夫［2005］，岡本大輔［2010］などを参照。

所属する従業員は一所懸命に働いてくれる，ということである。短期的に社員であったとしても明日をも知れぬ身分であれば，与えられた仕事に集中することはできず，次の仕事を探さざるを得ないであろう。安定した身分であれば自分の仕事を優先的に考えることができる。そしてその結果，企業が儲かり，成長すれば，ずっとそこで働き続ける自分自身にとっても良いこととなる。すなわち，"企業にとって良いこと"が"自分にとって良いこと"と一致し，企業の目標と自分の目標が一体化する。そうなればますます一所懸命に働く，という好循環が生まれてくる。これが終身雇用制のメリットその1の，高い従業員モラールである。

　もう一つのメリットは**ノウハウ**（know-how）の蓄積である。ここでノウハウとは「仕事の進め方，明文化できないコツ・考え方・技能などの知識の総称」である。明文化された知識は，それを読めば理解できるので，その日に着任した人にも伝達は可能であるが，ノウハウはそれぞれの企業に，長い時間をかけて蓄積されていく。それを理解し，活用できるのはその組織に長い時間，所属している人間だけであり，終身雇用制においてはその企業の社員の多くのメンバーがその有資格者となる。欧米の文化では，いろいろな国や文化の人が混ざり合っているので，コミュニケーションに際しては，言葉や文章ではっきりと伝える必要がある。島国の日本では，阿吽（あうん）の呼吸，というように言葉を使わなくても相互の微妙な調子や気持ちを伝えられる，という文化がある。一つの企業で勤続年数の長くなる終身雇用制においては，その関係がさらに濃縮され，内部でのみ通用するノウハウが蓄積され，いろいろな作業の効率が飛躍的に向上するのである[5]。後述するように，企業戦略は利益の出る市場環境の選択を強みの源泉とするポジショニング戦略と，企業内部の資源や能力を強みの源泉とする組織能力論に大別できる。欧米企業はどちらかというと前者を得意とするが，日本企業は後者よりの戦略をとることが多い。これも終身雇用によるノウハウ蓄積の結果と大きく関係している。

（4）　清水龍瑩［1975］p. 115。
（5）　詳しくは，古川靖洋［2006a］参照。

◆ **終身雇用制のデメリット**

　このように，終身雇用制には大きなメリットもあるが，反面，デメリットも存在する。ここでも代表的デメリットを二つ，確認しよう。一つは**創造性・積極性欠如**の可能性である。社員は創造的・積極的・挑戦的な仕事にあえて取り組まなくても，終身雇用制ならばクビになる心配はない。性悪説に立って，人間，誰しも楽をしたい，と考えれば特に頑張る必要はない，ということになる。これはメリットその1として挙げた高い従業員モラールと裏腹の関係である。性善説なら終身雇用制はメリットとして大きく貢献するが，そうでないケースも十分に想定できるのである。一人の人間が，ということではなく，社員にもいろいろな人がいると考えれば，どちらのケースも存在するであろう。ここで問題は，高いモラールを持って一所懸命に働く社員は企業にとっても有難い存在であり，是非，長く勤めてもらいたい人材であるが，特に良い働きもせず，創造性・積極性に欠けた人も，終身雇用制においては残ってしまうという点である。

　もう一つのデメリットは，人件費の**固定費化**である。一般に費用は固定費と変動費に分けて考えることができる。固定費とは，生産量や売上高に依存せず固定的に発生する費用であり，**変動費**はそれらに応じて変化する費用である。例えばある製品を製造する場合にかかるコストとして，その製品の原材料費は変動費である。1個作るなら1個分の原材料費がかかり，10,000個作るならその10,000倍の原材料費が必要となる。実際には，大量に原材料を仕入れれば安くなるということはあり，10,000倍ではないであろうが，個数に応じて変動することには変わりない。それに対して，例えばその工場の地代，照明等の電気代，といったものも製品の生産に応じて発生するので費用の一部であるが，1個作ろうが10,000個作ろうが変化はしない。これが固定費である。人件費はどうであろうか？　1個作ったらいくら，というような出来高賃金や，何時間働いたらいくら，という時給制のアルバイトなら変動費といえる。しかし終身雇用制の場合，月給いくら，と決まるので，固定費といえる。実際には能力に応じて昇給したり，ボーナスなども出ようが，変動費か固定費か，といえば固定

費である。企業にとっては固定的に支払わなくてはならない費用は，例えば不況でモノが売れない時などを考えれば，大きなデメリットになる。

　以上のように，終身雇用制にはメリットもデメリットも存在し，このような雇用が有利か不利か，ということを簡単に断定はできない。しかし実際には日本企業において終身雇用制が広く普及し，長い間維持されてきた。これは日本経済が基本的に成長経済で，上り調子であったことと大きく関連する。好況時においてはメリットの方がデメリットよりも大きく影響するからである。裏腹の関係の，高い従業員モラールと創造性・積極性の欠如，という要因を考えれば，好況時には高いモラールを持った社員を中心に皆が一所懸命に働き，企業全体として儲かっていれば，一部のあまり貢献できない社員をそのまま雇用し続けてもそれほど問題はない。その際，多くのノウハウの蓄積も企業の収益向上に大きく貢献するであろう。そのような場合には人件費が固定費であってもさほど問題はないわけである。

◆ 1990年代以降の終身雇用制

　三種の神器といわれて以来，日本企業では終身雇用制が当たり前，という時代が長く続いていた。前述のように，日本経済が基本的には右肩上がりの成長経済であった故である。しかし1990年代前半のバブル経済崩壊以降，日本経済は長い不況期を迎え，失われた10年，失われた20年，といわれる厳しい時代が続いている。そして現代では"終身雇用制は崩壊した"，"終身雇用制は終焉した"といわれている。メリットよりもデメリットが大きくなってしまうケースが目立ってきたのである。それ故，日本企業の雇用制度は大きく変貌し，かつてのように正社員を原則として定年まで，全員，雇用し続ける，というのが日本企業の典型的スタイルである，とはいえなくなってきている。

　この変化の背景には不況だけでなく，労働市場の変化と従業員の考え方の変化も指摘できる。かつての終身雇用制が当たり前の時代にあっては，転職は例外とみなされてきた。原則として一つの会社に勤めるので，転職する人にはよほどの理由があったのだろう，と考えられたのである。しかし現在では企業の

中途採用は即戦力の活用や新しい血を入れる活性化策として重視されるようになってきている。それ故それを支える労働市場では新卒だけでなく転職市場も大きくなってきているのである。また働く側としても，かつては一つの企業に定年まで勤め上げ，それまではたとえ社宅住まいであっても退職金で郊外に一戸建てを構えられるので一生安心，という考え方もできたが，バブル以降，退職金で一戸建てを買うことは難しくなってしまった。また定年まで勤め上げること自体，子会社・関連会社への出向・転籍の増加と共にかつてほど当たり前とはいえなくなってきている。このように1990年代以降，日本の終身雇用制度は大きな変貌を遂げてきている。

では，終身雇用制は本当に終焉したのだろうか。よく調べてみると，終身雇用制については実にいろいろな解釈があり，結論を先にいえば，決してこの制度が崩壊してしまったとはいえない，という事実がある。例えば，筆者らの所属する慶應義塾大学経営力評価グループでも，終身雇用制に関して次のようなアンケート調査を上場企業対象に1995年以降，定期的に行なっている。

> 貴社では，終身雇用制についてどのようにお考えですか。「1　あくまでも維持するつもり」と「6　維持することに全くこだわらない」を両端とする考え方のうち，貴社に最も近いと思われる番号に○をおつけください。
>
> あくまでも維持するつもり 1 - 2 - 3 - 4 - 5 - 6 維持することに全くこだわらない

もしこのアンケートをバブル経済前に実施していれば，ほとんどの企業が1またはせいぜい2と回答したのではないだろうか（実際にそのようなアンケートを行なうこと自体，企画した人はいなかったのであくまでも推測だが）。しかし図表Ⅰ-1にあるように，この20年で4～6に○をつける企業が増加してきた。したがって，終身雇用が当たり前，という時代ではなくなった，というのは確かである。しかし最新（2010年）の調査でも，1～3に○をつけた，いわば"終身雇用維持派"の企業が75％であり，4～6の"どちらかというとこだわらない企業"の25％を大きく上回っている。実は，終身雇用制が崩壊した，というのはいい過ぎなのである。したがって，終身雇用制についての状況をまと

8　I　日本企業

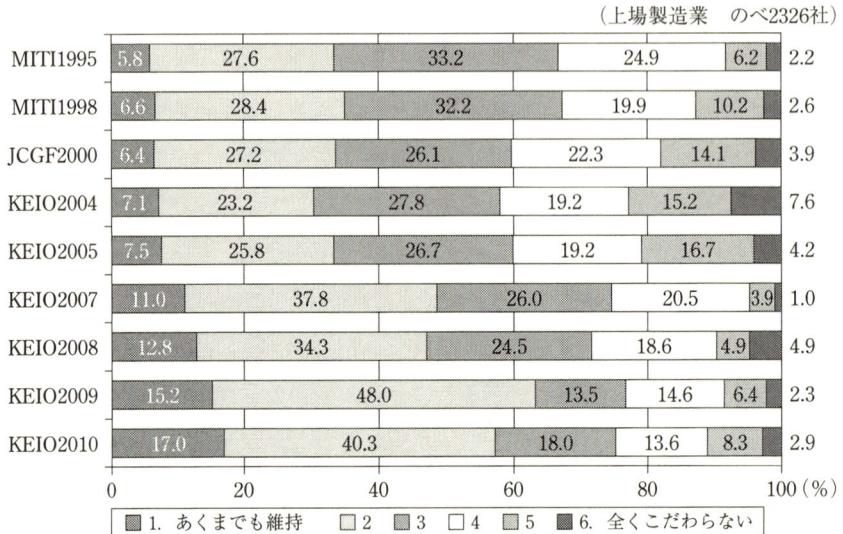

図表 I-1　終身雇用に対する考え方の変遷

出所：通産省総合経営力指標（MITI），日本コーポレートガバナンスフォーラム（JCGF），慶應COE調査・G-COE調査（KEIO）より筆者作成。

めておけば，1990年代以降，大きな変貌を遂げ，かつての終身雇用制当たり前，という時代でなくなったことは確かであるが，かといって，崩壊・終焉，というのはいい過ぎで，まだまだ日本には終身雇用制の考え方も実態も残っている，といえる[6]。

1-2　年功序列制

◆　年功序列制とは何か

日本的経営三種の神器の二つ目は「**年功序列制**」（seniority system）である。これは，従業員の地位と給与がその人の年功に応じて決まる，というものであ

（6）　終身雇用制に関しては本書第V部でさらに検討を加える。

1　日本的経営　9

図表 I-2　年功序列制における給与と貢献のイメージ

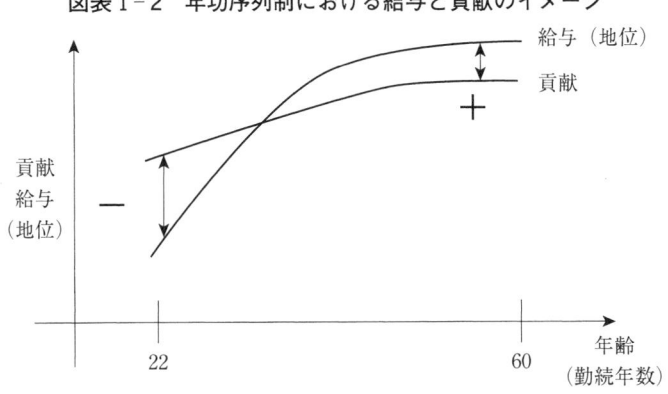

る。より具体的にいえば，入社何年目かという勤続年数と，何歳かという年齢で年功が決まる。入社年が早い先輩社員は後輩社員よりも当然年齢も上で，地位も給与も高い，ということになる。最初のうちは安い給与で働くことになるが，終身雇用制の下でずっとその企業で働いていれば，勤続年数も年齢も必ず毎年上がるので，地位も給与もそれに応じて上がる。この関係を示したのが図表 I-2 である。例えば大卒22歳で入社すると，最初は安い給与でたくさん働かされ，会社に多くの貢献をするのでその時だけをみれば不利にみえる。しかしずっと勤め続ければその給与も上がり，いつか高給取りになり，トータルとしてはプラスになる。企業としても最初に安い給与で働いてもらえるので資金的に楽で，後々，その人の貢献に応じてその分をお返しする，という払い方になるので，有利，となる。縦軸の給与を地位に変えても同じことがいえる。

◆ 年功序列制のメリット

ここでもメリットとデメリットを二つずつ挙げてみよう。第一の年功序列制のメリットとしては既に述べたように**安い労働力**を企業が利用できる，という点だ。若い従業員をどんどん採用すれば，それだけ安い労働力を確保でき，企業側の資金繰りは楽になる。従業員にとっても，トータルではプラスなので，

最初に苦労しておけば，後々有利という楽しみが残る。

　もう一つのメリットは，人事評価の**容易性・明確性**が挙げられる。人事評価は本人がどのように評価されているか，という点で非常に重要であり，高く評価されれば嬉しいが，低く評価されてしまえばモラールの低下をも招くことになる。しかも人間は他人との差を気にするので，何故自分がこのような評価をされるのか，何故他人はあのような評価なのか，という点について常に大きな問題意識を持っている。そのような意味で，誰もが納得する人事評価を行なうことは非常に難しい，といえる。その点，年功序列制による人事評価であれば，その人の勤続年数と年齢による評価になるので，非常に容易であり，客観的であり，明確である。

◆　年功序列制のデメリット

　もちろん年功序列制にもデメリットは存在する。まず最初に挙げられるのが**高齢化**への対処の難しさだ。図表Ⅰ-2をみてわかるように，一人ひとりにとってはトータルでプラスであっても，企業全体でみると，若い社員が多ければ年功序列制は有利，古参の社員の方が多ければ人件費はかさみ，不利である。少子高齢化の時代においては，年功序列制が大きなデメリットを示す可能性を持っている。

　もう一つのデメリットは**中途採用**への対処の難しさである。今までの説明において既に読者諸君もお気づきのことと思うが，年功序列制は終身雇用制を前提としている。すべての社員が高校なり大学を卒業し，新卒で同時に4月に入社してこそ勤続年数や年齢に意味がある。しかし中途採用が増えてくると，勤続年数で人事評価を行なうには無理が生じてくる。たとえ高い能力を持っていても，中途採用で入社1年目，ということになれば，年功序列的には低い地位，低い給与になってしまう。そのような条件では，当然，良い人材を中途で採用することはできなくなってしまうであろう。前述のように，中途採用を人事戦略の一つとして考えることの多くなってきた現代の企業にとって，年功序列制による人事評価は大きなデメリットとなるのである。

◆ 1990年代以降の年功序列制

　年功序列制は終身雇用制を前提としていたので，前提の変化と共に年功序列制にも大きな変化が生じてくる，というのは当然の帰結だ。好景気で高度成長の時代においてはどんどん企業も成長し，多くの従業員を採用する。それがすべて新卒であれば新入社員は皆，若いので年功序列制のメリットが大きく活きてくる。ところが1990年代以降，終身雇用制に変化が生じ，しかも少子高齢化の時代になってくると年功序列制においても，メリットよりもデメリットの方が大きくなってきた。高齢の社員が増加すれば，そして中途採用の社員が増加すれば企業としても人事評価制度を見直さなければならなくなってきたのである。

　また，世の中の変化も見逃せない。すなわち**大量生産・大量販売の時代**の終焉である。かつてモノがない時代は，作ればどんどん売れた。皆が持っていないものを作れば作るだけ売れたのである。大量に作れば規模の経済が働き，それだけ安く作れるようになるので，安く売ることができる。するとさらに多く売れる。多く売れるからにはもっと多く作るので，もっと安く作れるようになり，また売れる，という好循環である。お隣が車を買ったからうちも買おう，友達がピアノを買って子供に習わせているからうちの子にも，という具合である。

　ところが現在はモノ余りの時代となった。消費者は一応すべてのものを持っているので，要らないものはもう買わない，という時代である。ということは，同じものをどんどん作っても売れない。大量生産・大量販売はできない時代である。お隣が車を買ったからといって車を買うようなことはない。それどころか，お隣が赤い車を買ったら，うちは赤い車だけはやめよう，友達がピアノならうちはバイオリンにしよう，という具合である。これを大量生産・大量販売の時代に対して，**個性化・多様化の時代**と呼ぶ[7]。

　この大量生産・大量販売の時代の終焉に際し，企業も人事評価方針を変更せ

（7）　清水龍瑩 [1990] pp. 90-92。

ざるを得なくなってきている。**減点主義**から**加点主義**への変更である。減点主義とは，従業員の悪いところをみつけ，問題があった時のみ減点する，それ以外の人は通常評価，という人事評価方針である。年功序列制による人事評価は，実は減点主義といえる。特に何もしなくても，1年間通常勤務を続ければ，年齢も勤続年数も1つ増え，年功の評価も上がるが，何か失敗をしたり，問題のある人のみ，減点評価になるからである。大量生産・大量販売の時代の仕事は，同じことをどんどん繰り返す仕事なので，この減点主義は誠に理屈に合った評価方針であったといえる。というのは，人間には学習能力があるので，同じことを何度もやればそれだけ上手になる。同じ仕事をやっている限り，1年目の社員よりも2年目の社員が上手で，10年目の社員であればうんと上手，ということになり，それらの年功を評価基準とする年功序列制は，実は能力を正当に評価していた，といえる。

ところが個性化・多様化の時代になってくると，同じものを作っても売れない，同じものを作ってはいけない，ということになる。社員には新しいことにどんどん挑戦してもらい，新しいアイディア，新しい提案をたくさん出してもらいたいところである。しかし減点主義・年功序列であったらどうであろうか。新しいことをすると，大きな成果を生むかもしれないが，大きな失敗の可能性も大きい。失敗さえしなければ無難な評価をもらえるような環境であれば，人は皆そのようなリスクをとらないものである。

そこで登場するのが**加点主義**だ。これは減点主義の逆で，従業員の良いところをみつけ，成果が出ていたら加点する，それ以外の人は特に評価しない，という人事評価方針である。個性化・多様化の時代には，新しいことに挑戦してもらいたいので，何もしないで無難に過ごす，という消極的態度を避けてもらう必要がある。そのため，良いところを積極的に評価しようと考える。具体的にはABC評価というものが考えられる。これはABCの三段階評価で，最も良い評価となるAは"新しいことに挑戦して成功"した人，次のBは"新しいことに挑戦して失敗"した人，最も低いCは"従来通りやって並みの成果"を上げた人，というものである。Aは減点主義でも加点主義でも高い評価と

なろうが，問題はBとCである。減点主義でいえば，Cの人は，新しいことに挑戦していないが，ちゃんとそれなりの成果を上げているので，減点対象にならない。逆にBの人は，新しいことに挑戦したが，失敗してしまったので成果が出ず，Cよりも悪い結果を残している。しかし加点主義においては，成果はともかく，新しいことに挑戦した，というプロセスや態度を評価してあげようと考える。なぜならば，今回は失敗してしまったBであるが，その失敗に至る挑戦のプロセスにおいて，きっといろんなことを学んでいるはずである。もしかしたら将来的に，Aになってくれるかもしれない。もちろんまた失敗してBになるかもしれないが，少なくとも何もしていないCよりは期待できるであろう，という考え方である。

図表Ⅰ-3はABC評価の実施状況を尋ねたアンケートの集計結果である。

図表Ⅰ-3　ABC評価のアンケート集計

貴社では新しいことに挑戦して失敗した人を従来通りにやって並みの成果を上げた人より高く評価しますか	
非常に高く評価する	4%
高く評価する	20%
どちらかといえば高く評価	46%
どちらかといえば低く評価	24%
低く評価する	5%
非常に低く評価する	1%

慶應調査（上場製造業341社）
出所：清水龍瑩ほか［1994］p.77より筆者作成。

要するにこのアンケートは，Bの人をCの人よりも高く評価しますか，ということを聞いていて，減点主義より加点主義で人事評価を行なっていますか，という質問と考えられる。図表Ⅰ-3のように6段階で聞いており，上の3グループがどちらかといえば加点主義と判断でき，（偶然にも）ちょうど70%である。

図表Ⅰ-4はダイレクトに，人事評価の際に年功をどのくらい考慮するかを，年功・業績・能力に分けて合計100%になるように回答を求めたものの平均値

14　I　日本企業

図表 I-4　年功評価のアンケート集計

課長の昇進基準		部長の昇進基準	
年功	15%	年功	10%
業績	38%	業績	42%
能力	47%	能力	48%

経済産業省調査（上場製造業399社）
出所：経済産業省［2002］p.128より筆者作成。

である。課長に昇進する際，平均的に年功は15％しか考慮されておらず，業績38％，能力47％である。部長に昇進する時には年功評価部分はさらに減少し，僅かに10％となっている。以上のことからわかるように，年功序列制に関しては終身雇用制と異なり，21世紀に入るころには既に主流ではなくなっていた，といえる。

1-3　企業内労働組合

◆ 企業内労働組合とは何か

　日本的経営三種の神器の三つ目は「**企業内労働組合**」（enterprise labor union）である。ここでポイントは"企業内"という部分にある。労働組合自体は日本の発明ではなく，古くは中世ヨーロッパのギルドなども労働組合といえるが，近代的な労働組合は西ヨーロッパにおいて18世紀末から19世紀初頭の産業革命の進展に対応して設立された。これらは雇う側に対して弱い立場にある雇われる側の労働者が団結して，自分たちの賃金・労働条件・立場・待遇など，経済的・社会的条件の改善を求める団体である。同じ職種・職業の人々が組織する職業別組合，同一産業で働く労働者が組織する産業別労働組合などがある。後者の例としては，アメリカで最も強い影響力を持つ労働組合の一つとして，UAW（United Automobile Workers：全米自動車工組合）があり，アメリカのゼネラルモーターズ，フォード，クライスラーを始め，関係業界に勤める労働者が加入している。これに対して，日本の労働組合は"企業内"労働組合

である。同じく自動車業界の例でいえば，トヨタ自動車にはトヨタ自動車の労働組合がある。日産には日産の，ホンダにはホンダの労働組合がある。そのため，企業内労働組合のメンバーはすべて同じ企業の社員であり，組合の幹部が任期を終えた後，その企業で出世していく，という世界的には実に不思議な現象すら起こりうる。

◆ 企業内労働組合のメリット

　ここでもメリットとデメリットを二つずつ挙げてみよう。第一のメリットとしては**企業と組合の一体化**，という点が挙げられる。企業内にある労働組合は企業と運命共同体であるので，大きな争議は起きにくい。職業別労働組合や産業別労働組合の場合は労働条件の改善を求め，企業側と徹底的に対立することもあり，それがその企業にとって致命傷となることすらある。企業内労働組合では，企業がつぶれてしまえば，自らもなくなってしまうという運命共同体なので，極端な要求や極端な行動には出ないことが通常である。

　もう一つのメリットとしては，**一括交渉**が挙げられる。通常，企業は社員の様々なニーズに対処しなければならないが，企業内に組合があればそれを一括交渉の窓口として使うことができ，組合の了承さえ取り付ければそれで十分，となる。そのため，様々な問題に柔軟にまた敏速に対応することが可能となり，一体化のメリットと合わせ，企業内の力がまとまりやすくなる。

◆ 企業内労働組合のデメリット

　一方，デメリットとしては，**人件費**の調整が難しくなるという面が考えられる。これは終身雇用のところで述べた，固定費の問題と大きく関連する。企業内労働組合に加入しているのは主にその企業の正社員であるが，すべての正社員が加入しているとは限らないし，パート・アルバイト・派遣社員などは加入していないケースの方が多い。ここで，より多くの社員が加入すれば，前述の一括交渉メリットは大きくなるものの，組合員であればもちろん解雇は非常に難しくなる，という事態が生ずる。つまり固定費部分が増大することになるの

である。

　もう一つのデメリットとしては，**労働問題**への対応の遅れが考えられる。既に述べたように企業内労働組合は，その企業の正社員が中心メンバーなので，非正社員が増加してくると，様々な労働問題への対処ができなくなってくる。また，正社員比率が減少すると，組合員比率も減少し，前述のメリットとして述べた一体化と一括交渉というメリットが機能しなくなり，労働問題の現状への対処がますます遅れてしまうという問題がある。

◆　1990年代以降の企業内労働組合

　労組組織率という概念がある。これは［労働組合員数／雇用者数］で定義される[8]。分母の雇用者数には分子の労働組合員に加えてパート・アルバイト・契約社員・派遣社員など，組合未加入の非正社員も含まれる。この労組組織率は戦後50％を超えていた時期もあったが，近年では一貫して低下傾向であり，平成22年の組織率は18.5％である（図表Ⅰ-5）。低下の原因としてはまず，パート・アルバイト等の非正社員の増加による，全雇用者に占める正社員の比率の低下が考えられる[9]。1990年の正社員比率は［男性91.3％，女性79.4％］であったが，2010年では［男性81.8％，女性46.7％］であり，大きく減少している。労働組合員の主力メンバーは正社員なので，正社員が減れば労組組織率も低下する。もう一つの低下の原因としては，**春闘・ベア**（コラムⅠ-3）などの縮小による労働組合存在意義の低下などが考えられる。主要な労働組合は毎年春にベアを求めて横断的な労使交渉を行なう春闘を1955年以来，行なってきた[10]。しかしこの春闘・ベアは企業収益が順調に成長し，それを労使が取り

---

(8)　正確には，労働組合の推定組織率。厚生労働省が昭和22年以降毎年行なっている「労働組合基礎調査」で発表される。

(9)　平成20年の18.1％から平成21年には34年ぶりの増加で18.5％となり，平成22年もそれを維持した。しかしこの動きはパート社員の組合加入増加と共に，分母となる雇用者数の減少の影響が大きい。厚生労働省でも下げ止まったとは判断できない（朝日新聞asahi.com, 2011. 2. 2.）としている。

(10)　森　一夫［2004］p. 156。

1　日本的経営　17

図表Ⅰ-5　労組組織率の変遷（昭和22年―平成22年）

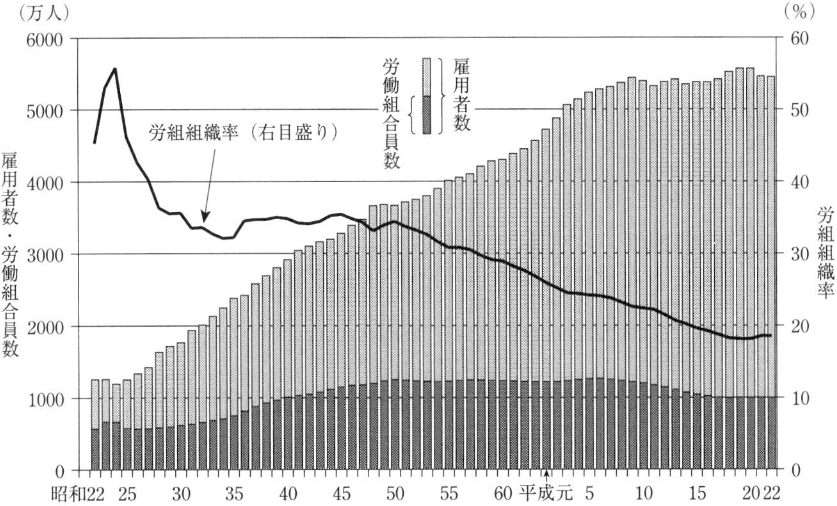

出所：厚生労働省「労働組合基礎調査」
（http://www.mhlw.go.jp/toukei/itiran/roudou/roushi/kiso/10/kekka01.html）より筆者作成。

合うことを意味しているが，近年の低成長においてはその原資が存在しない。実際，春闘という言葉がだんだんなくなり，雇用維持・定昇を求める春季労使交渉へとの変化もみられる。まとめると，企業内労働組合自体は，依然として日本に存在しており，終身雇用制や年功序列制のように，大きく変化，消滅ということはないものの，その存在自体が縮小傾向にある，といえる。

〈コラムⅠ-3　定昇とベア〉
　定昇は定期昇給の略で，年功序列制により年齢・勤続年数に従って基本給が上がること。従業員の年齢構成が変わらなければ，その企業の賃金総額は変わらない。ベアはベースアップの略で，同一年齢・勤続年数の従業員の基本給をそれぞれ一律に上げること。近年では企業にその余裕がなく，一律ではなく，特定の職種のみの昇給を行うことも多く，ベアを含めて賃金改善と呼ぶ。

2 現代の企業

前章では,現代の日本企業を形作るベースとしての日本的経営三種の神器を紹介し,その特徴,メリット・デメリット,さらに近年の変化を確認した。本章以降では現代の日本企業について解説していくが,そもそも企業とは何か,ということから確認してみよう。

2-1 現代企業の概念

◆ なぜ経営学を学ぶのか

経営学は企業を研究対象としている。いいかえれば企業とは何かを考える学問だ。まずなぜ経営学を学ぶ必要があるのか,を考えてみよう。高校までの勉強のほとんどは,なぜ学ぶのかを考えるチャンスもなく,授業があるから,受験に必要だから,ということで自動的に勉強してきた(させられてきた?),という人がほとんどだろう。大学では多くの場合,自ら選択して勉強を進めていかなければならない。その際,なぜ学ぶのか,学ぶことにどのような意味があるのかを意識する必要がある。意識している場合としていない場合では成果に大きな差が出てくるからである。

企業について研究する経営学を学ぶ理由の一つは,現代企業の世界経済におけるパワーの大きさである。影響力の大きさといってもいい。図表Ⅰ-6は世界各国のGDPと世界の大企業の売上高を一緒に並べたランキングで,当然,1企業の売上高よりも1国のGDPの方が大きいのでアメリカ,中国,日本…と上位には国が並ぶ。しかし22位のスウェーデンに続き,23位はウォルマートとなっている。世界最大の小売業であるアメリカのウォルマートの経済力はスウェーデン1国の経済力に匹敵するのだ。46位にシンガポール,47位に日本の

図表 I-6　世界各国の GDP と大企業の売上高 (2010)

順位	国・地域/企業	GDP/売上高 (億ドル)	順位	国・地域/企業	GDP/売上高 (億ドル)
1	アメリカ	145,824	51	アイルランド	2,039
2	中　国	58,786	52	チ　リ	2,034
3	日　本	54,978	53	フィリピン	1,996
4	ドイツ	33,097	54	シェブロン (米)	1,963
5	フランス	25,600	55	ナイジェリア	1,937
6	イギリス	22,461	56	チェコ	1,922
7	ブラジル	20,879	57	トタル (仏)	1,861
8	イタリア	20,514	58	コノコフィリップス (米)	1,850
9	インド	17,290	59	パキスタン	1,748
10	カナダ	15,741	60	フォルクスワーゲン (独)	1,680
11	ロシア	14,798	61	アクサ (仏)	1,622
12	スペイン	14,074	62	ルーマニア	1,616
13	メキシコ	10,397	63	アルジェリア	1,594
14	韓　国	10,145	64	ペルー	1,538
15	オーストラリア	9,248	65	ファニーマエ (米)	1,538
16	オランダ	7,834	66	GE (米)	1,516
17	トルコ	7,353	67	クウェート	1,480
18	インドネシア	7,066	68	INGグループ (蘭)	1,471
19	スイス	5,238	69	グレンコア (スイス)	1,450
20	ポーランド	4,686	70	カザフスタン	1,430
21	ベルギー	4,675	71	ウクライナ	1,379
22	スウェーデン	4,580	72	バークシャー・ハサウェイ (米)	1,362
23	ウォルマート (米)	4,218	73	ゼネラルモーターズ (米)	1,356
24	ノルウェー	4,145	74	バンクオブアメリカ (米)	1,342
25	ベネズエラ	3,879	75	サムソン (韓)	1,338
26	ロイヤル・ダッチ・シェル (英蘭)	3,782	76	エニ (伊)	1,318
27	オーストリア	3,762	77	ハンガリー	1,304
28	サウジアラビア	3,758	78	ダイムラー (独)	1,295
29	アルゼンチン	3,687	79	フォード (米)	1,290
30	南アフリカ	3,637	80	BNPパリバ (仏)	1,287
31	エクソン・モービル (米)	3,547	81	アリアンツ (独)	1,274
32	イラン	3,310	82	ニュージーランド	1,267
33	タイ	3,188	83	ヒューレット・パッカード (米)	1,260
34	デンマーク	3,104	84	エーオン (独)	1,251
35	BP (英)	3,089	85	AT&T (米)	1,246
36	ギリシャ	3,049	86	NTT (日)	1,203
37	コロンビア	2,882	87	カルフール (仏)	1,203
38	中国石油化工集団公司 (中)	2,734	88	ゼネラリ保険 (伊)	1,202
39	中国石油天然汽集団公司 (中)	2,402	89	ペトロブラス (ブラジル)	1,201
40	フィンランド	2,388	90	ガスプロム (露)	1,187
41	マレーシア	2,378	91	JPモルガン・チェース (米)	1,155
42	アラブ首長国連邦	2,303	92	マケッソン (米)	1,121
43	ポルトガル	2,285	93	GDFスエズ (仏)	1,119
44	国家電網公司 (中)	2,263	94	シティグループ (米)	1,111
45	香港	2,245	95	日立 (日)	1,088
46	シンガポール	2,227	96	ベライゾン (米)	1,066
47	トヨタ自動車 (日)	2,218	97	ネスレ (スイス)	1,053
48	エジプト	2,189	98	クレディ・アグリコル (仏)	1,050
49	イスラエル	2,173	99	AIG (米)	1,044
50	日本郵政 (日)	2,040	100	本田技研工業 (日)	1,043

順位	国・地域/企業	GDP/売上高(億ドル)	順位	国・地域/企業	GDP/売上高(億ドル)
101	ベトナム	1,036	151	東芝(日)	747
102	HSBCホールディングス(英)	1,027	152	プジョー(仏)	743
103	シーメンス(独)	1,027	153	プルデンシャル(英)	736
104	日産自動車(日)	1,024	154	ボーダーフォン(英)	713
105	メキシコ国営石油公社(メキシコ)	1,015	155	ドイツポスト(独)	711
106	パナソニック(日)	1,015	156	レプソルYPF(西)	705
107	バンコ・サンタンデール(西)	1,004	157	中国中鉄股份有限公司(中)	700
108	バングラデシュ	1,001	158	デクシア・グループ(ベルギー)	695
109	IBM(米)	999	159	BPCE(仏)	693
110	カーディナル・ヘルス(米)	986	160	インディアン・オイル(印)	688
111	フレディ・マック(米)	984	161	マラソンオイル(米)	684
112	カタール	983	162	ロイヤルバンク・オブ・スコットランド(英)	681
113	現代自動車(韓)	974	163	ホーム・デポ(米)	680
114	エネル(伊)	972	164	チューリッヒ保険(スイス)	679
115	CVSケアマーク(米)	964	165	ファイザー(米)	678
116	JXホールディングス(日)	960	166	ウォルグリーン(米)	674
117	ロイズバンキンググループ(英)	957	167	中国鉄建股份有限公司(中)	674
118	鴻海精密工業(台湾)	952	168	ターゲット(米)	674
119	テスコ(英)	942	169	RWE(独)	672
120	ユナイテッドヘルス・グループ(米)	942	170	中国建設銀行(中)	671
121	ウェルズ・ファーゴ(米)	932	171	アメリカ合衆国郵便公社(米)	671
122	モロッコ	912	172	メドコ・ヘルス・ソリューション(米)	660
123	アビバ(英)	902	173	アップル(米)	652
124	メトロ(独)	891	174	エイゴン(蘭)	651
125	スロヴァキア	890	175	中国人寿保険(中)	646
126	国営ベネズエラ石油(ベネズエラ)	884	176	ボーイング(米)	643
127	スタトイル(ノルウェー)	876	177	バークレイズ(英)	637
128	フランス電力公社(仏)	863	178	ステートファームライフインシュランス(米)	632
129	ルクオイル(露)	861	179	ブラジル銀行(ブラジル)	629
130	バレロ・エナジー(米)	860	180	キューバ	627
131	BASF(独)	846	181	東京電力(日)	627
132	アンゴラ	844	182	ボッシュ(独)	626
133	ソシエテ・ジェネラル(仏)	844	183	マイクロソフト(米)	625
134	ソニー(日)	838	184	リビア	624
135	アセロール・ミタル(ルクセンブルク)	834	185	スーダン	620
136	ドイツテレコム(独)	827	186	フランステレコム(仏)	620
137	クローガー(米)	822	187	アーチャー・ダニエルズ・ミッドランド(米)	617
138	イラク	822	188	ジョンソン・エンド・ジョンソン(米)	616
139	中国工商銀行(中)	805	189	デル(米)	615
140	テレフォニカ(西)	804	190	クロアチア	609
141	BMW(独)	801	191	三菱商事(日)	608
142	P&G(米)	797	192	EADS(蘭)	606
143	日本生命(日)	786	193	中国農業銀行(中)	605
144	SKホールディングス(韓)	784	194	タイ石油公社(タイ)	599
145	Exorグループ(伊)	781	195	リーガル・アンド・ゼネラル・グループ(英)	594
146	アメリソースバーゲン(米)	780	196	CNPアシュランス(仏)	593
147	コストコ	779	197	セブン&アイ・ホールディングス(日)	593
148	ペトロナス(マレーシア)	769	198	中国銀行	592
149	中国移動通信集団公司(中)	767	199	シリアアラブ共和国	591
150	ミュンヘン再保険グループ(独)	762	200	イオン(日)	590

出所:世界銀行【World Development Indicators database, World Bank, 1 July 2011】および,FORTUNE Global500【July 25, 2011】より筆者作成.

トヨタ自動車。トヨタ自動車の経済力はシンガポール1国の経済力に匹敵する。トップ100には国・地域が55で，企業は45社。トップ200でみれば国・地域が67で，企業は133社も入る。世界に国・地域は200以上あるので，企業の売上高よりもGDPの小さい国・地域はまだまだたくさん存在する計算だ。このように世界の大企業は目を見張るような大きなパワーを持っていることがわかる。

　経営学を学ぶもう一つの理由は，前述の世界経済におけるパワーの大きさと大きく関係するがもっと身近な問題として，現代社会における我々の生活のすべてに企業が関係している，という大きな影響力だ。毎朝（企業が作った）アラームで起き，（企業が作った）服を着て，（企業が作った）食品で朝食をとる。（企業が作った）交通機関に乗り，（企業が作った）大学の校舎に入り，（企業が作った）イスに座り，（企業が作った）照明・マイクを使った授業を受ける…。無人島で自給自足の生活をするロビンソン・クルーソーでもない限り，我々の生活は企業なしには成り立たない。

　経営学を学ぶさらにもう一つの理由は，学生諸君のほとんどが卒業後，社会に出て企業に入社する，という事実だ。通常の生活で企業の影響を受けるだけでなく，自らが企業の中に入って働くのである。このように，我々にとって企業との関わりは切っても切れないものであるといえ，企業とは何か，企業はどのように運営されているのか，企業内で何が行なわれているのか，を解明していく経営学は，是非学んでほしい学問といえる。

◆ 企 業 と は

　それでは企業とは何か，を定義しておこう。企業とは「**自らの危険負担の下で自主的に意思決定し，製品・サービスを生産する，資本計算制度を持った，人間の組織体である**」[11]。この定義を分解して，それぞれの語句の意味するところをみてみよう。

---

(11)　清水龍瑩［1984］pp. 1-4。

◆ 企業とは「自らの危険負担の下で自主的に意思決定する組織体である」

　製造業であれば原材料を購入して製品を製造し，サービス業であれば人を雇ってサービスを提供する。何を，どのように，いつ，どのくらい行なうかは，企業自らが意思決定する。やり方が悪ければ，またそのタイミングが悪ければ，あるいはその規模が悪ければ，失敗して倒産となるが，その全責任を企業自らが負う，というのが定義の最初の部分である。自らリスクを負って意思決定しなければ進歩が望めず，リスクを負わない他人任せの意思決定では効率が悪くなる。現在，公企業の民営化が大きな課題になっているのも，たとえ赤字を出しても税金で補てんされ，つぶれる心配のない親方日の丸企業では革新的な意思決定など望めず，サービス向上も望めないからだ。後述するように公企業も企業の一つであるが，経営学がメインの研究対象とする企業は「自らの危険負担の下で自主的に意思決定する組織体」である。

◆ 企業とは「製品・サービスを生産する組織体である」

　製造業であれば資金を投入して工場などの生産設備を確保し，従業員を雇い，原材料を仕入れ，製品を製造する。すなわち，ヒト・モノ・カネといった経営資源を投入（INPUT）し，製品を生み出す（OUTPUT）。このOUTPUTには，製品だけでなく，INPUTしたものに対する報酬も含まれる。すなわち，ヒトには賃金・給与，モノには原材料費，カネを出してくれた株主には配当金，借入金に応じてくれた債権者には利息などである（図表Ⅰ-7）。サービス業であっても，原材料はないがINPUT → OUTPUTの関係は同じである。そして

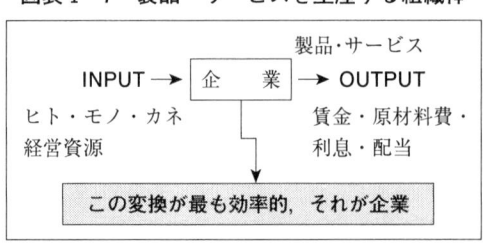

図表Ⅰ-7　製品・サービスを生産する組織体

```
                         製品・サービス
   INPUT → 企 業 → OUTPUT
 ヒト・モノ・カネ          賃金・原材料費・
 経営資源                  利息・配当
              ↓
      この変換が最も効率的，それが企業
```

この関係は企業でなくても，個人でも，協同組合でもできることはできる。しかし一般的には企業という仕組みを用いる場合の変換効率が最も良い。これが企業の定義の第2部分である。

◆ 企業とは「資本計算制度を持つ組織体である」

図表Ⅰ-7の変換がうまくいったかいかなかったかを判断するのは市場だ。ニーズのあるものを安く，良いタイミングで提供できれば売れる。1回の製品生産やサービス提供でINPUTよりOUTPUTが大きければ，たくさん売れた場合，トータルでの価値の増分はより多くなり，変換がうまくいった，と考えられるからである。その増分を計算するのが複式簿記を中心とする会計学の資本計算制度であり，これが企業の定義の第3部分になっている。ただしここで気をつけなければならないのは，市場が評価してくれれば何をやってもいい，というものではない，という点である。企業は社会全体をトータルシステムとするサブシステムになっている[12]。したがって，企業は社会に対してプラスのパフォーマンスを示す必要がある。プラスでなければその企業の存在意義は正当化されないからだ。しかし資本計算制度でプラスであれば，社会に対して貢献をしており，プラスのパフォーマンスといえるが，それは短期的なものにすぎないので，場合によっては，長期的にみるとマイナスの場合もあるという点に注意が必要なのである。これに関しては「3-2 企業の社会性」で改めて検討することにしよう。

◆ 企業とは「人間の組織体である」

企業はそれ自体，目的を持ったシステムであるが，その動きを規定する意思決定はそのシステムの要素，つまり中にいる人間が行なう。すなわち主役はあ

---

[12] 清水龍瑩［1975］p. 1。なお，システムとはその内部と外部との間に境界があり，体系内の要素は相互依存関係を持ち，その要素は一定のパターンで運動し，その相互作用の結果一定のアウトプットを出し，それが目的となるような体系をいう。詳しくは，富永健一［1971］p. 14。

くまでも中にいる人間である，というのが定義の最終部分だ。システムである組織が目的を持つということも，中にいる一人ひとりの人間の目的の共通部分，コンセンサス，と考えればよい。このように中にいる人間一人ひとりを考えるところに経営学の大きな特徴がある（コラムⅠ-4）

> 〈コラムⅠ-4 経営学と経済学の違い〉
> 　経済学も企業を研究対象とする，という意味では経営学と同じである。ではどこが違うのであろうか。いろいろな説明が考えられる中，筆者はマクロとミクロの違い，という説明をすることにしている。これは捉える活動の大きさが大きい（マクロ）か，小さい（ミクロ）か，の違いという意味だ。企業の経済活動を研究対象とする，という点では両者共通だが，マクロの経済学においては，日本の経済，アジアの経済，世界の経済といった大きなくくりでの研究となる。そこで用いられるのが「経済人」という考え方だ。すべての人間は客観的で経済合理的に行動すると考える。マクロで捉える場合，個人的な好みの差などは考えず，皆が同じ行動をすると考えるのである。これに対してミクロの経営学の場合は一つの企業，またはその企業の中の一つの部門，さらにはその中のグループを構成する個人，というレベルまで研究対象とする。この場合は中にいる人間が主役となるので，個人の差の問題までも考慮する。ここで用いられるのが「経営人」という考え方だ。経営人は経済人と違い，皆がすべての情報を持つのではなく，限られた情報をもとに，自らの満足・不満足，という基準で意思決定を行なう限定的合理性に基づく行動をとると考える。この考え方はアメリカの経営学者・ノーベル経済学賞受賞者のハーバート・A・サイモン教授が提唱したものである。

2-2　企業経営の目的

　企業の目的は内部にいる人々の共通目的，コンセンサスだと書いたが，そのように考えると，内部にいる人によって企業の目的も異なってくる。ここでは日本企業の目的を，アメリカの企業の目的との対比で考えてみよう。

◆ アメリカ企業の目的は利潤の最大化

　一般によくいわれる企業の目的として，「儲けること」，「利益の最大化」，「**利潤の最大化**」などが挙げられる。また「売上高の最大化」，「総資産の最大化」，「発行済株価の最大化」などもよくいわれる。確かに企業にとって規模を大きくし，売上高を増やし，利益を得ることは重要であり，目的の一つになり得る。しかしこれを究極の目的として挙げる企業は日本には少なく，アメリカには多い。なぜならば，これらの目的はすべて「**株主の立場**」に立った企業の目的と考えられるからだ。中小企業においてはもちろん，所有と経営の分離・所有と支配の分離（コラムⅠ-5）が進んだ大企業であってもアメリカにおいては株主の立場が非常に強い。例えば企業経営者が売上高・利益といった企業業績を向上させることができなければ株主総会で更迭されてしまう，という例は日本では数少ないが，アメリカでは枚挙にいとまがない。それ故，株主の利益が最も重視され，売上高を増やし，利益を増やし，総資産を増やし，株価を上昇させることが企業にとって最重要の目的となるのである。

〈コラムⅠ-5　所有と経営の分離，所有と支配の分離[13]〉

　小規模企業の場合，企業家自らが出資して経営に当たるので，企業を所有し利益を得る権利（**所有**），企業の人事を支配する権利（**支配**），企業を経営する権利（**経営**）は資本家でもある企業家に集中する。したがって「所有者＝支配者＝経営者」であり，これを**所有者支配**と呼ぶ。

　中・大規模企業の場合，組織が複雑になり資本家は経営の専門知識を持った専門経営者に経営を委任するようになる。資本家の間接的管理「**所有と経営の分離**」が生ずる。ただし，この段階では資本家はなお支配権としての人事権は持っており，経営者は資本家の忠実な代理人にとどまっている。したがって「所有者＝支配者≠経営者」となる。

　企業規模がさらに大きくなってくると資金需要が増大し，数多くの株主から資本を提供してもらうようになる。投資家である株主は企業を支配して経営に参加することを必ずしも目的とせず，株式の配当・売買益といった投資利益を目的とするものも多くなってくる。巨大企業の場合，株式は広く多く

---

[13]　詳しくは，菊澤研宗［2006］，経営能力開発センター［2009］，藤田　誠［2011］などを参照。

> の株主に分散し,専門経営者が経営者任免力をも獲得し,企業を支配するのは株式を持たない専門経営者となる。この段階を**経営者支配**と呼び,「**所有と支配の分離**」が生ずる。しがたって「所有者≠支配者＝経営者」となる。これらの現象を早くから指摘した学者として,アメリカのバーリー＝ミーンズ［1958］が有名である。

◆ 日本企業の目的は長期の維持発展

これに対して日本企業では株主の力は相対的に弱く,「**企業自体の立場**」で従業員主体の経営が行なわれているので,企業の目的はその企業の**長期の維持発展**である。既に説明したように,企業は人間の組織体なので,中にいる人間が主役となってその目的を設定する,という考え方は決して不自然ではない。また長く続いてきた終身雇用の考え方からしても,従業員にとって会社は単なる労働の場ではなく,生活の場ともいえる。企業は誰のものかを考えた時,アメリカでは株主のものという考え方が一般的であるのに対して,日本においても法律上は出資者である株主のものだが,日本企業は従業員のもの,と考える人も多いことが現実だ。

　維持とはその企業がつぶれず,存続していくこと,**発展**とは文字通りその企業が成長していくことである。一つの組織に長く所属しており,生活の場でもある企業は長い目でみて存続していかなくては困るし倒産してもらっては最悪である。まずは企業自体を存続させ,維持していくことが大きな目的になる。また日本は基本的に成長社会だったので,単に維持しているだけでは周りが成長してしまい,自分は相対的に衰退してしまうことになる。それ故,常に成長も目指したいところである。このように考えると,従業員にとっての企業の目的は長期の維持発展となってくる。

　また,従業員だけでなく,企業を取り巻くその他多くの利害者関係者にとっても企業の長期の維持発展は重要である。この利害関係者を**ステークホルダー**というが,代表的な集団として,従業員,株主,取引先企業,顧客・消費者,地域社会,地球環境などが考えられる。企業が長期に維持発展していくことに

より，株主は配当金・売買益などの経済的利益を得ることができる。取引先企業も営業を続けることができ，顧客・消費者は良いものを安く手にすることができる。企業が提供する製品・サービスを直接購入しない地域社会の人々も，企業が納める税金によってより豊かな生活を享受できるようになる。地球環境にとっても，企業は公害などマイナスのパフォーマンスを与えてしまう可能性もあるが，長期に維持発展する企業はそのような悪影響をも積極的にコントロールし，より環境に優しい製品・サービスの提供を心がける。このように，企業の**長期の維持発展**はステークホルダー全体に利益を及ぼし，サブシステムとしての企業が，トータルシステムとしての社会経済全体にプラスのパフォーマンスを与えることを促進するのである。

◆ 株式持ち合い

　それではアメリカの企業の株主に比べて，なぜ，日本企業の株主の力は弱いのであろうか。その理由の一つとして**株式持ち合い**という現象がある。企業の株主はその企業に出資する投資家であり，それは個人であってもよいが，企業などの法人であっても構わない。日本企業の株主には個人株主も多いが，法人株主も多い。ある企業の大株主は別の企業であり，その企業の大株主はまた別の企業である，というケースも多い。特に同じ集団に属する企業同士がお互いの株を所有しあうことを株式持ち合いという。戦前の財閥グループ内でこの持ち合いが多くみられ，さらに戦後，外資や投機グループなどによる株式買い占め・乗っ取りへの対処策として，株式持ち合いが進んだ。アメリカなどでは株主総会での業績の悪い経営者の更迭というケースが多いと書いたが，日本でそれが少ない理由の一つにはこの株式持ち合いがある。仮に，企業Aの業績が悪く，株主である企業Bが企業Aの経営者をクビにするように求めると，企業Bの経営者も自社の業績が悪くなった時に自分自身が他の企業からやられてしまうかもしれない。それより，より長い目で考え，同じグループの企業同士，お互いに資金は出すが文句はいわない安定株主の役割を果たし，さらに長期的・安定的取引先としての良好な関係を結ぶ方が得策，という考え方が株式

持ち合いなのである。

◆ 日本企業の長期的志向

　日本企業はアメリカ企業などに比べて**長期的志向**を持っているといわれている。この特徴も株主との関係が大きく影響している。アメリカ企業など株主の力が強いケースでは、常に業績を上げる必要があり、短期的な業績を犠牲にした長期的な投資などを行なうことは難しい状況も多い。それに対して日本企業の株主は株式持ち合いの結果、あまり企業経営に口を出さない、という特徴を既に説明した。その結果、企業側では株主に対して短期的にはそれほど大きな配慮をする必要がなく、長期的な考え方で企業経営を行なうことができたのである。

　また歴史的には税制の問題もあった。株主が資金を投資することによって得られる金銭的な利得は大きく分けて二つあり、インカムゲインとキャピタルゲインといわれる[14]。インカムゲインは株主として得られる配当金、キャピタルゲインは株式の売買益を指す。インカムゲインは文字通り所得なので税金を払わなければならないが、キャピタルゲインに対しては戦後長い間、課税されてこなかった[15]。企業側としては株主に対してそれほど大きな配慮をする必要がなかったので配当金の額も多くはなく、投資家としては額も少なくしかも税金のかかるインカムゲインよりも、額が大きくなる可能性もあり無税のキャピタルゲインを目指す方が有利であり、そのような投資行動が主流となってきたのである。インカムゲインよりもキャピタルゲインを投資家が目指すとなれば、企業はますます短期的な成果よりも長期的な成果を目指すことができる。これが長期の維持発展となるのである。

　株主総会で社長が更迭されるようなことは日本では数少ないと書いたが、日本企業の社長はどのようにして決まるのであろうか。法律的には企業の最高意思決定機関である株主総会で決まるのであるが、実際には次期社長を誰にする

---

(14)　capital gain は英語だが、インカムゲインは和製英語。
(15)　1989年のキャピタルゲイン課税開始までは非課税であった。

かの案は決まっていて，株主総会では承認を受けるだけである。そして次期社長を決めるのは現在の社長だ。それが社長なのか会長なのか，に関してはいろいろなケースが想定されるものの，とにかく現在のトップが次のトップを決める，それが多くの日本企業でのトップ人事である。現社長の考え方と次の社長の考え方は異なることもあろうが，指名する側としては自分の考え方と全く違う人を指名したりすることはないだろう。すると現社長の考え方は次の社長にも引き継がれることになり，日本企業の長期的志向はさらに長期になるのである。短期的志向ではなく長期的志向に立って戦略を策定できる，この日本企業の特徴が戦後の日本経済の成長に大きく貢献してきたことは想像に難くない。

◆ 1990年代以降の変化とグローバルスタンダード

　前章で説明したように，日本的経営三種の神器は90年代前半のバブル経済崩壊以降，大きな変化を遂げてきた。ここで問題にしている株主の力や株式持ち合いにも大きな変化があった。収益性悪化・業績不振により企業は多くの株式を保有する余裕がなくなり，持ち株を処分するようになり，その結果，**株式持ち合いの解消**が進んだ。また，日本企業の不振の理由として，株主軽視の姿勢を批判し，アメリカ型経営の導入を推奨する学者・エコノミスト・コンサルタントも増え，**株主重視経営**が広まってきた。従来の株主軽視の姿勢は世界的にみても特殊であり，企業の法律的な所有者である株主に報いる経営を行なうべきである，という主張だ。このような考え方を世界標準という意味で**グローバルスタンダード**という。

　実際，グローバルスタンダードを目指す経営が推奨されるケースは格段に増えている。高度成長期以降，日本の経済成長を支えてきた日本の経営方法が持つメリットに対してデメリットが大きく表面化してきたのである。経営や戦略は常に環境の変化に対応する必要があり，今まで上手くいってきたからといって従来の方式をそのまま続けていては，外部環境と自分との落差がますます大きくなり，変化への対処がさらに困難になる。環境変化への適応は重要な戦略であり，これに関しては第Ⅲ部で改めて考えることにしよう。

図表Ⅰ－８　株式保有比率の推移

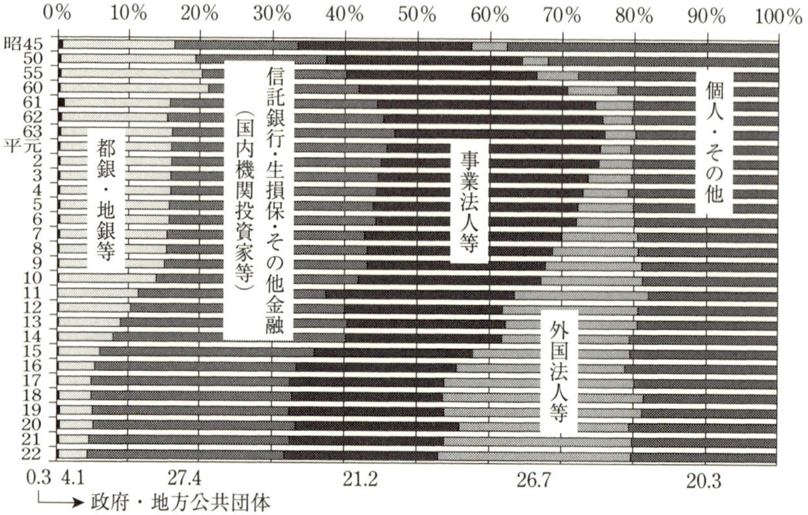
0%
10%
20%
30%
40%
50%
60%
70%
80%
90%
100%
昭45
50
55
60
61
62
63
平元
2
3
4
5
6
7
8
9
10
11
12
13
14
15
16
17
18
19
20
21
22
都銀・地銀等
信託銀行・生損保・その他金融（国内機関投資家等）
事業法人等
外国法人等
個人・その他
0.3
4.1
27.4
21.2
26.7
20.3
政府・地方公共団体

出所：東京証券取引所（http://www.tse.or.jp/）より筆者作成。

ただしここで一つ強調しておきたいことは，従来の方式がすべてダメで，すべてをやめて転換していく，ということではない，という点である。前章で説明したように，日本的経営三種の神器は大きく変化してきているが，決してなくなってしまったわけではない。バブル崩壊以降，株式持ち合いは解消の方向に動いたが，21世紀に入ってからはその動きにブレーキがかかり，復活の兆しもみせている。図表Ⅰ－８は日本企業の株の所有者分布であるが，法人所有比率もまだまだ高く，株式持ち合いが消滅したわけではない(16)。株主重視経営に関しても，「バブル崩壊後の日本企業の多くが制約条件としての株主の要求

(16)　大和総研の調査によれば，2009年現在，持ち合い株を保有する企業は銀行の90.0％（事業会社株保有），全産業の43.1％（銀行株保有）～47.8％（事業会社株保有）であった。しかし市場全体に対する持ち合い株の比率はバブル時1991年の27.8％から大きく減少し，1995年には24.3％，2000年には12.7％，2004年には7.9％となった。その後，事業会社間で事業提携，買収防衛を目的として再び増加がみられ，2007年には8.5％となったが，リーマンショックによるリスク増大などで再び減少に転じ，2009年には6.5％となっている。大和総研「株式持ち合い構造推計」http://www.dir.co.jp/souken/research/esg/cg/（2012. 2. 12.）。

する最低限の資本リターンを与えられなくなってきたこと，株主の要求水準が高まったのではなく企業の業績自体が低くなりすぎたこと，そこで株主の利害を考えざるを得なくなってきていること，という状況に過ぎず，これを，企業の概念を株主主権型に変える必要がある状況，と解釈するべきではない」との指摘もある[17]。そもそもグローバルスタンダードといっても世界標準ではなく，アメリカ標準だ[18]。アメリカ型経営がすべて優れているわけではなく，短期的志向・株主最重視の姿勢は数々の綻びをみせ，その経営方式の見直しも進んでいる[19]。過去をすべて否定するのではなく，良い点は残し，変えるべき点は変える，という考え方が重要なのである。

◆ 利潤の最大化は手段でもあり目的でもある

日本企業の目的が長期の維持発展であり，アメリカ企業の目的が利潤の最大化，と説明した。しかし日米企業は互いに全く異なる存在であり，違うものを目指している，というわけではない。両者の目的の違いは図表Ⅰ-9のように

図表Ⅰ-9　目的―手段の関係

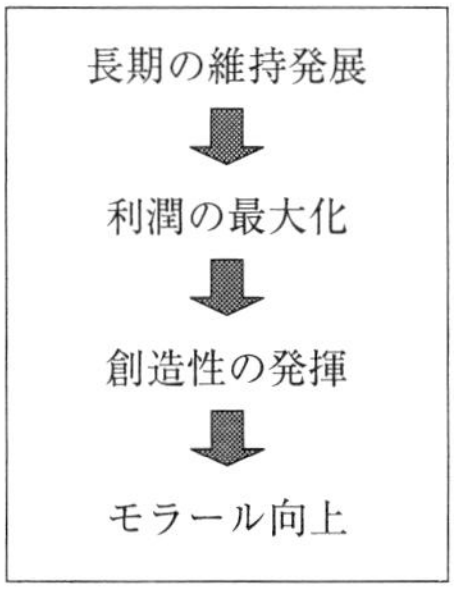

長期の維持発展
⇩
利潤の最大化
⇩
創造性の発揮
⇩
モラール向上

---

(17) 伊丹敬之［2000］p. 369。
(18) global standardは文法的には正しい英語だが，本文のような文脈で使うことはなく，そのような意味で，グローバルスタンダードは和製英語である。詳しくはフクシマ［1998］参照。
(19) 代表的な不祥事としてエンロン事件がある（第Ⅱ部コラムⅡ-2参照）。また，アメリカ型経営に疑問を呈する文献としてはケネディ［2002］，ドーア［2006］，オルコット［2010］などがある。

考えることができる。長期の維持発展という目的を達成するためには，利益を上げて自らを維持し，売上を成長させて発展させていかなければならない。したがって利潤の最大化がその手段となる。そのような意味では日本企業にとっても利潤の最大化は重要だ。日米企業は互いに全然違う目的を持つ異なる存在というわけではなく，考え方としてどの辺を目指すのかという点で，より長期的視点に立った長期の維持発展なのか，もう少し近未来を考えた利潤の最大化なのか，という違いといえる。

また図表Ⅰ-9に示すように，利潤の最大化という目的を達成するには創造性の発揮という手段が必要となる。企業の利潤の源泉は企業内部の人々の創造性の発揮にあるからである。さらに創造性の発揮という目的を達成するには，従業員のモラール向上がその手段となる。利潤の最大化は長期の維持発展という目的達成のためには手段であるが，創造性発揮を手段として達成される目的でもある（コラムⅠ-6）。

◆ 利潤の源泉は企業内部にいる人間の創造性の発揮

企業の利潤の源泉は内部にいる人間の創造性の発揮にある[20]。特に日本企業の場合，企業内部の様々な役割の人間が皆すべて創造性を発揮する，という点が大きな特徴であり，大きな強みでもある。企業のトップは戦略的意思決定に創造性を発揮する。部・課長などの中間管理者は部下のやる気をいかに引き出すかの工夫に創造性を発揮し，研究者・技術者は自ら担当する製品の研究開発や新製品開発に創造性を発揮する。この辺までは日本企業に限った話ではないが，一般従業員も含めて創造性を発揮するところに日本企業，特に優良な日本企業の特徴がある。アメリカ企業の場合，トップや中間管理者が部下の仕事を正確に規定し，文章化し，一般従業員にそれを詳しく伝える。つまりマニュアルがしっかりしている**マニュアルシステム**である。いろいろな文化や言語，さらには人種まで異なる多くの従業員を抱えるアメリカ企業において曖昧さは

---

[20] 清水龍瑩［1975］p. 5。

許されず，仕事を明確にしておく必要がある。これに対して日本企業ではいろいろな職務にそれほどの明確な規定はなく，上司がある程度の指示を出し，それに対して部下は自ら自分の頭で考え，創造性を発揮して職務を遂行することが求められ，また期待される。アメリカ方式で行なう業務は明確であり，一人ひとりの職務と責任は明確になるので合理的といえるが，必ずしもすべての職務が想定できるわけではなく，不測事態の対応は難しいというデメリットがある。日本方式の場合，一人ひとりの職務と職務の中間的なところをお互いに創造性を発揮してカバーできるというメリットがある。これは前項で述べた終身雇用とも密接に関係している。お互いがよくわかり合った同士，暗黙のノウハウを共有できる同士だからこそ，細かいことをいわずとも仕事がスムーズにいくのである。これはマニュアルシステムに対して**よろしくシステム**ということができる[21]。

◆ 一つ上の目標を示す

従業員みなに創造性を発揮してもらうためには**モラールの向上**が欠かせない（図表Ⅰ-9）。モラール向上策に関して詳しくは第Ⅳ部で説明するが，組織の目的と個人の目的のギャップを埋めるため[22]，リーダーが常に状況を判断し，それぞれに応じた目標を示していくことが重要である。そのためにはマズロー[2001]の欲求五段階説という有名な理論が有用だ。

マズローによれば，人間の欲求は生理的欲求，安全欲求，帰属欲求，尊厳欲求，自己実現欲求の5つに分けられるという。そしてこの5つは対等にあるのではなく，より低次の欲求が満たされて初めて，次の段階の欲求が生まれてくる階層関係にあるという。**生理的欲求**は人間が生きていくために必要な水，食料，空気などに対する欲求で，最も基本的なものである。それが満たされない

---

(21) 清水龍瑩 [1999] pp. 13-14。また，ほとんど同様な考え方として，「公式承認モデル」と「柔軟貸借モデル」という考え方もある。詳しくは大藪 毅 [2009] pp. 45-62。
(22) バーナードは，企業目的と個人の目的のギャップの縮小こそ，管理の最大の基本だと述べている。詳しくはバーナード [1968] pp. 90-91, pp. 225-244, 参照。

限り，他の欲求は生じない。**安全欲求**は身の安全を求めるものであり，それが満たされると仲間が欲しくなり，どこかに属したいという**帰属欲求**が生まれる。その次にはその仲間たちから尊敬されたいという**尊厳欲求**が生まれる。これらの欲求がすべて満たされて初めて，最高次の欲求である**自己実現欲求**となる。これは自らの能力を活かしたい，自らの能力を世に問いたい，人間として成長したい，といった欲求で，仕事の面白さを追求する人間が最後に到達する欲求である。このように人間には様々な欲求はあるが，低次の欲求を満たしていない人に高次の欲求に関連する目標を示しても無意味である。それぞれの状況を的確に把握し，一つ上の目標を示すこと，それがモラール向上，創造性発揮につながると考えられる。

> 〈コラム I-6 目的─手段関係〉
> 　一般に複数の目的に階層がある場合，より低位の目的はより高位の目的の手段となっている。これを目的─手段関係という。経営学でもよく使われる概念であるが，いろいろな学問で広く使われる。古くは，福澤諭吉の代表的著作の一つである『文明論之概略』にも，「幾段の諸術，相互に術と為りまた相互に目的と為る」と記されている[23]。

2-3　会 社 と は

　企業と会社はどのように違うのであろうか。通常の日本語としては同義のものとして使われている。つまり広義には，企業＝会社，と考えられる。しかし厳密に考えると違いが出てくる。本節ではその違いを明らかにしておこう。

◆ 公企業，公私混合企業，私企業

　企業を，誰が出資しているかという観点でみると，公企業，私企業，そして公私混合企業の3つに分けることができる（図表 I-10）。**公企業**とは文字通り公の存在であり，国や地方公共団体によって所有され，支配され，経営される。

---
(23)　福澤諭吉［1931］p. 259。

図表 I-10　企業と会社の位置付け

```
企業 ─┬─ 公企業
      ├─ 公私混合企業
      └─ 私企業
             ├─ 個人企業
             └─ 集団企業　→　企業（狭義）
                    ├─ 営利企業　→　会社（狭義）
                    └─ 非営利企業
```

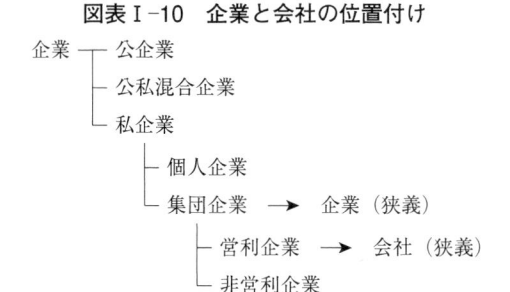

国の例としては国有林野事業，地方公共団体の例としては市営バス・市営地下鉄などがある。**私企業**は民間企業である。

　公私混合企業は公企業と私企業の中間的な存在だ。国や地方公共団体と共に民間の資本も同時に投入されている企業であり，いわゆる第三セクター[24]と呼ばれる企業である。昔，三公社といわれた三つの公企業，日本国有鉄道，日本電信電話公社，日本専売公社ではそれぞれ民営化が進められた。日本電信電話公社は日本電信電話株式会社（NTT）に，日本専売公社は日本たばこ産業株式会社（JT）となり，それぞれ上場して民間の資本を受け入れているが，依然として国（財務大臣）も株式を保有しているので公私混合企業である。日本国有鉄道はJRグループに分割民営化され，東日本旅客鉄道（JR東日本），西日本旅客鉄道（JR西日本），東海旅客鉄道（JR東海）では国の持ち株がすべて放出され，完全民営化されたので私企業，その他のJRグループ企業は依然として国が100％出資しているので公企業である。

　私企業はさらに**個人企業**と**集団企業**に分類できる。個人企業は文字通り1人で出資・経営する企業，集団企業は複数の出資者が存在する企業である。通常，経営学で主として対象にする企業は後者であり，既に説明した企業の定義はこの集団企業を想定している。そして集団企業は**営利企業**と**非営利企業**に分類で

---

[24]　公企業を第一セクター，私企業を第二セクター，公私混合企業を第三セクターと呼ぶが，海外ではそれとは別にNPO・市民団体など民間の非営利団体を第三セクターと呼ぶこともある。

きる。非営利企業は，生活協同組合や一部の生命保険会社が採用する相互会社など，出資者とその企業が生み出す製品・サービスの利用者が一致している企業である。そして最後に，営利企業。これが狭義の会社となる。

したがって，企業と会社の概念をもう一度まとめれば次のようになる。**広義の会社＝広義の企業**で図表Ⅰ-10のすべてが含まれ，私企業の中の集団企業が**狭義の企業**，さらにその中の営利企業が**狭義の会社**，ということになる。

◆ 会社法に規定される「会社」

狭義の会社をさらに分類してみよう。会社法という法律があり，それに規定されるのが合名会社，合資会社，合同会社，株式会社である。この4種類を区別するために，まず，出資という概念をみることにする。

本書では既に，会社に資本を投資するという意味で出資，という言葉を使ってきたが，より正確にいえば，会社の自己資本に投資することを**出資**という[25]。すると資本とは何か，自己資本とは何かが問題になる。

◆ 資本の必要性

例えば製造業ならば原材料を仕入れ，製品を製造し，それを売る。卸売業・小売業なら商品を仕入れ，それを売る。サービス業ならサービスを生み出し，それを提供する。それぞれの業種によって活動内容は異なるが，共通していることは，すべて先におカネが必要で，そのおカネで原材料や商品を仕入れ，あるいはサービスを生み出し，それらを販売・提供して初めて，おカネが入ってくるという点だ。つまり，すべての企業活動にはまず先におカネが必要となる。これを**資本**という。この資本は企業の所有者が自ら出してもいいし，借金でも構わない。前者の自ら出した資本を**自己資本**とよび，自己資本に投資することを出資という。これに対して，ほかから借りてきた資本を**他人資本**という。どちらの資本に対しても企業は報酬を払う必要があり，自己資本に対しては配当

---

[25] さらに厳密にいえば，金銭ではなく信用・労務などを出資するケースもある。詳しくは後述の合同会社の項参照。

金を，他人資本に対しては利息を払う。通常，利息は事前に決められた一定率であり，配当金は事後的に決められるのでゼロかもしれないし，多額かもしれない。そのような意味で，他人資本を提供する人にとってはローリスク・ローリターン，自己資本を提供する人にとってはハイリスク・ハイリターンとなる[26]。企業にとっては自己資本の方が自ら報酬額を決められるので使い勝手はよい。しかし決定的な違いは，他人資本は借金なので，いつかは元本を返済しなければならず，あくまでも借りものであるのに対して，自己資本は，出資者が各種権利を企業に対して主張するが，出資金の返済を求めることはできず，企業にとっては返済不要の，自分の資本である，という点である。

◆ 出資と責任

　出資者が得る金銭的利得は，インカムゲインとキャピタルゲイン，ということで既に説明したが，ハイリスク・ハイリターンなので損失の可能性ももちろんある。その責任はどれほどのものなのだろうか。最も単純なケースとして，無借金の個人企業を考えよう。無借金であるから他人資本はゼロで，自己資本は個人である経営者がすべて出資している，所有と経営の分離以前の段階である。個人企業は上場していないので，キャピタルゲインはないし，儲かった場合の配当金といっても，自分がすべてもらうだけである。逆に損失が出れば，すべて自分で償わなければならない。自己資本100万円を投資してその個人企業を経営しているとして，200万円の赤字を出した場合，その経営者が償うのは自己資本の100万円だけでいいかというとそうではなく，200万円すべてを経営者が負担しなければならない。もし現金がなければ，家や土地を処分しても借金を返済しなければならない。すなわちこの場合，経営者が負担する責任は出資額にかかわらず，その企業の負担額全額である。このように，**出資者が"出資の範囲を超えてまで"企業の債務返済を果たすべき責任を無限責任**といい，その出資者を**無限責任社員**[27]という。そのような意味で，個人企業の経

---

[26] 既に説明したように，日本企業の場合，多額の配当金というケースは少ないが，キャピタルゲインまでを考慮すると，ハイリターンが期待される。

営者は無限責任社員である。

◆ 合名会社と合資会社

　個人で賄える範囲内の資本で経営する個人企業では、その活動規模に限界がある。だんだん企業を成長させ、より大規模に経営しようとすれば、より多くの資本が必要となる。最も簡単な拡大策は仲間を見付けることだ。先程の100万円を出資した個人企業の経営者が、同じ100万円を出資してくれて完全に対等に経営してくれる人をもう1人見付ければ、2人の共同経営者、自己資本200万円の集団企業となる。利益が出れば2人で山分けとなるが、もし大きな損失を出せば、2人の経営者は自らの出資金100万円に関係なく、企業の損失全額を負担する無限責任を負う。このように、無限責任を負う出資者のみで構成される集団企業を**合名会社**という[28]。

　さらに企業を成長させ、大規模に経営するにはどうしたらよいであろうか。おカネを借り、他人資本を活用するという手もあるが、個人が借りられる額には限界があるので自己資本を増やすことを考えよう。例えば先ほどの無限責任社員2人、自己資本200万円の企業を5倍の規模、1,000万円企業にしたい場合、あと8人、100万円を出資してくれる人を探せばよいし、あるいは1人で800万円出資してくれる人を探してもよいが、いずれにせよ難しい。つまり新たに仲間に加わってくれる人も無限責任を負う無限責任社員になってもらうことになるわけで、そう簡単にはYESといわないだろう。そこで登場するのが**有限責任**という概念である。これは無限責任と対照的な考え方で、**出資者は自らの"出資額の範囲内"で企業の債務返済を果たす**。つまり「100万円出資して、儲かったらそれに応じて分け前を要求するが、もし損害を出しても100万円までは負担するがそれ以上は責任を負わない」という考え方である。無限責任を負

---

(27) ここでいう社員とは、出資者を意味する法律用語で、通常の「会社に雇われている人」という意味で使われる社員とは異なる。

(28) 無限責任社員は2人に限らず、3人以上でもよい。逆に、特例として1人というケースも2006年施行の会社法においては認められるようになったが（一人会社）、あくまでも例外なのでここでは、集団企業としておく。

わなくて済むので，単に100万円を出してくれる人を探せばよいので，ハードルはかなり下がる。このようにしておけば，無限責任は負えないけど，有限責任ならその企業に参加しよう（投資しよう）という人が出てくる。無限責任社員を探すより，ずっと楽であり，資本を集めやすい。ここで有限責任を負う出資者を**有限責任社員**という。さらに出資額が限度の有限責任なので，無限責任を負っている最初の出資者たちの出資額にそろえる必要もなくなる。「100万円は出せないけど，10万円なら出す，儲かったらそれに応じて分け前を要求するが，もし損害を出しても10万円までは負担するがそれ以上は責任を負わない」というものである。1万円でも構わない。さらに出資のハードルは下がるであろう。このように，無限責任社員に加えて，有限責任社員を含めて自己資本を構成する集団企業を**合資会社**という。

◆ 有限会社と株式会社

　無限責任社員のみからなる合名会社よりも有限責任社員を加えた合資会社の方が資本を集めやすいことがおわかり頂けたと思う。さらに規模を拡大するにはどうしたらよいであろうか。企業規模が大きくなってくれば，無限責任社員の責任はますます大きくなる。そこで有限責任社員のみが出資する企業が登場した。これを**有限会社**という。すなわち，有限会社には無限責任社員が存在せず，より多くの出資者を集めることができるという考え方である。

　さらに規模を大きくする工夫として，譲渡と上場という概念がある。有限責任とはいえ，出資を取りやめたいというケースもあるだろう。もし一度出資したらキャンセルはできないというのであれば出資の障壁は高くなるが，いつでもやめられるということであればより多くの出資者を募ることが可能となる。しかし既に説明したように，出資は自己資本であり企業に対して様々な権利を持つが，出資金を返してくれ，という請求はできない。そこで自分の出資分を他人に譲る**譲渡**という方法が考えられる。もちろんその際には譲る相手から出資金に相当する金額をもらうことになるので，本人にとっては出資のキャンセルになる。ただし企業にとっては出資者が変わるだけで，キャンセルにはなら

ないというところがミソである。ところが合名会社・合資会社・有限会社においてはこの譲渡を難しくする取り決めがあり，それはほかの社員（出資者）全員の同意が必要，というものだ。もし同意なく譲渡が行なわれると，いつの間にか，その企業の所有者が全く知らない人になってしまう可能性があり，それは乗っ取りなどの危険性につながるからである。合名会社，合資会社，有限会社において"社員全員同意"に多少の細かい規定の差はあるものの[29]，いずれのケースも譲渡の障壁は高いといわざるを得ない。そこで登場するのが**株式会社**だ。株式会社においてはこの譲渡が原則自由なのである。株式会社がより多くの出資者を募り，巨大企業へと成長できる大きな論拠の一つがこの譲渡である。株式会社も有限会社同様，有限責任社員のみから構成されるが，株式会社においてはその出資者を株主と呼び，その出資分を株式と呼び，株式は原則，譲渡可能なのである。

　株式会社のもう一つの大きな特徴に，**上場**がある。株式の譲渡が自由とはいえ，その相手を探すのは難しい。自分に代わって出資してくれる人を探さねばならないからだ。そこで登場するのが株式の上場である。上場とは自社の株式が証券取引所で取引され，売買されることを意味する。上場企業の株主であれば，出資分である株式の譲渡をしたい場合，証券取引所で売ればよいので，自ら相手を探す必要はなく，さらに出資のハードルが下がるというわけである。もちろん，取引所としても怪しい企業の株式を扱うわけにはいかないので，企業が上場する際には様々な条件がある。しかしそれを乗り越えて上場を果たせば，企業にとって大きなメリットが得られることになる。この上場という属性は株式会社のみに与えられた大きなメリットである。ただし上場はあくまでも可能というだけであり，株式会社であっても上場しない，非上場の株式会社も数多く存在する。

◆ 合同会社

　会社法に規定される会社が現在4種類と書いた。今までの説明で，合名会社，

---

(29) 図表Ⅰ-11の譲渡の項，参照。

合資会社，有限会社，株式会社と進み，既に4種類挙げたが，**合同会社**という形態も存在する。現在の会社法は2006年に施行されたがそれ以前の法律では，合名会社，合資会社，有限会社，株式会社の4種類が存在した。しかし会社法が施行され，有限会社はそれ以降，設立が認められなくなったのである。以前は今までの説明のように，規模が大きくなるに従って合名会社→合資会社→有限会社→株式会社となっていて，それぞれの規模に適した法律体系のはずであった。より大きな企業にはより多くの条件が付くので，株式会社を作るのが一番難しかった。ところが様々な規制緩和が進んだ結果，株式会社を作ることの障壁が下がり，有限会社よりも小さな規模でも容易に株式会社を設立できるようになってきたのである。その結果，有限会社と株式会社の大小関係は非常にあいまいになり，小規模の株式会社も数多く出現した。そこで法律をより現状に合わせるためという理由もあって，有限会社に関する法律は廃止され，株式会社に一本化された。それに代わって新しく登場したのが合同会社だ。

　株式会社においては有限責任を負う株主の権利関係はすべて保有する株式数に比例する。株主1人1票ではなく，保有株式数が多ければそれだけ多くの権利を有する。このような会社を物的会社と呼ぶ。これに対して合名会社・合資会社では無限責任を負う無限責任社員がいるため，出資金額に応じた権利関係とは限らず，出資した社員間で組合的に決めることができる。例えば，おカネは出さないがものすごい技術やアイディアを持っている人に会社の中心的存在として参加してもらいたい，などという時には有用な考え方である。このような会社を人的会社と呼ぶ。新しくできた合同会社は両者の中間的存在であり，有限責任社員のみから構成されるものの，権利関係を話し合いで組合的に決めることができる。上場はできないが，持分（出資分）の譲渡は大きく制限され，社員全員の同意が必要になる。

　最後に，有限会社に関する法律は廃止された，と書いたが，実は日本には数多くの有限会社がいまだに存在する。何百万社もあった有限会社は2006年の会社法という法律の施行により，すべて株式会社と見なされるようになったが，現実に有限会社を経営する側にとっては大きな迷惑である。単純な話，看板も

名刺も，すべての「有限会社」という部分を「株式会社」に変更しなければならないからだ。これは現実的ではない。そこで，特例有限会社，という法律が別途作られた。これによれば，法律上，すべての有限会社は株式会社と見なされるようになったものの，もともと有限会社であった会社は，そのまま有限会社を名乗っていい，というものである。したがって，新たに有限会社を設立することはできないが，既に存在していた多くの有限会社は，そのまま，有限会社を名乗っている。

これまでの説明をまとめたものが図表Ⅰ-11である。会社法によれば日本には合名会社，合資会社，合同会社，株式会社の4種類が存在するものの，その96％は法律上，株式会社である（340万社中，327万社，）。しかし実態は，株式会社と有限会社に分かれる，というわけである。その中で上場企業は約3,600社あり，いわゆる大企業である一部上場企業は約1,700社となっている。

図表Ⅰ-11　日本の会社

	出資者の責任	譲　　渡	上　　場	会社数[3]
合名会社	無限責任	全社員の承諾	不　可	18,000
合資会社	無限責任・有限責任	全社員の承諾[1]	不　可	83,000
合同会社	有限責任	全社員の承諾	不　可	25,000
株式会社	有限責任	原則自由[2]	可	1,752,000（特例有限会社）
				1,520,000（特例有限会社を除く株式会社）
				合計　3,398,000（内．上場企業[4] 3,600）（内．一部上場[5] 1,700）

注（1）業務を執行しない有限責任社員の持分譲渡は，業務を執行する社員全員の承諾のみで可。
　（2）定款により，一部または全部の株式に譲渡制限をつけることも可能。
　（3）神田秀樹［2011］および『会社四季報』2011年4集秋号による。
　（4）東京，大阪，名古屋，福岡，札幌の5市場合計。
　（5）東京，大阪，名古屋の3市場一部上場合計。

3　企業成長と企業の社会性

　日本企業の目的は長期の維持発展であるため，企業は収益を上げて自らを維持し，成長・発展していかなければならない。まずそのための理想状態としての企業活性化モデルを考えよう。

3-1　企業活性化と企業成長

◆ **活性化した企業では全経営過程が好循環している**
　優れた日本企業の条件として，内部の人間がすべて創造性を発揮する，という考え方を示したが，それをモデル化したものが図表Ⅰ-12の企業の活性化モデルである[30]。企業のトップが創造性を働かせて戦略的意思決定を行ない，経営戦略を策定する。それに基づきその経営戦略が実行できるような組織が構築される。その組織が製品・サービスを生み出す。そしてそれが市場で販売される。市場のニーズに合えば売上高が増えて成果が生まれる。その成果をトップが判断し，再び次の経営戦略を策定すべく意思決定を行なう。これらが企業活動の基本的なプロセスであり，企業の活性化した状態とはこの**全経営過程の好循環**が実現している状態である。

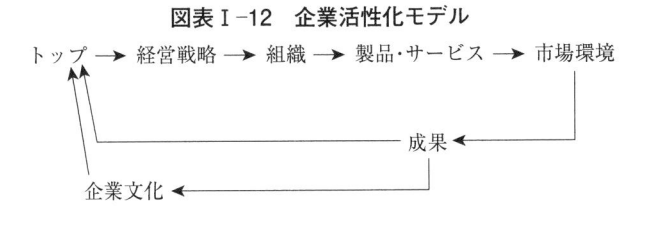

図表Ⅰ-12　企業活性化モデル

トップ　→　経営戦略　→　組織　→　製品・サービス　→　市場環境
　　　　　　　　　　　　　　　　　　　　　　　　成果　←
　　　　　企業文化　←

---

(30)　清水龍瑩［1990］pp. 15-19。

◆ 局所的好循環からスタートして短期的好循環へ

　すべてのプロセスを最初からつなげて全経営過程の好循環を実現させることは難しい。実際に企業を活性化させるには，まずどこか，部分的なつながりを作り上げることから始めるのが通常である。例えば研究開発を行ない，それがうまくいき新製品開発につながり，良い製品ができれば，さらに良い製品を目指す研究開発が行なわれるようになる。これは図表Ⅰ-12の製品・サービスの内部のみで起こる**局所的好循環**である。また，新製品開発がうまくいけば，売れる良い製品があると思ってそれを売るための組織も活性化し，組織が活性化して製品をちゃんと売ってくれると思えば製品開発を行なう側の意欲もまた向上し，次の新製品開発につながる。これは製品・サービスとその隣の組織のプロセスに関連する局所的好循環である。全体にわたる大きなサイクルをいきなり実現するのではなく，小さなサイクルを作り，そのサイクルを近隣に連動させ，徐々に大きくしていく，といったイメージだ。そのサイクルがすべての経営プロセスをカバーするようになり，取りあえず一周することができた状態を**短期的好循環**と呼ぶ（図表Ⅰ-12の内側のサイクル）。

◆ 長期的好循環と企業文化

　トップが環境に適応した経営戦略を策定することに成功し，それに応じて適切な組織が構築され，市場ニーズに合った製品・サービスが生み出され，高い成果が生まれる。大きな全体サイクルがとりあえず一周達成される短期的好循環を何度も繰り返すようになると回転に勢いがついてくる。自転車のスピードが上がり，順調に走れるようになったイメージだ。例えば，ある企業の製品が市場ニーズをうまく捉え，「あの企業の製品は良い製品だ」というイメージができれば，トップは自信を持ち，次の経営戦略を積極的に展開する。内部の人々も自信をつけ，より良い製品を生み出そう，と一層の創造性を発揮するようになる。全体のサイクルが自然に循環するようになるとそれが組織内部の人々にとっても自然である，という共通の価値観となる。組織の内部の人間の共通の価値観を企業文化というが[31]，好循環をますます安定させる企業文化

ができ，それが**長期的好循環**を生み出していく（図表Ⅰ-12の外側のサイクル）。長期的好循環が始まると，短期的なサイクルの一部が失敗してもその好循環の流れはなかなか変わらない。スピードに乗った自転車が少々の小石になら転倒することもない，というイメージだ。短期的な，あるいは部分的な失敗があってもそれを恐れず，リスクを負担して挑戦意欲を燃やし，それがさらなる成長を促す原動力になるのである[32]。

◆ 企業成長とインタンジブルズ

　局所的好循環が短期的好循環を生み，それが企業文化をも含めて長期的好循環になると各経営過程ではいろいろな長期的成果が蓄積されてくる。目にみえる蓄積としては売上高，利益，従業員数，総資産などがあり，これらを**タンジブルズ**（tangibles）と呼ぶ。しかし実は目にみえないものも蓄積され，トップの危機感・自信，従業員のモラール・挑戦意欲・情報収集力，上下左右のコミュニケーション・信頼関係，技術水準・技術開発力，市場における製品・サービスに対する企業イメージ・ブランドなどであり，これらを**インタンジブルズ**（intangibles）と呼ぶ。どちらの蓄積も企業成長を促すが，どちらかといえば後者のインタンジブルズの蓄積の方が重要である。なぜならば企業の利潤の源泉はあくまでも中にいる人間の創造性の発揮にあり，タンジブルズが一時的に停滞していてもインタンジブルズが順調に蓄積されていけば，それらを原動力に企業成長を取り戻すことが可能であるからだ。この考え方は現在，経営戦略論で重要な考え方となっている資源ベース論と大きく関連しているので，詳しくは第Ⅲ部で述べることにしよう（コラムⅠ-7）。

---

(31)　詳しくは，佐藤　和［2009］，第Ⅳ部2-1参照。
(32)　ただし，順調なケースと共に，悪い循環が加速してしまうケースもあることに気をつけねばならない。コリンズはこのサイクルの勢いを「弾み車」として表現し，良い方向にも悪い方向にも加速する可能性を警告している。詳しくはコリンズ［2010］参照。

> **〈コラムⅠ-7 インタンジブルズの重要性〉**
>
> 2002年に公表された経済産業省のブランド価値評価研究会の報告書によれば，日本の上位企業の株式時価総額に占めるタンジブルズは7割程度しかなく，3割はインタンジブルズだという。一方アメリカでは，1950年代に既に同様の状況であったが，1970年代には半々，つまり，時価総額に占めるインタンジブルは5割となり，さらに1990年代には7割になったといわれている。従来，工業化時代は生産力の勝負で，規模の生産性という経済法則が支配的であった。長く続いた右肩上がりの成長環境の中で，設備やヒトや資金を先行的に囲い込んでおけば利益は後からついてくるという構造だ。つまり物理的なヒト・モノ・カネというタンジブルズの確保が重要だった。ところが現在はグローバリゼーション，低成長，競争の激化と大きく環境が変化し，従来のような資本効率の低い経営は許されなくなってきた。つまりタンジブルズを蓄積して規模の生産性で勝負することはできなくなったのである。自社ですべてを囲い込む垂直統合型企業よりも，バリューチェーンをうまく使うネットワーク型企業が優勢な時代であり，従来の物理的リンクからバーチャルなインタンジブルのネットワークへと変化してきているといえる。

3-2　企業の社会性

長期の維持発展を目指す企業の活性化と成長により高い収益性と高い成長性が達成される。そのような意味では，高収益性と高成長性は良い企業の条件ともいえる。しかし現代ではこの二つの条件では良い企業として不十分であり，社会性が第3の条件として求められている。

◆ 第3の良い企業の基準は社会性

企業はつぶれずに維持されていかねばならず，そのためにある程度以上の利益が必要となる。これが収益性基準であり，長期の維持発展の'維持'の部分である。また特に日本企業の場合，戦後長い間，基本的に成長社会という環境にあったので，中にいる人間の創造性を発揮させるため，そして彼らの満足を引

き出すため，企業自体が大きくなり社会的ステイタスを向上させ，多くのポストを生み出していく必要があった。企業は常に発展していなければならず，これが成長性基準であり，長期の維持発展の'発展'部分である。企業目的を達成できている企業が良い企業なので高収益性と高成長性が良い企業の基準ということになるが，その基準も絶対的なものではない。時代によって，世の中の要請によって，変化すると考えねばならない。現代社会においては自分だけが儲かっていて伸びているだけでは，もはや良い企業とはいえなくなってきている。安定成長・低成長，経済の成熟化，人々の価値観の多様化という環境において，企業自体もグローバル化している現在，収益性と成長性のみが高い企業を単純に良い企業と呼ぶことは，もはやできなくなってきている。既に，社会全体をトータルシステムとするサブシステムが企業であり，企業は社会全体にプラスのパフォーマンスを与えなければならない，と説明した。企業の社会全体に対する影響がますます大きくなってきている現代において登場するのが第3の良い企業の基準としての**社会性**だ。ここでは社会性を「企業の様々なステークホルダーに対する自らの収益性・成長性以外のコミットメント」と定義しておこう[33]。具体的には従業員の雇用・生活向上，コーポレート・ガバナンス，企業倫理，地域貢献，消費者・社会貢献，地球環境保護といった幅広い領域をカバーするものであり，実は世にいうCSRに他ならない。

◆ CSRと社会的責任

　CSRはCorporate Social Responsibilityの頭文字であり，21世紀に入ってから注目されてきた言葉である。そのまま訳せば企業の社会的責任となるが，社会的責任は決して新しい言葉ではなく，日本でも1960〜70代の高度成長期のころから注目されてきた。それ以降，時代によっていろいろなニュアンスで使われてきたが，当初の社会的責任に比べてCSRは格段に広い内容を持ち，新しい意味を持つ言葉として捉えることができる。詳しくは第Ⅴ部で改めて検討

---

(33) ステークホルダー（stakeholder）は企業の利害関係者を意味する。詳しくは第Ⅰ部2-2参照。また，コミットメント（commitment）とは関わり合いを意味する。

図表 I-13　(狭義の) 社会的責任と (広義の) CSR

ステークホルダー	社会的責任 (狭義)	CSR (広義)
従業員	雇用の維持	生活向上
株主・取引先	(安定的な配当金の支払い, 取引)	ガバナンス情報の開示
地域社会	公害問題対処, 納税	地域貢献
消費者・社会一般	(良いものを安く供給)	生活の長期的改善, 社会貢献
地球環境	(該当せず)	環境保護, 環境経営

するが,ここで(狭義の)社会的責任と(広義の)CSRとに分け,その責任を遂行する対象となる各ステークホルダー別に比較検討してみることにしよう。

図表 I-13は(狭義の)社会的責任と(広義の)CSRの違いをまとめたものである。古くから使われてきた(狭義の)社会的責任においては,従業員,地域社会がメインのターゲットであり,株主,消費者・社会一般に対しては社会的責任というよりも経済的責任の範疇に入る責任がメインであった。また地球環境というステークホルダーは存在しなかった。それが(広義の)CSRにおいては,前節で説明したように企業の社会的影響力が格段に大きくなってきており,すべてのステークホルダーとの関係を考慮した企業行動が要求されるようになってきた[34]。そして企業の活性化には顧客・ユーザー,従業員への積極的な対応姿勢を持ちながら,株主,地域社会などのステークホルダーに配慮した企業経営が求められているのである[35]。以下,それぞれのステークホルダーを取り上げ,(狭義の)社会的責任と(広義の)CSRの関係を検討してみよう。

◆ 従 業 員

企業に最も近いステークホルダーとしての従業員を考えると,(狭義の)社会的責任は雇用を維持し,安定的な給与の支払いを保証することであった。しかし現代の企業に求められていることはそれだけではなく,生活の豊かさ,ゆ

---

(34)　十川廣國 [2005] pp. 188-190。
(35)　十川廣國 [2000] p. 191。

とりまでも含めた従業員の生活向上である。世界一の債権国といっても少しも豊かにならない国民の生活を考えれば，企業のみが豊かになり，従業員に生活の豊かさを提供できないような企業は認められない時代である。直接的なステークホルダーである従業員に対する（広義の）CSR は企業の社会性の一要因として，現代企業にとって軽視できない重要課題である。

◆ 株主・取引先

次に株主・取引先に対する責任を考えた時，狭義には安定的な配当金の支払い，安定的な取引ということが考えられるものの，これは社会的責任というよりもむしろ経済的な責任の範疇である。しかし現在では，いかなる形で経営が行なわれているか，というガバナンス情報の開示も世の中からの大きな要請となっている。そしてガバナンスの問題は，株主のみに対する問題というよりも，行き過ぎた「株主資本主義」「アメリカ型経営」に対する警鐘として，各ステークホルダーとの関係として捉えなおされ，広くステークホルダー問題を扱うCSR の重要項目となってきている（コラム I-8）。

◆ 地 域 社 会

ステークホルダー対象を広げ，地域社会を考えてみると，汚水，排気，騒音などの公害問題に対処し，税金を納入するという（狭義の）社会的責任に加え，（広義の）CSR ではもう一歩進んで，積極的に企業の施設を開放したり地域の雇用・地場産業の維持に努めるなどの地域社会への貢献も含まれてくる。バブル経済のころ，企業の社会貢献を意味するフィランソロピーという言葉がブームになり，その際に盛んに論じられたのは，それらの貢献は名前を出さず慎み深く行なうべきであり，陰徳の美を大切にすべきである，という議論であった。しかしそのような行動は自分に余裕がある時にしか行なわれず，決して長続きはしない。また陰徳という言葉は，実はもともと"陰徳陽報"で一つの熟語だ。人知れず善行を積めば，必ず良い報いとなって現れてくるという意味であり，陰徳あれば陽報ありと読む。企業は慈善団体ではないので，社会貢献も陰でこ

そこそやらず，戦略的に堂々とやるべきだと考えられる。そのような意味で地域社会に対する貢献も重要な企業の社会性要因といえる。

◆ 消費者・社会一般

さらにステークホルダー対象を消費者・社会一般にまで広げると，良いものを安く供給するという経済的責任に加え，地域貢献同様，フィランソロピー・ブームに論じられた社会貢献や消費者の長期的な社会生活の向上などがCSRの範疇に入ってくる。近年，企業メセナ（企業の文化支援活動）という言葉はさっぱり聞かれなくなってしまったが，マスコミが取り上げなくなっただけで，実際の活動状況は決してなくなってしまったわけではない[36]。また消費者に対してはニーズに合う良いものを安く供給するという企業としての基本姿勢だけでなく，消費者生活の長期的な改善までも求められるようになってきている。これは，売れるものは何でも売ってよい，という姿勢ではなく，たとえ売れても倫理に反するようなものは売ってはいけない，という姿勢である（コラムⅠ-9）。

◆ 地球環境

最も広い意味でのステークホルダー対象としての地球環境を考えてみよう。（狭義の）社会的責任の時代には一企業の影響としてはそれほど大きなものはなく，企業とは関係のない項目であった。公害問題などは限定的な地域社会に対する悪影響であり，地球全体の温暖化，オゾン層の破壊といったグローバルな問題は考えられていなかったのである。ところが現代企業の影響力の大きさは地球規模になり，これらも企業の責任と見なされるようになってきた。社会全体に対するプラスのパフォーマンスという意味で，地球環境に対する責任も今や重要なCSR項目になってきている。なお，ここでのキーワードとしてはサステナビリティ（コラムⅠ-10），環境経営（コラムⅠ-11）などがある。

---

(36) 例えば佐久間信夫・田中信弘 [2011] に多くのサーベイがある。

以上みてきたように，現在の日本企業にとって（広義の）CSR は（狭義の）社会的責任に比べて対象となるステークホルダーも，その内容も，はるかに広い領域をカバーし，はるかに重要な責任と考えられる。良い企業としての資格は，高成長性・高収益性もさることながら，高社会性が求められる時代なのである。

〈コラム I-8 コーポレート・ガバナンス〉

　企業統治と訳されるコーポレート・ガバナンスの問題は，アメリカ・イギリス・ドイツなどで議論されてきたが，21世紀になって急速に日本でも注目されるようになってきた。これは，バブル崩壊後，企業の不祥事が相次ぎ，経営者の暴走に対する批判が高まったこと，その後の長引く不況に日本企業の経営効率の悪さが指摘され，またアメリカの年金基金など大型機関投資家の圧力もあり，日本の経営は株主の利益をあまりに軽視しすぎているのではないか，という批判が高まったこと，などが背景にある。コーポレート・ガバナンスの定義は一様ではなく，もともとは経営者支配に対する株主の復権を訴える動きの中で生まれたものであり，そのような意味では株主のための経営チェックの仕組みといえる。事実，そのような定義は数多くみられ，アメリカ流の株主中心の経営をグローバルスタンダードという和製英語で主張する論調はその代表である。一方，企業にとってのステークホルダーは株主だけでなく，従業員，取引先，地域社会，消費者・社会一般，地球環境など様々であり，コーポレート・ガバナンスをそれらの利害関係調整を目的とする経営の基本枠組と捉えることもできる。両者はコーポレート・ガバナンスを考える際の両極端に位置している。これらのコーポレート・ガバナンス議論は次の3つに類型化することができる[37]。

① 伝統的株主価値最大化モデル
　企業の所有者である株主の権益保証・増大のため，経営者を如何に有効かつ詳細にモニターするかという，グローバルスタンダード志向・単一モデル。コーポレート・ガバナンスを経営者モニタリング・システムとして理解。

② 洗練された株主価値モデル
　株主価値最大化を企業目的とみるが，長期的経営，パイの増大あるいは企

---

(37) 稲上　毅・連合総合生活開発研究所［2000］pp. 11-13。

業の繁栄，ステークホルダーとの良好で長期的関係の構築に内在的関心。実務的には単一モデルを持たず，多元主義と重なる部分も少なくない。
③ 多元主義ステークホルダーモデル　株主だけではなく，従業員，顧客，取引先，地域社会，環境などにも配慮。競争力強化，パイの増大，企業の繁栄に内的関心を持つという点では洗練された株主価値モデルと共通。

　株主主権が当たり前というアメリカにおいても議論は決して一様ではなく，まして日本においても，株主中心主義から従業員重視まで各種主張がみられる。コーポレート・ガバナンスとは，一言でいえば，どのような利害関係者を重視し，そのために企業が如何に運営されるべきかを考える枠組みといえ，正にCSRの重要項目ということができるのである。コーポレート・ガバナンスに関しては第Ⅱ部でさらに詳しく検討することにしよう。

〈コラムⅠ-9　米ロータス・ディベロップメント社のケース〉

　米ロータス・ディベロップメント社は米エキファックス社と共同で「ロータス・マーケットプレイス・ハウスホールズ」という製品を開発した。これは小企業向けの新しい画期的なソフトウェア製品であり，アメリカの9,300万世帯のうち，8,000万世帯の情報（姓名，住所，年齢 性別，配偶者有無，推定世帯収入，生活様式（購入履歴他））を持ち，最新の市場分析，ダイレクトメール名簿作りに役立つという製品であった。大ヒット間違いなし，という開発側の予想に反して，全国から，個人情報公開に本人は了承しているのか？，掲載停止ができるのか？，犯罪者に渡らないなどのセキュリティは？，そもそも情報は正確なのか？，責任をどう取るのか？，など非難の嵐となってしまった，というケースである。ハーバード大学のペイン教授は経営者にとっての意思決定のコンパスには倫理的配慮を取り入れたステークホルダーへの影響分析が欠かせない，と指摘している[38]。

〈コラムⅠ-10　サステナビリティ〉

　サステナビリティは持続可能性と訳されるが，もともとは国連の環境と開発に関する世界委員会（通称ブルントラント委員会）の報告書で示された「持続可能な開発」という概念で，"将来世代のニーズを満たす能力を損なうことなく，現代世代のニーズを満たすこと"と定義される。現代企業の影響力は膨大であるが，地球的な時間から考えると非常に短い存在だ。50億年の地

(38)　ペイン［2004］pp. 326-340。

球の歴史を1年にたとえると，人類が地球上に姿を現わしたのが12月31日午後のこと。産業革命以後人類が機械を駆使し，経済発展を進め始めたのは12月31日午後11時59分58秒くらいのことであり，長い地球の歴史からみればほんの一瞬にすぎない。このように短い存在である企業が後世の生活環境を破壊してしまうようなことは許されない。東日本大震災以来，節電意識は高まっているが，電気・ガス・水道，さらには自動車・エアコン・インターネットなど快適な現代生活をすべて放棄する，という極論にも意味がない。このギャップをどのように埋めていくかが，現代企業に問われているのである。

〈コラム I -11 環境経営〉

現代は環境経営の時代ともいわれている。つい数年前まで負のコストとして考えられていた環境対策であるが，今やそれをどのように競争優位の戦略として取り込むか，活用するか，が企業の命運を分ける時代になりつつある。ほぼ普通名詞のように使われだしたゼロエミッション（ゴミ・ゼロ，廃棄物ゼロ）という言葉を提唱したパウリは，自らのエコロジカル工場設立の経験と世界の先端的な環境対策企業の状況から，労働生産性のダウンサイジングに対して資源生産性のアップサイジングを唱えている。"労働の生産性はいかにして少ない人数で生産高を上げるかを考えており，株主のための富の創造は，雇用の削減と同義になってしまう。その代わり，資源生産性を考え，資源を有効利用し，究極的にゼロエミッションを達成すれば，資源の増加を期待するまでもなく，満たせる原材料の需要は20倍に増える。それは巨大な雇用を創出し，産業の生産性を高め，莫大な廃棄物の流れを絶つことになる。ゼロエミッションは資本，労働力，そして原材料に関して規模を増大させるアップサイジングにつながる。"という[39]。日本でもゼロエミッションを達成している企業が増加しており，最近ではその達成がさほど大きなニュースにならなくなっているくらいである。多くの企業にとって当初は企業イメージ低下を回避するためのリスク対策であったが，同時に収益にも貢献することがわかり注目されてきたという。さらに積極的なリサイクルシステムを構築し，将来の循環型経済に備える企業も出てきている。環境保護はもはや単なるコストではなく，競争力・イノベーションを生み出す原動力にまでなってきているのである。

---

[39] パウリ［2000］pp. 16-34。

II　トップマネジメント

　トップマネジメントという言葉をどのくらいの読者諸君が知っているだろう。あまりなじみのない言葉かもしれないが，社長といえばほとんどの方が聞いたことはあるだろう。では，社長は企業の中でどのような仕事をしているのだろうか。テレビや映画などから想像できるイメージは，大きな机の前で偉そうに部下に命令をしている姿だったり，記者会見で頭を下げる姿だったりするかもしれない。しかし，実際のトップの仕事は，企業経営の方向付けをしたり，事業領域を決めたり，資金の調達や運用の方法を考えるなど企業経営上非常に重要な事項を同時進行的に行なっている。本章では，トップマネジメントを以下のように定義しておくことにしよう。

　トップマネジメントとは，企業経営の最高位に位置し，企業が長期に維持発展していくための将来構想を考え，その実現のための戦略を意思決定し，それに従って下部の人々を監督，調整，統制する機能を持つ階層である[1]。つまり，トップマネジメントは，企業における最高意思決定機関としての役割を果たすと共に，最高執行機関としての役割も果たしている。第II部では，まず日本企業のトップマネジメントの実態について述べていこう。

（1）　清水龍瑩［1984］p. 69。

1　トップマネジメントの実態

筆者らがまだ大学生だったころ，卒業後の夢として就職先の企業の社長になりたいと答える学生が少なくともクラスに数名はいたように記憶している。社長になれなくても，専務や常務などのトップマネジメント層（いわゆる重役クラス）になれたらと思っていた者も多かったように思う。そのくせ，どのくらいの数の者がいわゆる役員クラス以上に出世できるのかさえよくわかっていなかった。現在の状況は当時とは異なるが，社会に大きな影響力を持つ企業の総責任者の実態を知っておくことは，社長になりたい人だけではなく，企業と関わりのある多くの人々にとって，意義のあることだと思う。本章では，現時点でのトップマネジメントの構成状況や，意思決定方法，社長の出身地位などについてまとめておこう。

1-1　トップマネジメントの構成

日本企業の社長および役員の年齢と在籍期間が具体的にどの程度なのかを本節でみていくことにしよう。2010年現在，上場企業の社長の平均年齢は60.6歳，平均在職期間は7.4年となっている。一方，取締役の平均年齢は59.1歳，平均在職期間は5.8年，監査役の平均年齢は62.9歳，平均在職期間は4.1年である。平均年齢の時系列的な変化をみてみると，社長のものは非常に緩やかではあるが下降傾向にあり，最近10年間，ほとんど変化はみられない。逆に役員の平均年齢は長期的に緩やかな上昇傾向にある。ただこちらも，ここ数年間はほぼ横ばいといえる（図表II-1）。また近年，社長と役員の年齢差が縮まる傾向にあり，社長が的確で実効性のある意思決定をするために価値観や考え方が近い同年代の人材を取締役に登用しているものと考えられる。また，平均在職期間の長期

1 トップマネジメントの実態　57

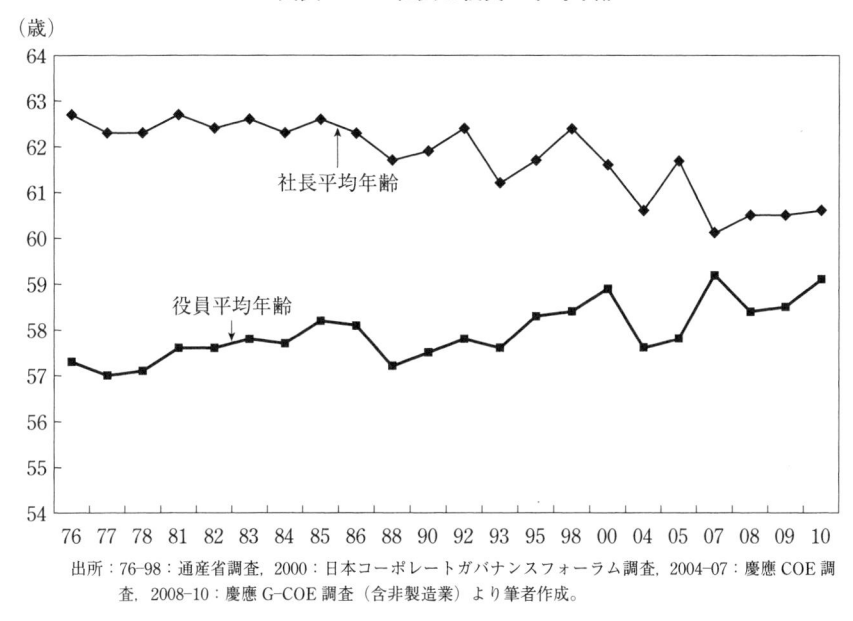

図表Ⅱ-1　社長と役員の平均年齢

（歳）

[グラフ：社長平均年齢と役員平均年齢の推移（1976年～2010年）]

出所：76-98：通産省調査，2000：日本コーポレートガバナンスフォーラム調査，2004-07：慶應COE調査，2008-10：慶應G-COE調査（含非製造業）より筆者作成。

的な変化の傾向については，一時，社長・役員ともほぼ同じくらいの期間となっていたが，近年は社長の方が少し長くなっている。2000年以降，各企業を取り巻く外部環境の状況は大変厳しいが，社長は比較的長期にわたって指揮をとり，重要な問題に直面した場合には問題解決能力のある同年代の役員と共に対処する傾向が出てきているといえよう（図表Ⅱ-2）。

　東証上場企業全体の取締役の平均人数は8.4名で，2006年以降，若干減少傾向にある[2]。また，社外取締役の平均人数は0.9名（社外取締役を選任している会社だけに限定すれば1.9名）であり，**監査役設置会社**では0.8名（同1.7名），**委員会設置会社**では4.4名であった。また，監査役設置会社において，社外取締役が取締役会の3分の1以上を占める企業は8.8％，過半数を占める企業は1.0％に

（2）　東証一部上場企業に限った場合の取締役の平均人数は，8.97名である。東京証券取引所［2011］p. 17。

図表Ⅱ-2　社長と役員の平均在職期間

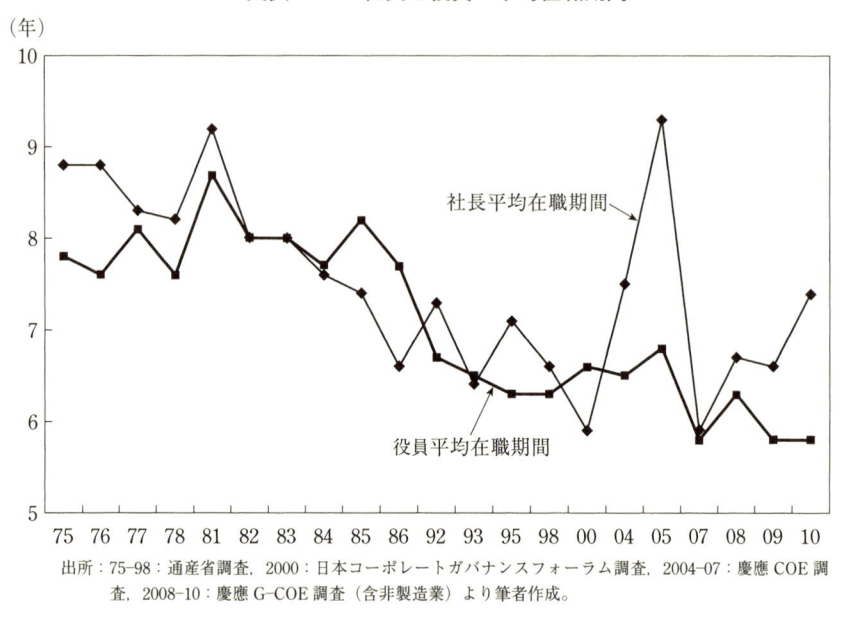

(年)

グラフ：社長平均在職期間、役員平均在職期間（1975年から2010年）

出所：75-98：通産省調査，2000：日本コーポレートガバナンスフォーラム調査，2004-07：慶應COE調査，2008-10：慶應G-COE調査（含非製造業）より筆者作成。

過ぎなかった[3]。社外取締役を採用するということは順次定着してきているようだが，この数値からみてまだまだその数は少なく，社外取締役が全取締役の過半数を超えるアメリカ型（第Ⅱ部2-1参照）の状況には至っていない。また，監査役の平均人数は3.8名で，社内監査役の平均人数が1.3名，社外監査役の平均人数が2.5名だった。役員・監査役とも，効率的な意思決定をしたり，社外から適切な助言を受けるために，それぞれこのくらいの人数で運営されている。なお，監査役設置会社，委員会設置会社についてはコラムⅡ-1を参照されたい。

社長の年齢と企業の業績・モラールの関係をQAQF[4]で分析してみると（図表Ⅱ-3），長期的な傾向として，どちらかというと年齢が若い社長のいる

---

(3)　東京証券取引所［2011］p. 20。
(4)　QAQF（定性要因のための定量分析法）については，巻末のAPPENDIXを参照のこと。

図表Ⅱ-3 社長の年齢と業績・モラールの関係

【業　績】

	2004	2005	2007	2008	2009	2010
64歳以上	5.078	4.978	5.001	4.913	5.014	<u>4.963</u>
59歳以上64歳未満	4.830	5.091	*5.146	<u>5.056</u>	4.935	4.876
59歳未満	<u>5.203</u>	<u>5.110</u>	4.660	4.823	<u>5.128</u>	4.813

【モラール】

	2004	2005	2007	2008	2009	2010
64歳以上	2.450	2.531	<u>2.553</u>	3.550	<u>3.528</u>	2.530
59歳以上64歳未満	<u>2.620</u>	2.421	2.533	3.500	3.432	<u>2.592</u>
59歳未満	2.448	<u>2.623</u>	2.416	<u>3.828</u>	3.471	2.358

出所：2004-07：慶應 COE 調査，2008-10：慶應 G-COE 調査（含非製造業）より筆者作成。
なお，アンダーラインは最大値を示し，＊は有意水準 5％で統計的に有意な差があることを示している（以下の図表でも同様）。

図表Ⅱ-4 役員の平均年齢と業績・モラールの関係

【業　績】

	2004	2005	2007	2008	2009	2010
60歳以上	4.906	<u>5.194</u>	4.930	4.678	4.990	<u>5.042</u>
57歳以上60歳未満	4.853	4.948	<u>5.022</u>	<u>5.141</u>	4.898	4.807
57歳未満	<u>5.308</u>	5.042	4.692	4.960	<u>5.047</u>	4.789

【モラール】

	2004	2005	2007	2008	2009	2010
60歳以上	2.428	<u>2.694</u>	2.568	4.615	<u>3.500</u>	2.643
57歳以上60歳未満	2.505	2.222	2.362	4.556	3.314	*<u>2.648</u>
57歳未満	<u>2.596</u>	2.682	<u>2.693</u>	<u>4.720</u>	3.474	2.148

出所：2004-07：慶應 COE 調査，2008-10：慶應 G-COE 調査（含非製造業）より筆者作成。

企業で業績が高かった。年齢が若い社長の方がより積極的な意思決定を行なうことができ，それが高業績に結び付いていると考えられる。一方，社長の年齢と従業員モラールの間には，明確な関係が見出されていない。

また，役員の平均年齢と企業の業績の関係，従業員モラールとの関係について（図表II-4）は，近年明確な関係が見出されなかった。従来は，好況期には若い役員のいる企業，不況期には年配の役員のいる企業の業績が高いといわれていた[5]が，近年は年齢に関係なく専門的な知識や能力を持つ役員がいる企業の業績が高くなっている。

> 〈コラムII-1　監査役設置会社と委員会設置会社〉
> 　戦後長い間，日本企業では取締役会の職務執行をチェックするために，**監査役**を置いていた。監査役とは取締役会の職務執行について，業務監査と会計監査を職務とする常設機関のことである。そして監査役設置会社とは，この監査役を置く株式会社又はこの法律の規定により監査役を置かなければならない株式会社のことである（会社法2条9号）。監査役は当該企業の取締役や従業員，子会社の取締役や従業員を兼ねることはできないことになっている。
> 　後ほど詳しく説明するが，効率的な意思決定を行なったり，肥大化した取締役会をリストラしたりするために，監査役設置会社から委員会設置会社へ移行する動きが出てきた。
> 　委員会設置会社とは，指名委員会，監査委員会及び報酬委員会を置く株式会社のことである（会社法2条12号）。具体的には，取締役会の中に社外取締役が過半数を占める上記の3つの委員会を設置すると共に，業務執行を担当する役員として執行役が置かれ，経営の監督機能と業務執行機能を分離した企業のことで，アメリカ型の企業で主に採用されていた形態である。

1-2　社長のタイプ

企業の社長をその出身地位によって分類すると，**創業者，二代目，生え抜き，天下り**の4タイプに分類できる[6]。ここでいう創業者社長とは，企業を自ら創業した本人はもちろん，企業を現在のような状況に発展させた中興の祖と呼ばれるような実質的な創業者を指す。二代目社長とは，創業者の子息や親族が社

（5）　清水龍瑩［1983］pp. 179-180。
（6）　清水龍瑩［1979］pp. 45-46。

図表Ⅱ-5　社長のタイプ

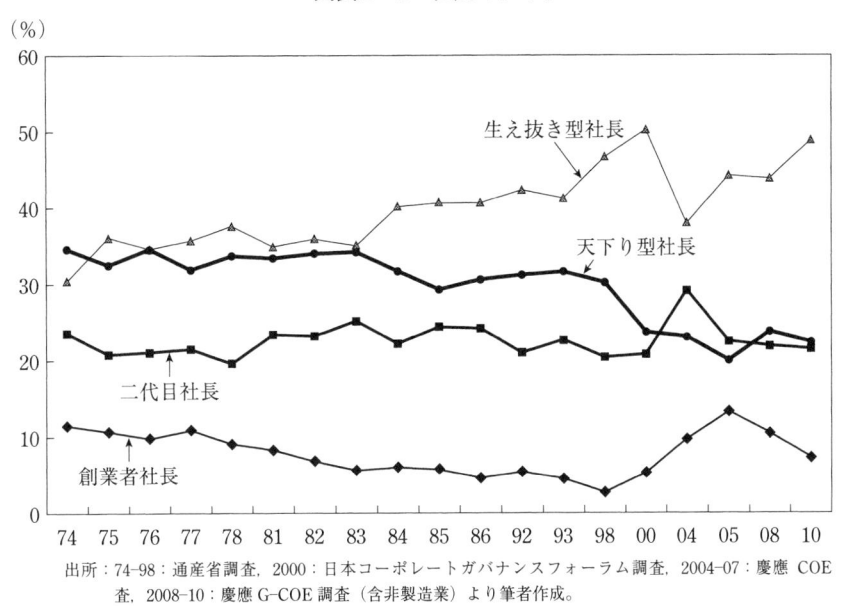

(グラフ：74年から10年までの社長タイプ別割合(%)
- 生え抜き型社長：約30%から約49%へ上昇傾向
- 天下り型社長：約34%から約22%へ下降傾向
- 二代目社長：ほぼ20-25%で推移
- 創業者社長：約11%から約7%、概ね5-13%で推移)

出所：74-98：通産省調査，2000：日本コーポレートガバナンスフォーラム調査，2004-07：慶應 COE 査，2008-10：慶應 G-COE 調査（含非製造業）より筆者作成。

長に就任している場合に該当し，血縁関係でその企業を継いだ社長であれば三代目以降をも含む。生え抜き型社長とは，ある企業に就職して以来，そこで出世をし，最終的に社長に就任した場合に該当する。天下り型社長とは，金融機関や役所など他の企業・機関で働いていた方が，社長として就任する場合に該当する。その長期的な傾向は図表Ⅱ-5に示される通りである。

社長のタイプと企業業績の長期的な関係を QAQF で分析してみると（図表Ⅱ-6），2008年頃まではほぼ一貫して創業者社長のいる企業で業績が優れていた[7]。彼らは企業家精神に秀でているため，いつ何時でも迅速かつ積極的な意思決定を行ない，企業を一つの方向へ引っ張っていこうとする。それが高業績につながっていたと考えられる。また近年は，二代目社長のいる企業の業績が

---

(7) 1973-1981の状況については清水龍瑩［1983］p. 176を参照されたい。

図表Ⅱ-6 社長のタイプと業績

	1994	1998	2000	2004	2005	2008	2010
創業者社長	＊5.975	—	＊6.828	＊6.053	5.088	＊5.615	4.822
二代目社長	5.173	＊5.078	5.073	5.029	4.996	4.690	5.050
生え抜き型社長	5.058	5.069	4.675	4.750	5.007	4.773	4.862
天下り型社長	4.736	4.766	4.624	4.897	5.325	5.008	4.759

出所：94-98：通産省調査，2000：日本コーポレートガバナンスフォーラム調査，2004-07：慶應COE調査，2008-10：慶應G-COE調査（含非製造業）より筆者作成。1998年度調査において，創業者社長はサンプル数が少なかったため，分析不能であった。

次第に向上してきている。従来はただ世襲的に事業を継いで失敗することが多かったのだが，最近では，他の企業で十分に経験を積んだり，ビジネススクールなどでしっかりと専門知識をつけたりして，先代にはないオリジナリティを武器に会社を引っ張ることができる二代目社長が多くなってきており，それが業績の向上に結び付いてきているといえよう[8]。一方，最も大きなカテゴリーである生え抜き型社長のいる企業であるが，必ずしも高い業績を上げているわけではない。生え抜き型社長の場合，社長になるまであまり大きな失敗をせず，連続的な緊張に耐えて出世してきたというケースが多い。彼らは管理者精神に秀でているため，意思決定された戦略をうまく実行していくのは得意なのだが，その分，企業家精神をなかなか発揮できず，そのため迅速で革新的な意思決定を行なうことができず，業績の向上に結び付かないのであろう。

（8） 関 満博［2006］，吉崎誠二［2010］。

2　コーポレート・ガバナンス

　近年，マスコミなどにおいて，**コーポレート・ガバナンス**という言葉が盛んに取り上げられている。しかし，読者諸君の中で，この言葉の意味を正確に説明できる方はそれほど多くないのではないだろうか。元来，これは企業統治と訳されることが多かったのだが，日本企業の活動において統治という言葉の意味を考えた場合，その内容をきちんと理解することが少々難しかった[9]。本章では，近年のコーポレート・ガバナンスに関する議論を踏まえてその意味や内容を紹介していこう。

　コーポレート・ガバナンス（企業統合）の定義は多岐に及んでいる。例えば，コーポレート・ガバナンスを法制度の在り方からみて「会社を健全に運営するための会社法の基本的システム」と定義したもの，**株主（シェアホルダー）**を統治者とし「企業が株主にとっての経済的な利益を追求することで，健全で効率的な経営判断を導出するしくみ」と定義したもの，**利害関係者（ステークホルダー）**を広く統治者と認識し「多くの利害関係者の視点から見て，バランスのとれた経済活動を確保することで，健全で効率的な経営判断を導出するしくみ」と定義したものなどが存在する[10]。ただ1980年代後半までは，コーポレート・ガバナンスに関しての議論はあまり盛んではなかった。当時の日本では，企業グループ間や企業とメインバンクの間で株式の持ち合いがなされていることが多く，一般の株主や外部投資家から経営への実質的な関与を受けることはほとんどなかった。そのため当時は，コーポレート・ガバナンスといった場合，

（9）　辞書（大辞林，電子版）によると，統治とは①すべてをおさめること。②主権者が国土・人民を支配し，治めること，となっている。1980年代後半まで，株主はほとんど「ものをいわない」株主であり，同時に日本企業では社長の地位が高かったため，社長や社長の言動が統治される対象とは考えられなかったのであろう。

（10）　青井倫一［2009］p. 17。

株式会社の所有性に関する議論（「会社は誰のものか」という議論）がその中心だった。

　この状況が変わってきたのはバブルの崩壊後のことだ。例えば、金融界を中心とした一連の不祥事や社会的問題の発生を受けて、企業の不祥事や不正行為をなぜ防げなかったのかという問題意識やバブル時代における資本の浪費の原因を経営者に求めるという問題意識が生じてきた。つまり、社長を含めた企業全体を規律づけることがコーポレート・ガバナンスであり、社長の考え方や意思決定こそが統治の対象となるという問題意識だ[11]。また、バブル崩壊の結果、日本の株式市場における株価は大幅に下落し、それに応じて外国企業や外国の機関投資家が株式を取得し、大株主として日本に進出してきた。彼らは従来の安定株主とは異なり、自らの利益のために、様々な要求を日本企業につきつけ始めた。このような状況により、コーポレート・ガバナンスの議論は、それまでの所有性の問題から株主や利害関係者による内部統治や経営の効率性の問題へその中心を移していったのである。

　前述したように、トップマネジメントとは、企業経営の最高位に位置し、企業が長期に維持発展していくための将来構想を考え、その実現のための戦略を意思決定し、それに従って下部の人々を監督、調整、統制する機能を持つ階層である。つまり、トップマネジメントは、企業における最高意思決定機関であり、また最高執行機関である。内部統治もしくは外部統治の問題としてコーポレート・ガバナンスを考える場合、誰がどのようにして企業経営に関する意思決定に影響を与え、また意思決定された内容の執行状況をモニターするかということが議論の中心となっている。それでは議論を進めるにあたって、ここでまず最高意思決定機関と最高執行機関の具体的な内容についてみていこう。

　最高意思決定機関は、当該企業における将来の戦略案を意思決定する役割を果たすための機関のことである。一方、**最高執行機関**は、最高意思決定機関で決定された戦略案を効率的に執行することを担う機関のことである。効率性の

---

(11)　青井倫一［2009］p. 15。

見地からみれば，最高意思決定機関は，自らが策定した戦略案がその意図どおりに正しく執行機関によって執行されているかどうかをチェックする必要がある。その意味から，これら2つの機関から構成されるコーポレート・ガバナンスの体制をどのような形にするかが各国で検討・制定されている。以下，日本企業のコーポレート・ガバナンス体制を理解するために，既にガバナンス体制が確立しているアメリカ企業とドイツ企業のそれを個別にみていくことにしよう。

2-1　アメリカ企業のコーポレート・ガバナンス

　アメリカ企業のコーポレート・ガバナンス体制は，最高意思決定機関としての**取締役会**（Board of Directors）と，社長（CEO：Chief Executive Officer）を長とする最高執行機関から成っている。アメリカでは1980年代に新自由主義経済政策により，株主価値の最大化が追求され，株主志向のコーポレート・ガバナンスが展開されてきた[12]。その考え方に従えば，株主の価値を最大化するために最高意思決定機関は戦略を策定し，社長はその具体的な実現を目指すわけである。そのため，社長が株主価値の最大化を実現できない場合は，取締役会によって更迭されることになる。つまり，これは取締役が株主に代行して社長の戦略執行状況を監視・監督するというシステムといえる。
　取締役会が監視・監督機能に特化するためには，取締役会メンバーの過半数が当該企業とは独立した立場の取締役（いわゆる，社外取締役）で占められることが理想であり，多くのアメリカ企業はこの形態を採用している。執行機関のメンバーは取締役会が選定し，CEOの他にCOO（Chief Operating Officer）やCFO（Chief Financial Officer）が2つの機関のメンバーを兼務する場合が多い。さらに，取締役会の独立性を高めるために指名委員会，報酬委員会，監査委員会などが設置されている。もちろん，それぞれの委員会メンバーの過半数

---

[12]　海道ノブチカ［2009］p. 3。

は社外取締役が占めている。

　このように株主の価値を最大化するために万全の体制をとってきたアメリカ型のコーポレート・ガバナンスであるが，1990年代に起こったエンロン事件やワールドコム事件によりその体制に否定的な意見も数多く出てきた。このような状況に対して，アメリカ議会は企業の不正防止を目指す「企業改革法」をまとめている[13]（コラムⅡ-2）。

> 〈コラムⅡ-2　エンロン事件とワールドコム事件[14]〉
> 　エンロン事件とは，アメリカでエネルギー・パイプライン事業とそのエネルギーに関連する様々な金融商品事業を展開したエンロン社が，不正会計が元で2001年に経営破綻した事件のことである。この事件以来，アメリカでは多数の不正会計事件が起こったが，エンロン社と後に説明するワールドコム社の経営破綻は，その規模の大きさや社会に対する影響の大きさから別格といわれた。
> 　1985年，天然ガスのパイプライン運営会社としてスタートしたエンロン社は，エネルギー業界の規制緩和の波に乗って，わずか15年でエネルギー卸売りの世界最大手に成長した。2000年に売上高は1,110億ドルに達し，全米第7位になった。このように絶好調であったエンロン社であるが，2001年初から事態が急変した。まず，IT不況で通信事業の損失が拡大し，巨額投資の発電，水道事業も不振に陥った。2001年7～9月期決算では，10億ドル超の特別損失を計上し，6億ドルの赤字に転落した。そしてその決算発表後，簿外債務の受け皿として設立した投資組合を通じた複雑な取引によって利益を水増しするという会計不正が明るみに出て，2001年12月2日，同社は，米連邦破産法11条の適用をニューヨークの破産裁判所に申請した。負債総額は160億ドル（約2兆円：当時の為替レート，以下同）を超え，米史上最大級の経営破綻となった。
> 　エンロン社の不正は主に，トップマネジメントのインサイダー取引や政界工作，監査法人であるアーサー・アンダーセン社との癒着で，取締役会自体は機能不全に陥っていた。監査法人や取締役会の一部のメンバーはエンロン社や同社トップの不正に気づいていたようだが，急成長企業の待遇に目がく

---

(13)　西　剛広 [2009] p. 53。
(14)　平田光弘 [2002]，中北　徹・佐藤真良 [2003]

らんだのか，不正を正すことができなかった。

　一方，ワールドコム事件とは，電話，データ通信，インターネット事業などの電気通信事業を手がけるワールドコム社が，粉飾決算によって2002年に経営破綻した事件である。ワールドコム社はもともと小さな電話会社であったが，地域の電話会社を相次いで買収し，価値の上がる自社株を資金にして規模を拡大していった。買収を繰り返すことで1998年にはアメリカ有数の長距離通信会社に成長した。そして，世界65カ国以上でサービスを展開するグローバル企業になった（日本にも現地法人企業が存在していた）。しかし，拡大路線に無理が生じ，買収に伴う負債が300億ドル以上に膨らんだところに，2000年のハイテク株バブルの崩壊，株価の急落に米国景気の減退が重なって，業績が悪化した。そのころから粉飾決算に手を染めたといわれている。不正経理の発覚は，2002年6月25日同社の経営幹部が，内部調査で38億5,000万ドルの利益水増しを発見したことに端を発している。不正経理の手口は単純で，本来は費用として処理すべき通信網維持費，通信関連費用などを無形資産として計上し，複数年に分けて償却し，単年度の費用を少なくみせ，利益の水増しを図るというものだった。資産規模1,040億ドルを誇ったワールドコム社であったが，巨額の粉飾決算で経営危機に陥り，2002年7月21日，328億ドル（約4兆1,000億円）の負債を抱えて破綻した。当時，資産規模ではエンロン社を上回り，アメリカ史上最大の倒産となった。

　ワールドコム社の場合も，エンロン社と同様に，取締役会が機能不全を起こしていたといわれている。また，監査法人もアーサー・アンダーセン社だった。ワールドコム社の場合，監査法人との癒着はなかったとされているが，粉飾決算を見抜けなかったことは大きな問題である。

　アメリカ型のコーポレート・ガバナンス体制は優れているといわれていたが，この2つの事件によって，必ずしも万全なものとはいえなくなってしまった。ただその後，これらの事件を踏まえて，経営者の暴走に歯止めをかける法律や体制が強化されたことはいうまでもない。

2-2　ドイツ企業のコーポレート・ガバナンス

　前節では，最高意思決定機関と最高執行機関の独立性が高いアメリカ型のコ

ーポレート・ガバナンス体制について述べてきたのであるが，ドイツ企業のコーポレート・ガバナンス体制はアメリカとは異なる形で独立性が高いものとなっている。ドイツにおいては，業務執行を担当する**取締役会**（Vorstand）と取締役の業務執行の監査ないし監督を行なう**監査役会**（Aufsichtsrat）とが存在する[15]。取締役会は業務執行機関であると共に，代表機関と定められており，戦略的意思決定機能も担っている[16]。また，取締役会の人数は，企業規模にかかわらず平均5名程度となっている[17]。監査役会は，本来業務として，取締役の業務執行の監査や監督を行なうのであるが，この業務以外にガバナンス上重要な権限を持っている。一つは専門経営者である取締役メンバーの任免権であり，もう一つは，取締役の一定業務に対する同意権の留保である。つまり，経営者の交代や企業にとって重要な戦略の実施は監査役会の同意がなければできないのである。例えば，2006年フォルクスワーゲン社でのピシェッツリーダー取締役会議長（社長）任期途中の退任には監査役会の意向が強く働いていたといわれている[18]。また，2004年ダイムラークライスラー社の取締役会によって決議された三菱自動車工業への支援策を監査役会が否決したという事例もある[19]。このような権限を通して，監査役会は取締役の行動を統制できる体制にある。アメリカ型のコーポレート・ガバナンスと大きく異なることは，それぞれの機関のメンバーの兼務が法律によって禁止されている点だろう。そのため，意思決定と業務執行は取締役会に完全に任せ，その内容についての監査を完全に独立した監査役会で行なうというガバナンス体制となっている。

さらにドイツにおいては，株主価値のみを絶対視するという考え方は歴史的に受け入れられてこず，従業員の経営参加が積極的に取り入れられている。そのため，ドイツ企業の監査役会は，出資者代表の他に従業員の代表，産業別労働組合の代表，管理職員の代表から構成され，これらのメンバーによる共同決

---

(15) 山縣正幸［2009］p. 172。海道ノブチカ［2008］p. 3。
(16) 海道ノブチカ［2008］p. 3。海道ノブチカ［2011］pp. 2-8。
(17) 海道ノブチカ［2011］p. 9。
(18) 『日本経済新聞』2006年11月8日夕刊。『日本経済新聞』2008年11月18日朝刊。
(19) 『日本経済新聞』2004年4月24日夕刊。

定という形で意思決定がなされている。従業員数が2001名以上の場合には，資本側10名，労働側10名で構成されている[20]。創業者一族や財団，金融機関や機関投資家といった株主やその意向を受けた経営者たちが戦略の基本的な方向づけに大きな権限を有していることは事実なのだが，従業員や労働組合の意向を無視しては，株主価値の最大化を実現できないという考え方の下で企業経営が行なわれている[21]。このように，多様な立場の利害関係を考慮した上で意思決定がなされるガバナンス体制のため，その執行状況を独立的な立場から監査・監督することが可能となるのだろう。

2-3　日本企業のコーポレート・ガバナンス

独立性の高いアメリカ企業やドイツ企業のコーポレート・ガバナンス体制に比べて，日本企業のそれはどのようになっているのだろう。1990年ころまで日本企業では最高意思決定機関と最高執行機関が渾然一体となり重なりあっていた。取締役会は，旧商法下では設置が義務づけられてきた合議体の意思決定機関だったが[22]，その構成員の数は超大企業の場合30名～50名と非常に多く，意思決定機関としてはほとんど機能していなかった。そのような状況の中で実質的な最高意思決定機関として存在していたのが常務会だ。常務会は常務以上の取締役で構成され，取締役会における決議事項の決定や業務運営の基本事項の決定，組織・人事・予算の確定と執行状況の審議・審査までをも行なっていた[23]。また同時に，常務会は執行機関の長たる社長の補佐機関として，最高執行機関の機能も有していた。取締役会のメンバーである各取締役は執行責任者として，職能部門の長を兼担していることが多かった[24]。このような形態

---

(20)　山縣正幸［2009］pp. 175-177。
(21)　山縣正幸［2009］p. 183。
(22)　2006年の会社法の施行によって取締役会を置かないことも可能となったが，公開会社では設置が義務付けられている。
(23)　西　剛広［2009］p. 56。
(24)　清水龍瑩［1983］p. 70。

を採用していたため、取締役会は本来の意思決定機能や監督機能を果たすことはできず、形だけの存在であったといえる。

ところが、前述したようにバブル崩壊以降、企業による様々な不祥事に対応したり、非効率的な経営を改善したり、外国株主からの厳しい要求に対応するため、従来のガバナンス体制を見直す動きが出てきた。その中で、ソニーやオリックスなどはアメリカ型のガバナンス体制を範としたものへ移行していった（コラムⅡ-3）。従来の日本の商法では、経営の監督と執行の完全な分離を困難にしていたのであるが、2002年の商法特例法改正（2003年4月施行）によって、従来型の監査役設置会社の他に委員会等設置会社の選択が可能となり、ガバナンス体制の改革に法的な意味が与えられた。その後、2006年に施行された会社法により、委員会等設置会社は委員会設置会社と呼ばれるようになり、企業の規模を問わず委員会設置会社へ移行することができるようになった[25]。

委員会設置会社では、それまで法的根拠のなかった執行役員に明確な法的地位を与えるとともに、取締役を執行役員の業務執行を監督する機関として位置付けている。そして、取締役の選任および解任に関する決議書を作成する指名委員会、取締役および執行役の業務執行が適正であるかどうかを監査する監査委員会、取締役および執行役の個人別の報酬内容を決める報酬委員会が設置され、それぞれの委員会は過半数が社外取締役によって構成されることとなっている。これによって、意思決定と業務執行を分離し、また業務の監査機能を高めることが可能となった。このようなアメリカ型のガバナンス体制への移行は表面的には上述したような監査機能の強化だったわけであるが、実質的には肥大化し意思決定面で機能不全に陥っていた取締役会をリストラし、迅速な意思決定とコストダウンを目指すものであったといえよう。

---

[25] 西 剛広［2009］pp. 58-59。

〈コラムⅡ-3　ソニーの執行役員制度[26]〉

　1990年代以降，肥大化し非効率となった取締役会を改革するために，アメリカ型のコーポレート・ガバナンスの特徴である社外取締役制度を導入したり，取締役会の中に各種委員会を設置したりして改革を進める企業が出てきた。法律上の制約などもあったため，この動きは単にアメリカ型のコーポレート・ガバナンス体制を日本に導入するという形ではなく，日本型の経営スタイルを反映させる形で進められた。

　このような取締役会改革の先陣を切ったのが1997年のソニーによる執行役員制度の導入である。それまでこの制度は日本に存在せず，初めてのケースとなった。これによって，ソニーは業務執行を執行役員に担当させ，それを取締役会が監督するという仕組み作りを試みたのである。ソニーは1997年6月の定期株主総会において，それまでいた38名の取締役を10名に削減し，内3名を社外取締役として新たに選任した。また，7名の代表取締役は執行役員も兼ねていた。結果として，取締役10名，執行役員34名という体制となった。

　その後，1998年に報酬委員会・指名委員会の設置を実施，2000年には取締役と執行役員の役割を一層明確化すると同時に，取締役会議長を設置し，取締役会の活性化に取り組んでいる。2006年以来委員会設置会社の形態を採用し，2011年現在で15名の取締役（内，社外取締役13名），7名の執行役（CEOとCOOが取締役を兼務）が各業務にあたっている。

2-4　日本企業におけるコーポレート・ガバナンスの現状

　それでは，現在の日本企業におけるコーポレート・ガバナンス体制の現状をみてみよう。まず，委員会設置会社であるが，東京証券取引所の調査によると東証一部上場企業のわずか2.6％程度でしか採用されていない[27]。委員会設置

---

(26)　西　剛広［2009］pp. 57-58。中央三井信託銀行証券代行部［2010］pp. 95-98。
　　　http://www.sony.co.jp/SonyInfo/News/Press_Archive/200005/00-024/（2012. 2. 14.）
　　　http://www.sony.co.jp/SonyInfo/News/Press_Archive/200301/03-004/（2012. 2. 14.）
　　　http://www.sony.co.jp/SonyInfo/CorporateInfo/Data/officer.html（2012. 2. 14.）
(27)　東京証券取引所［2011］p. 15。

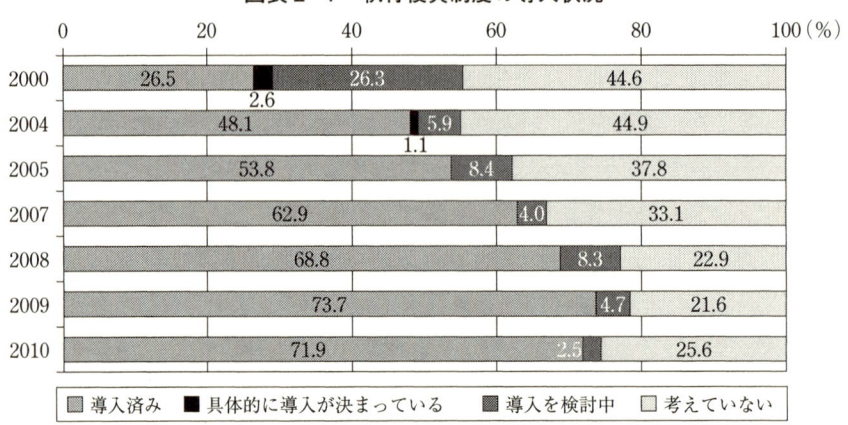

図表Ⅱ-7 執行役員制度の導入状況

年	導入済み	具体的に導入が決まっている	導入を検討中	考えていない
2000	26.5	2.6	26.3	44.6
2004	48.1		5.9	44.9
2005	53.8	1.1	8.4	37.8
2007	62.9		4.0	33.1
2008	68.8		8.3	22.9
2009	73.7		4.7	21.6
2010	71.9		2.5	25.6

出所：2000：日本コーポレートガバナンスフォーラム調査，2004-07：慶應COE調査，2008-10：慶應G-COE調査（含非製造業）より筆者作成。

会社を選択できるようになったことにより，日本企業でも取締役会の独立性が高いガバナンス体制をとることが可能となった。しかし，この数値が示すように実際に委員会設置会社を採用する企業の数は非常に少なく，アメリカ型のガバナンス体制への移行は進んでいない。

東証一部上場企業における2010年の取締役の平均人数は9.0名で2006年と比べて減少傾向にある。また，社外取締役の状況であるが，委員会設置会社では，3名から5名の社外取締役を採用している企業が多い。一方，監査役設置会社では，52.5％の企業が社外取締役を採用しておらず，採用していても1名から2名程度にとどまっていた[28]。

執行役員制度に関しては，委員会設置会社の状況とは異なり，7割以上の企業で導入されている。2000年以降継続して行なわれてきた調査結果（図表Ⅱ-7）をみても，執行役員制度を導入する企業は着実に増加している。執行役員の具体的な状況[29]であるが，平均人数は14.4名，それぞれの企業における従

---

(28) 東京証券取引所［2011］pp. 18-19。
(29) 岡本大輔・古川靖洋・佐藤 和ほか［2012］pp. 87-113。

図表Ⅱ-8 執行役員制度の導入と業績・モラールの関係

【業　績】

	2000	2004	2005	2007	2008	2009	2010
導入済み	4.931	5.014	5.126	5.082	4.843	4.842	＊4.955
導入を検討中	5.028	4.706	4.343	4.238	5.261	—	—
考えていない	4.940	5.166	5.259	4.946	4.930	＊5.284	4.468

【モラール】

	2000	2004	2005	2007	2008	2009	2010
導入済み	—	2.625	2.587	2.464	3.653	3.496	2.507
導入を検討中	—	2.439	2.413	3.277	3.667	—	—
考えていない	—	2.387	2.429	2.491	3.583	3.386	2.461

出所：2000：日本コーポレートガバナンスフォーラム調査，2004-07：慶應COE調査，2008-10：慶應G-COE調査（含非製造業）より筆者作成。

業員数に占める割合は平均2.7％，平均年齢は55.6歳，平均在職期間は3.4年であった。取締役と兼務する執行役員数は，平均4.3名，それぞれの企業における執行役員数に占める兼務者の割合は平均28.6％であり，ここ数年ほぼ同じ傾向を示している。

　執行役員制度の導入と業績・モラールとの関係をQAQFで分析してみると，業績に関しては明確な関係が見出されず，モラールに関しては導入している企業で高い傾向にあった（図表Ⅱ-8）。前述したように，意思決定の迅速化や最高意思決定機関と最高執行機関の役割分担の明確化のために本制度を導入する企業が多い。しかし実際には，単に取締役の役員数削減や組織改革ブームへの便乗などの理由で導入されるケースも多いため，執行役員制度を導入してもそれが必ずしも有効に機能しているとはいえず，結果として短期的な企業業績の向上をもたらすものではない。一方モラールに関しては，執行役員制度の導入により，より若い人への権限委譲が進むため，それがモラールアップに結び付いていると考えられる。執行役員制導入によるモラールアップが定着すれば，やがて企業業績の向上につながるだろう。

図表Ⅱ-9　最高意思決定機関の意思決定パターン

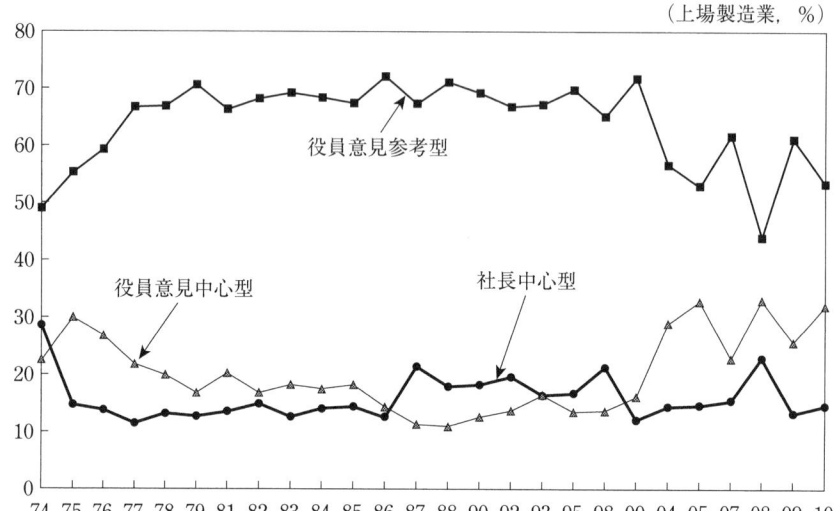

(上場製造業, %)

［グラフ：役員意見参考型、役員意見中心型、社長中心型の3系列、1974年から2010年までの推移］

(注) 2004年以降は，社長中心型，どちらかというと社長中心型，どちらかというと役員意見中心型，役員意見中心型，の4カテゴリーによるアンケートで，グラフでは，中2カテゴリー合計を役員意見参考型として集計。

出所：74-98：通産省調査，2000：日本コーポレートガバナンスフォーラム調査，2004-07：慶應COE調査，2008-10：慶應G-COE調査（含非製造業）より筆者作成。

　続いて，最高意思決定機関の意思決定パターンの状況についてみていこう。最高意思決定機関における意思決定のパターンは大まかに考えて以下のように分類できる。すなわち，社長が主導権を握ってもっぱら決定する「社長中心型」，意思決定機関の構成メンバーが同等の立場で議論し最後に社長が決定する「役員の意見中心型」，そしてこれらの中間型の「役員の意見参考型」だ。日本企業における最高意思決定機関の時系列的な状況は図表Ⅱ-9の通りとなっている。一貫して「役員の意見参考型」の意思決定をする企業が最も多いのであるが，2000年以降の景気後退の状況下において，より意思決定の慎重を期すためか「役員の意見中心型」が増加傾向にあり，「役員の意見参考型」は減少傾向，「社長中心型」はほぼ横ばいの状況で推移している。

　最高意思決定機関の意思決定パターンと業績の時系列的な関係をQAQFで

図表Ⅱ-10　最高意思決定機関の意思決定パターン

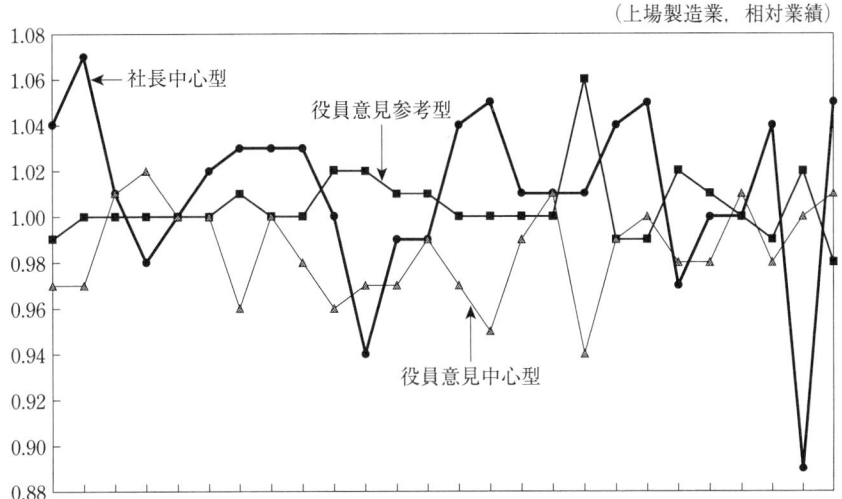

（上場製造業，相対業績）

[グラフ：社長中心型、役員意見参考型、役員意見中心型の3系列、1974年から2010年まで]

出所：74-98：通産省調査，2000：日本コーポレートガバナンスフォーラム調査，2004-07：慶應 COE 調査，2008-10：慶應 G-COE 調査（含非製造業）より筆者作成。

分析してみると図表Ⅱ-10のようになっている。この図表より，景気の状況が比較的良い時期には「社長中心型」の意思決定をとる企業で相対的に業績が高いのであるが，オイルショックの影響を受けた1977年，円高不況といわれた85年，バブル崩壊後の92〜95年，ネットバブル後の2004年，リーマンショックの影響を受けた09年という厳しい時期には「役員の意見参考型」の意思決定をする企業で相対的に業績が高いといえる。つまり，外部環境が好況期にある場合には，社長を中心として迅速かつ革新的な意思決定を行なうことが企業業績の向上をもたらし，不況期には，革新的な行動を念頭に置きながらも役員の意見を参考にした慎重な意思決定を行なえば，高業績に結び付くといえるだろう。

3　経営者機能

　企業経営を実際に行なっていくに当たって,経営者が果たさなければならない働きや役割がある。これを経営者機能という。具体的にこれは,(1)将来構想の構築と経営理念の明確化,(2)戦略的意思決定,(3)執行管理の3つのステップから構成されている。1970年代ごろまでは,(3)の執行管理が経営学でより重視されていた。なぜなら,当時は外部環境の変化が緩やかであったため,意思決定された内容をいかに効率よく執行し,その状況を適切に管理するかが重要な経営課題だったからである。しかし,現在のように外部環境が目まぐるしく変わる状況になると,(1)の将来構想の構築や(2)の戦略的意思決定過程の方がより重要な項目となってきた。変化に対応するために,決められたことを効率よく行なうことよりも,将来をより的確に見通し,その状況に対応すべく迅速に意思決定を行なうことに重点が移ったからだ。企業の進むべき方向を決めることに経営者の努力を集中させる必要性が高まっているのである。一方,(3)の執行管理の段階は,執行役員や中間管理職がその担い手の中心となってきている。以下では,これらの3つのステップについて詳しく述べていくことにしよう。

3-1　将来構想の構築と経営理念の明確化

◆　将来構想の構築とは

　経営者による**将来構想の構築**[30]とは,経営者が10年後,20年後の自社を取り巻く環境(外部環境)を洞察し,その中で将来自社のあるべき姿について個人的に大まかに想定することである。現在の外部環境の変化はその程度も速度

---

(30)　清水龍瑩[1993b] pp. 52-57.

も非常に激しく，その方向性を予測することも難しいものとなっている。グローバルレベルでの政治・経済・社会の変化や新たな技術革新の情報などが，インターネットを通じてものの数分以内に世界中に伝播し，それが内外の様々な市場に多大な影響を及ぼしている。そのような状況下においても，社会における小さな変化が10年後，20年後に，自社の製品領域や事業領域にプラスの影響を及ぼすのか，それともマイナスの影響を及ぼすのかを経営者は大まかに把握する必要がある。

そのために経営者は常に世界の大きな流れと，足元の細かな動きとを大まかに捉え，それらを常に結び付けて考えるくせが必要だ。この結び付け方は，経営者の哲学や考え方に基づいている。彼らの哲学や考え方がユニークであるほど，そこから発想される将来構想もユニークなものとなる。また現在の変化の延長線上で将来予測をするような硬直的発想では，外部環境の変化に対応できないものとなってしまう。つまり，「風が吹けば桶屋が儲かる」式の思考方法や「バタフライ効果」を考慮した思考方法が求められる（コラムⅡ-4）。

〈コラムⅡ-4 「風が吹けば桶屋が儲かる」と「バタフライ効果」〉

「風が吹けば桶屋が儲かる」とは，何か事が起こると，めぐりめぐって意外なところに影響が起こることのたとえとして用いられる。即ち，風が吹く→ほこりが舞う→ほこりが目に入る→目の病気が増える→目の不自由な人が増える→目の不自由な人は三味線を弾いて生計を立てる→三味線の需要が増加する→三味線に使うため猫が減少する→ネズミが増加する→増えたネズミが桶をかじる→桶に穴があく→桶の需要が増加する→桶屋が儲かる，という因果関係を一言で表したものだ。

一方バタフライ効果[31]とは，カオス力学系において，通常なら無視できると思われるような極めて小さな差が，やがては無視できない大きな差を引き起こす現象のことである。この表現はローレンツが1972年にアメリカ科学振興協会で行なった講演のタイトル『予測可能性―ブラジルでの蝶の羽ばたきはテキサスでトルネードを引き起こすか』に由来している。この他に「北京で蝶が羽ばたくと，ニューヨークで嵐が起こる」など異なる表現が用いら

---

[31] ブリッグス＝ピート［2000］pp. 52-56。

> れることも多い。これは，蝶の羽ばたきという極めて小さな事象であっても，まったく異なった大きな事象を引き起こす原因となり得ることを示したものある。
>
> 　経営者は，社会における取るに足らない事象であっても，それを無視したり，それがもたらす直接的な結果だけを考えていてはいけない。複雑な因果関係を経て生じる間接的な結果をも十分に考慮・検討しなければ，他社にまねられない革新的な意思決定はできないのである。

◆ 長期的な視点を持つ日本企業の将来構想

　日本企業の経営者の将来構想は，欧米の企業のそれよりも長期的だといわれている。前述したように，日本企業でもアメリカ型のガバナンス体制を採用する企業が次第に増加する傾向にあるのだが，外部株主からの圧力はそれほど強くなく，各経営者が独自の考え方を前提にモノゴトを考えることができる状況にある。そしてこの長期的視点が日本企業の経営力を高めている。このように，短期的な視点からではなく長期的な視点から企業の将来構想を考えることによって，経営者は自社にインパクトを与える企業内外の様々な要因のうち，何が重要で何が重要でないかを選択できるようになる。さらに，この将来構想の構築を世界的な視点から行なっていないと，マスコミや評論家の一時的な情報や意見によって，将来予測を誤ってしまう恐れがある。近年の情報化の進展により，一時的な情報があふれる傾向が特に強くなった。それ故，信念を持って重要性を判断することがますます必要になっている。

　また，将来構想の構築には，外部環境の変化についての情報に加えて，企業内部の情報も重要である。外部環境に関する情報は長期的な世界の大きな流れをつかむために必要なのだが，企業内条件に関する情報は身近で起こっている細かい動きを把握するために必要とされる。経営者は，企業内の様々な定型情報をフォーマル・コミュニケーションによって，常に収集しているのだが，将来構想の構築のためには，このような情報の他にインフォーマル・コミュニケーションを通じて不定型情報を積極的に収集する必要がある。なぜならば，不

定型情報の方が人間の頭の中に入りやすいし，他の情報との新結合を起こしやすいからだ。将来構想は非常に長期的なことを考えるため，まだ内容がはっきりしない不定型情報を中心として考えた方が，より革新的なものになるといえる。

◆ 経営者の現場歩き

　経営者は，企業内部の不定型情報を**現場歩き**（Management by Wandering）によって収集する。社長室に留まっておらず，積極的に現場に出向き，現場の従業員との何気ない会話の中から，企業内の足下の細やかな情報を集めることができる。例えば，東武百貨店の山中 鐄社長[32]は，1日に2～3回池袋本店の全フロアを回り，売り場担当者と売れ筋商品について話をしていた。これによって，現在の売れ筋商品のトレンドを迅速に把握でき，また従業員に社長の考え方を直接伝えることができたのである。また，あるオフィス家具メーカーの社長は，社長室を持たず，デスクを営業フロアに置き，場合によっては注文の電話にさえ応対していた。やはりこれによって，自社の営業状況や注文のトレンドを正確に把握していた，と考えられる。現場歩きから得られた直接的な情報に基づいて将来構想が構築されれば，その内容はより具体性に富み，従業員に受け入れられやすいものとなるだろう。

◆ 変化の速度の差の原理とモノゴトの重要度の差の原理

　10年後，20年後の企業の将来構想は大まかなものでよく，それを考えることによって企業内外の情報収集や問題把握の方向性がはっきりする。ただ，近年のように外部環境の変化が非常に激しい時には，情報収集や問題把握の際に，以下の2つの原理に基づいてそれらを行なわなくてはならない。その2つの原理とは，**変化の速度の差の原理**と**モノゴトの重要度の差の原理**である。これら

---

[32] 池袋の本社における，山中社長とのインタビュー調査による（職位は調査当時のもので，以下同様）。1992. 12. 11. 清水龍瑩［1994c］pp. 432-439。なお，このインタビューには筆者も同席している。

について，少し詳しく述べていくことにする。

　変化の速度の差の原理[33]とは，モノゴトの変化する速度には差があって，その差を十分に認識していないと，客観的な予測ができなくなるというものである。例えば，インターネットの普及した現在では，カネと情報はほとんどリアルタイムで変化する。インターネットがまだ普及していない時代には考えられなかったような取引や情報伝達がグローバルレベルで途切れることなく行なわれている。モノはこれらよりも変化の速度は遅いが，世界のどの地域に対しても1週間もあれば運べるだろう。ヒトの移動はといえば，ビザの関係などもあり，居住地域によっては2週間くらいかかる場合もあるだろう。ただ，ヒトが物理的に移動しても，人の生活意識や価値観は1年くらいでは変わらない。筆者もアメリカで1年間余り過ごしたが，日々の食事は日本食が中心であり，日本の音楽を聴き，日本の情報サイトをみていた。そして，ヒトの意識や価値観が固定してできた法律や制度は20～30年かからなければ変わらないし，変えるのも難しい。例えば，日本でかつて存在していた物品税を廃止し消費税の導入を図った際，大平内閣が一般消費税導入案を提示してから竹下内閣で消費税法案が可決されるまで10年を要している。他の法律もできてから数十年間全く変化していないものも多い。さらに，ヒトの無意識の価値観は100年経っても変わらないといわれている。このような変化しない無意識の価値観の相違が，多発している国際紛争の根幹を形成しているといえるだろう。将来を予測するにあたって，カネ・情報＞モノ＞ヒト＞ヒトの意識＞制度・法律＞ヒトの無意識の価値観・文化という変化の速度の差をきちんと把握しておかないと，結果的に誤った予測をすることになる。

　企業が長期維持発展をしていくためには，変化の速度の差を客観的に認識するだけでは不十分である。これに加えて，モノゴトの重要度の差の原理[34]を認識する必要がある。これは，情報が重要な現在，カネを得ることよりも情報を得ることの方が，情報を得ることよりも情報を発信するヒトの信頼を得るこ

---

(33)　清水龍瑩［1990］pp. 253-258。第IV部2-1参照。
(34)　清水龍瑩［1990］pp. 189-192。

との方が重要だという原理である。詳しく述べると,企業経営において短期的にカネは重要である。当座のキャッシュフローが不足すると,企業行動に制約が生じ,最悪の場合黒字倒産を起こしてしまう。しかし,カネがなくても,他社が知らない情報を持っていれば,株式市場で信用取引を行なって多大な利益を得ることができる。そして,中期的にはカネよりも情報の方が企業にとっては重要なのだ。他社が知り得ない情報をもとに新製品開発や新事業開発ができるからである。しかし,情報はすぐに陳腐化してしまうし,それが他社に知られれば利益の源泉にはなり得ない。そのため長期的には他社の知り得ないような情報を常に提供してくれるヒトとの信頼関係が重要になる。このような人とのネットワークが確立していれば,重要な新情報を絶えず入手でき,それをもとに利益を得ることができるからである。このように,カネ＜情報＜信頼できる人間のネットワークという重要度の差の原理に対する認識は変化の速度の差の原理と併せて重要であり,これらを十分に認識して初めて的確な経営理念や経営目標の策定が可能になる。

◆ 経営理念と経営目標

　経営理念とは,企業経営における価値観であり,指導原理としての機能を持つものである[35]。そして経営理念は,企業文化のような企業の歴史を反映するものと経営者の哲学のような彼らのモノの考え方の交わる部分で形成され,その中心に企業倫理が位置付けられる[36]。これに対して,経営目標は経営理念に沿って策定された行動指針で,より具体的な数値目標や事業領域などを示すものである。経営理念は比較的長期間変えられることはないが,経営目標は外部環境の変化に応じて柔軟に策定し直される。経営者は自分の大まかな将来構想を,経営理念や経営目標という明確な形であらわすことで,今後企業が進むべき方向を従業員だけではなく社会に対してもはっきりと示すことになるのである。

---

(35)　清水龍瑩［1984］p. 76。
(36)　清水龍瑩［1995］p. 90。

長期的な外部環境の変化と内部環境の状況を踏まえて将来構想を練り，それが具体的な経営理念として示されたものの例として，NECの「Ｃ＆Ｃ」構想がある[37]。これは，1977年アメリカのジョージア州アトランタで開催された国際通信展「インテルコム77」において，NECの小林宏治会長が述べたものである。Ｃ＆Ｃの内容は「コンピュータ技術とコミュニケーション技術の融合」というもので，「21世紀の初めには，誰でも，いつでも，地球上のどこでも顔をみながら話ができるようになる，その実現のために通信，コンピュータ，テレビ放送技術の統合が必要である」ことを示唆している。まだPCなどほとんど普及していない70年代に，通信技術・方式がデジタル化されてコンピュータと同じ性質のものになり，コンピュータは通信回線を介してオンライン化・分散処理化されるようになることを予測し，それをＣ＆Ｃということばで簡潔に示し，NECの進むべき方向を示したのだ。NECはこの理念に基づき，従来の電電公社に付随した事業から次第に独立し，その後日本における代表的なコンピュータメーカーへと変貌していった。

　つまり，Ｃ＆Ｃは人間の情報伝達能力の制約を取り除き，能力の限界を軽減するための技術と定義され，現代のユビキタス社会を予見する理念だったといえる。その後Ｃ＆Ｃは技術の方向を示す概念から事業領域を示すものへと発展し，コンピュータ本体だけではなく，ネットワーク領域やソリューションシステム領域などもNECの中心事業になっていった。なお，現在の経営理念である「NEC way」は1990年に制定され，「Ｃ＆Ｃをとおして世界の人々が相互に理解を深め，人間性を十分に発揮する豊かな社会の実現への貢献をします。」という内容になっている。ただこうした新たな理念が制定されたにもかかわらず，90年代半ばにはPC-9800シリーズでの独自アーキテクチャ維持を目指したため，Windowsへの対応が遅れ，それまでの勢いにブレーキがかかってしまったことは否定できない。

　また，キヤノンは1988年に「共生」という企業理念を制定している[38]。キ

---

(37)　http://www.nec.co.jp/techrep/ja/journal/g08/n01/080127.html（2011. 8. 31.）
　　　http://www.nec.co.jp/profile/necway.html（2011. 8. 31.）

ヤノンがいう「共生」とは,「文化, 習慣, 言語, 民族などの違いを問わず, すべての人類が末永く共に生き, 共に働いて幸せに暮らしていける社会」のことである。変化の速度の差の原理の中で最も変わらない人々の無意識の価値観に, グローバルレベルで訴えかけ, 受け入れられるために, 世界の人々の幸福を反映したこの「共生」という理念は非常に的確なものだと考えられる。現在, 企業の社会的責任（CSR）が企業経営の中で非常に重要な項目として注目されてきているのであるが, キヤノンは80年代に既にその重要性を認識し, 明確な形として企業理念にその考え方を反映させ, あらゆる事業領域においてこの理念を反映させた企業活動を行なっている。

例えば, 地球環境との「共生」という考えを事業に反映させるために, 廃棄物の削減, 資源の有効利用という問題意識を持ち, 1990年に業界に先駆けてトナーカートリッジのリサイクルプログラムを開始している。当時, 製品のリサイクルはほとんど行なわれていなかったが, キヤノンは先駆的にこの事業に取り組んだのだ。また, 1992年以来, 日本・アメリカ・ヨーロッパの3拠点において複写機のリマニュファクチュアリングも推進し, 中古製品の有効利用を推進している。製造面においても, CO_2 の削減を進めるべく, 製品それ自体の使用エネルギー量の削減に加えて, 原材料から加工面でのエネルギー量の削減を目指して日々事業に取り組んでいる。

3-2 戦略的意思決定

◆ 戦略的意思決定とは

戦略的意思決定[39]とは, トップマネジメントが企業の長期維持発展の立場から, 企業を取り巻く外部環境の機会と脅威を明確に認識し, その保有する経

---

(38) 第Ⅴ部1-2参照。
http://web.canon.jp/scsa/philosophy/index.html（2011. 8. 31.）
http://canon.jp/ecology/charter/index.html（2011. 8. 31.）
(39) 清水龍瑩［1993b］pp. 58-67。

営資源に適合するような戦略を選択することである。具体的には，経営者が構築した将来構想とそれを明確にした経営理念・経営目標に基づき，企業内外の環境変化や自社の持つ強みを勘案した上で，中長期的な事業領域・製品領域を決定することだ。

　前述したように，経営理念は企業における長期的な行動指針であるため，外部環境の変化に対してあまり変更されることはなく安定しているが，経営目標はその変化に応じて修正・変更される。経営目標や戦略自体の設定過程，そして目標設定から経営戦略実行までの過程は，非常にダイナミックな過程であり，一方通行的なものではない。それぞれの過程で不都合なことが生じた場合には，目標や戦略を修正・策定し直すことになる。最終的に納得がいく状況になるまで，このプロセスは繰り返されることになる。

　経営目標の設定や戦略の策定は，社長が一人で行なうわけではない。前述したように，社長の意見を中心にする場合や役員の意見を中心にする場合と程度の差こそあれ，社長と役員が相談の上，行なわれる。その際，環境変化に対する予測や自社の強みに対する認識，経営方針についての見解などがそれぞれの立場から検討される。意見の相違がある場合には，もちろん調整が必要になり，問題が複雑になるほど，この調整に要する時間は長くなる。とはいえ，現在のように外部環境の変化が激しい場合には，この戦略的意思決定過程に時間的な余裕はあまりない。調整の時間が長引けば，その間に外部環境がさらに変化してしまうからである。しかし，社長が独断的に意思決定を行なえば，組織内に反発的な感情が生じる可能性もある。このような感情が生じれば，執行段階で問題が生じてくることもある。このような状況を避けるために，戦略策定は合理的に行なわなければならない。この戦略的意思決定過程を合理的かつ迅速に行なっている日本企業では，次のような3つの意思決定プロセスがあるといわれている。すなわち，①カシ・カリの論理の遂行，②根まわし，③公式の決定プロセスである。この3つのプロセスについて，以下で詳しく述べていくことにしよう。

◆ カシ・カリの論理の遂行

　カシ・カリの論理の遂行とは，社長がまわりの役員に対して絶えずカシを作り，まわりの役員は社長に対して常にカリを感じている雰囲気を作ることだ。カシとは金銭的なカシではない。ここでいうカシとは，フォーマルには，取締役会における役員の発言をバックアップしたり，役員の業務執行上の失敗を黙認したり，部下の昇進をバックアップすることなどが該当する。またインフォーマルには，部下などと食事をした際には，社長個人のポケットマネーで支払ったり，部下だけでなく部下の家族のことも常に気にかけていたりするようなことである。このようなことを，具体的な見返りを求めず，常に行なう必要がある。

　カシ・カリの論理を遂行するためには，常に相手の立場に立ってモノゴトを考え，それによって社長と役員の間に長期的な信頼関係を築いていこうとする心構えや態度が不可欠である。相手の立場に立ち，相手が何を求めているのか常日頃から気をつけていないと，せっかくカシを作ったつもりでも相手はそれを感じていないことになる。また，見返りを求めて短期的にカシを作ろうとしても，相手に見透かされてしまい，不信感につながりかねない。常に相手の立場に立って気を配り，信頼関係の構築のために時間と労力を惜しまない態度が社長には求められる。

　社長のタイプによって，カシ・カリの論理の遂行への力の入れ具合は異なる。創業者社長の場合は，事業を起こしたり，会社を現在の形にしたという実績から，その存在価値が社内で十分認識され，信頼関係も構築済みなので，部下は社長にカリを感じた状況になっている。そのため，あまり積極的にこれを行なわなくてもよい。一方，二代目社長や天下り型社長，生え抜き型社長は，まだ部下との信頼関係を十分に構築できていないため，意識的にこの論理の遂行を行なう必要がある。

　では，このような見返りを求めないカシ・カリの論理の遂行は企業業績に有効に作用しているのであろうか。電機業界，外食業界，清酒製造業界の社長のカシ・カリの論理の遂行状況を調べるために，清水は以下のような調査を行な

図表Ⅱ-11　カシカリの論理の遂行と業績

		比率（％）	業績
電機	割り勘で払うことが多い	21.3	4.69
	自分で払うことが多い	78.7	5.06
外食	割り勘で払うことが多い	21.9	4.69
	自分で払うことが多い	78.1	5.04
清酒	割り勘で払うことが多い	55.1	4.97
	自分で払うことが多い	44.9	5.10

出所：清水龍瑩［1983］pp. 122-123 & pp. 151-152より筆者作成。

っている[40]。社長に対して「気の知れた仲間と飲むとき，勘定は，①割り勘で払うことが多い，②自分で払うことが多い」という2つの選択肢のある質問をし，②と回答した方がカシ・カリの論理をより積極的に遂行していると仮定した。結果は図表Ⅱ-11で示される通りであった。それぞれの選択肢を選んだ比率は業界によって異なっていたが，いずれの業界においても「自分で払う」という選択肢を選んだ社長のいる企業の方が「割り勘で払う」と回答した社長のいる企業よりも企業業績は高かった。社長になっても割り勘を主張するような人は，まわりの人にカシを作ることはできず，それが業績に悪影響を及ぼしてしまうのであろう。この結果からみても，カシ・カリの論理の遂行の有効性が確認されたことになる。

　カシ・カリの論理にはメリットとデメリットがある。メリットとは，まわりの人が社長に対して無意味な反対や感情的な反対をしなくなるということである。このような感情的な反感が存在する組織は意外に多い。反発的感情が組織内にはびこると，意思決定に際して，何でも反対し，効率的な組織運営ができなくなってしまう。これが起きるのを事前に防いだり，たとえ起きたとしてもそれを減じることができるので，常日頃からのカシ・カリの論理の遂行は有効

---

(40)　清水龍瑩［1983］pp. 122-123 & pp. 151-152。

なのだ。一方デメリットであるが，これはまわりの人々にカシを作りすぎた場合，社長の発言や行動が論理的におかしいと思っても，それに反対しなくなるようなケースである。このような極端な状況にならないよう，経営者はカシを作るだけでなく，いつでも自由に発言できる雰囲気作りも心掛けることが必要となる。

◆ 根まわし

　根まわしとは，具体的な案件を公式な決定の場に出す前に，関係者にインフォーマルな形で提示して，同意を求める方策である。根まわしにはオープンなものとクローズドなものがある。オープンな根まわしとは，朝食会や昼食会，結論を出さない議論のための会議などの場において，社長が自分の考えを他の役員に提示し，問題意識や情報の共有を行なうものだ。社長はこのような場において今後の戦略プランの概要を他の役員にインフォーマルな形で提示し，議論させ，彼らの様子をうかがい，同意が得られなさそうな場合はその善後策を考えるのである。

　一方，クローズドな根まわしとは，オープンな根まわしができない場合に，社長が個々の役員一人ひとりに対して戦略案などを提示し，同意を取りつけるものだ。社会において一般的に根まわしと考えられているのはこちらの方である。クローズドな根まわしを行なう際に重要なのは，根まわしをする順序と相手に対する強い信頼感だ。まだ公表されていない案件を提示するのであるから，組織内で最も敬意を表しないといけない人を根まわしの対象として，優先しなければならない。仮にこの人物が社長の案件に反対していたとしても，敬意を表されたことで態度が軟化することも多い。また，日頃からのカシ・カリの論理の遂行がスムーズな根まわしに効果を発揮してくるのである。

◆ 公式の決定

　意思決定過程の最終段階である公式の決定は，儀式的な面が強く，迅速に行なわれる。この決定をすばやく行なうために，社長は決議を行なうタイミング

を的確に見極める必要がある。そのようなタイミングを見極めるには，企業の将来構想，外部環境の変化の状況，意思決定される戦略案の内容などについて，社長と役員の間の問題意識の差や情報格差をできるだけ埋めておく必要がある。このように基本的な情報の共有ができていれば，細かな意見の相違があっても，案件自体の合意は得られやすくなる。

　日本企業におけるカシ・カリの論理の遂行や根まわしには，非常に時間がかかり非効率であるという意見もある。しかし，もしこれらの過程を経ずに最終決定の場に案件を持ち込めば，感情的な対立から議論百出の状況になり，決まるものも決まらなくなってしまう。特に日本人はディベートに慣れていないため，公式の場で自分の意見が否定されれば自分の人格まで否定された気持ちになり，感情的対立関係がよりひどいものとなってしまう可能性が高い。カシ・カリの論理の遂行と根まわしの過程を経ているからこそ，最終段階ではスムーズに意思決定が行なわれるのである。一見非効率に見える日本企業の意思決定過程は，実は理にかなったものだといえる。

3-3　執 行 管 理

◆ 執行管理とは

　執行管理[41]とは，担当役員の諸活動を統合し，既に意思決定されている戦略を執行，実現させることである。そしてその一般的内容は，計画化，組織化，調整，動機づけ，統制を行なうことである（経営管理論の始まりについてはコラムⅡ-5を参照のこと）。

　計画化（Planning）とは，諸活動の方針，具体的な目標，それを達成するための方策を設定し，執行担当役員のよりどころを示すことである。具体的には，単年度の部門予算，事業部予算，それらが統合された年度予算，さらに複数年度にわたる研究開発計画，海外投資計画の形で示される。そしてその基本とな

---

(41)　清水龍瑩［1984］pp. 88-89。

るのが長期経営計画である。

　組織化（Organizing）とは，一般にヒトと仕事を結び付けることで，職務の分担を定め，責任と権限を明確にし，職務相互の諸関係を合理的に編成することである。トップ層のレベルでみれば，担当役員を各執行部門に割り当てることである。その割り当ての基準として，なるべくは担当職務と同じ専門分野を経験してきた人，あるいは得意とする人を考える。さらに巨大組織においてはその専門分野での能力を持つと同時に，部下の信頼を得られる信義に厚い人間を割り当てる。

　調整（Coordinating）とは，一般に諸活動を一つの方向に統一することである。この調整は，常務会，取締役会，経営委員会，部長会議などのフォーマル（公式的）な会議，あるいは朝食会，昼食会などのインフォーマル（非公式的）な会で行なわれる。そこで人間的なコンセンサスを得ることが最も重要である。調整対象となる項目の種類が部門ごとに異なるため，一般に調整は，共通尺度機能を持つ財務指標[42]によって行なわれる。ただし計画化，組織化が確立されていれば，調整は既に行なわれており，その後の調整の必要性は小さい。

　動機付け（Motivating）とは，一般に人々の活動を，強制的にではなく自発的に行なわせることである。軍隊組織の指揮，命令に代わる機能である。基本的には人々の現在満たされている欲求より，一つ上の段階の欲求対象を提示することによって動機付ける。トップ層では担当役員が求めている計画への参画，大幅な権限の委譲，公平な人事，社長からのバックアップなどが動機付けに重要である。

　統制（Controlling）とは，一般に多数の人々の活動が一定の標準に従っているかどうかを検討し，標準と食い違いがあれば，これを是正することである。ここでは，初めに立てられた計画が標準となる。計画化，動機付けがうまくいっていれば，この統制機能の重要性は相対的に低い。

　以上の計画化から統制までのプロセスを繰り返し，長期に続けていくために

---

(42)　第IV部 1-4 参照。

は，社長が長期的視点に立ち，経営環境との関連を考えた**評価**（Evaluating）を行なっていくことが重要である。例えば長期的視点とは，部下を強く叱責して売上高を伸ばした担当役員よりも，売上はそれほど伸ばさなかったが多くの部下を育てた担当役員を評価することである。経営環境との関係を考えるとは，ある事業部担当役員が，原材料の価格が高騰するなど，経営環境が悪く，相当努力しても業績が悪い場合，あるいは逆にライバルが不良品を出すなど，経営環境要件が良く，非常に高い業績を上げた場合でも，昇進には一切反映せず，僅かにボーナス額で差をつける程度の評価をすることである。

　前述したように，かつての日本企業の多くでは，最高意思決定機関のメンバーと執行機関のメンバーが渾然一体となっていた。つまり，戦略的意思決定の場に執行メンバーも参画していたため，社長は担当役員に大幅な権限委譲さえ行なっていれば，自動的に戦略の執行が可能であった。しかし，近年は執行役員制度を採用する企業が増加傾向にあるため，社長は意思決定機関で決定された戦略案の内容を各執行役員にきちんと伝え，計画通り執行されているかどうかを管理しなければならない。戦略の効率的な執行に関しては，主に執行役員以下中間管理職の責任になっているので，ここでの社長の役割は，人々の挑戦意欲を駆り立て，創造性を発揮させることと，人々の行動を企業経営全体との関係から調整・統制することとなる。前者は，動機付けや内部組織の活性化の問題であり，後者は，原価管理や予算統制，在庫管理など財務管理の問題である。前者については第Ⅳ部第3章および第4章で，後者については第Ⅳ部1-2で詳しく述べることにする。

〈コラムⅡ-5　経営管理論の始まり〉
　20世紀初頭の経営者であったファヨール［1948］は，管理（management）の一般性を指摘して，これが鉱業会社にも病院にも郵便局にも応用可能な概念であると考え，また管理それ自身が独立の原理（discipline）の上に成り立っていると主張した[43]。そして管理の普遍的特徴として，分業，権限と責任，規律，命令の一元化，指揮の一元化，従業員への報酬，全体利

---

(43)　クレイナー［2000］pp. 4-7。

益への報酬，集権化，階層組織，秩序，公正，組織メンバーの安定性，自発的努力，結束という14項目から成る管理の基本原則を示した。そしてこの原則を効果的に実行するために，計画し，組織化し，指揮し，調整し，統制することが，経営者による管理の過程であると考えた。

4 経営者能力

　企業経営を行なうための能力に欠ける者が経営者になれば，たちまち経営状況が悪化し，倒産してしまうこともあるだろう。経営者に求められる能力とは，前述した経営者による3つの機能（①将来構想の構築と経営理念の明確化，②戦略的意思決定，③執行管理）を遂行するために求められる能力のことである。望ましい経営者能力は，普遍的なものではなく状況適合的なものであり，条件的なものだ。つまり，刻々と変化する状況に適合すべく，様々な要素が変化する条件下で経営者の3つの機能を果たすために必要な能力のことである。戦略策定・実行という観点から考えると，経営者能力は企業家精神，管理者精神，リーダーシップの3つに分けられる。条件適合的であるが故に，これらの能力は常に同程度必要なのではなく，企業成長の段階によって必要とされる能力のウエイトが変わるのである。本章では，この経営者能力について詳しく述べていくことにしよう。

4-1　企業家精神，管理者精神とリーダーシップの関係

◆ 企業家精神

　企業家精神とは，不連続的緊張を自ら作り出す力であり，変化する外部環境をすばやく洞察し，自らの危険負担において絶えず情報の新結合を意思決定する能力である[44]。創業者社長はこの能力に秀でている人が多いといわれている。

　人間には学習能力があり，成功して安定的な状態になると，現状維持を肯定

---

(44) 清水龍瑩［1983］pp. 74-75。

し，保守的な行動をとりがちになる。内部組織が常に硬直化する傾向にあるのはこのためだ。このような状況に対して，企業家精神が旺盛な人物は，現状を肯定せず，今までの良好な状況をあえて否定し，リスクを伴う技術革新や新製品開発，新事業開発に挑戦しようとする。そして，この不連続な緊張を自ら作り出す力は，過去における不連続的な意思決定の結果の成功によって強化される。

例えば，ホンダの創業者である本田宗一郎は，22歳にして自動車修理会社の支店長となった。しかし，修理だけをしていたのでは会社を大きくできないという思いから，ピストンリングの製造に乗り出していく。当初の苦境を乗り越えて事業が落ち着いたころ，二輪車（オートバイ）事業に進出すべく別会社を設立している。二輪車事業では，独自のエンジンを開発し，またそれを用いて積極的に海外レースに参戦・勝利を収めるなどして，その業績は順調に伸びていった。さらに，この事業の成功だけで満足せず，自動車事業へと進出していった。このように，ある事業領域での成功に満足せず，現状を打ち破り，リスクを覚悟の上，新たな事業領域に出ていこうとする能力が企業家精神なのである。

◆ 管理者精神

管理者精神とは，連続的な緊張に耐え得る能力であり，意思決定された目標を絶えず明確にし，その目標達成のために組織全体を効率よくコントロールしていく能力である[45]。この能力は，適切かつ効率的な戦略執行のために求められる能力である。それ故，何が何でもやりぬこうとする意志や忍耐力，苦境に陥っても冷静でいられることなどが具体的に必要となる。ただ，この能力は与えられた問題を解決するためには適しているのであるが，一定の枠の中での最適状態を求める能力なので，自ら問題を解決するような革新力にはなり得ない。一般的に，大企業に入社以来，大きな失敗をすることなく業務を的確にこ

---

[45] 清水龍瑩［1983］pp. 74-75。

なしてきた生え抜き社長がこの能力に秀でているといわれている。

例を挙げると，前述のホンダで本田宗一郎を支えた藤沢武夫は管理者能力に秀でていた。藤沢は常務としてホンダに入社し，主に財務分野と販売分野を担当した。本田宗一郎は技術開発部門で新製品開発に取り組んだわけであるが，そこへ費やされる資金の管理を一手に引き受け，開発された製品を効率的に販売し，ホンダの屋台骨を支えたのである。

◆ **リーダーシップ**

一般的に，リーダーシップとは「組織の指導者やリーダーが，組織構成員に働きかけて，組織目標の達成に個々人が貢献するよう，一定の方向へ彼らを統率していく組織的力量あるいは指導力または資質」[46]，「組織の目的をより効果的に達成するためにリーダーがフォロワーに対して行使していく対人影響力」[47] のことである。リーダシップ研究の対象となるリーダーは，企業の経営者はもちろん，部や課をまとめる中間管理職，大統領や首相，スポーツチームの監督，オーケストラの指揮者，軍隊の将校など多岐にわたっている。本節は経営者能力としてのリーダーシップを扱うことから，その対象を経営者として論を続けていこう。なお，一般的なリーダーシップ研究についてはコラムⅡ-6を参照されたい。

経営者として，企業に集う多くの人々を自らが考えている将来構想へ向かって引っ張っていくためには，その企業の置かれている状況をまず適切に把握できなければならない。もしその企業が環境変化の激しい状況に置かれ，新たな方向へ進んでいかなければならない状況にあれば，企業家精神を発揮して，革新的な製品を開発し，これを起爆剤として人々を鼓舞する必要があるだろう。一方，外部環境の変化がそれほど激しくない時期やリスクをできるだけ小さく抑えたい状況に企業が置かれているならば，管理者精神を発揮して，決められたことを適切にこなしていくことがより求められる。そしてリーダーシップと

---

(46) 吉田和夫・大橋昭一 [2006] p. 279。
(47) 清水龍瑩 [2000] p. 3。

は，企業家精神と管理者精神をより高い視点から統合した能力のことで，企業の置かれている状況を的確に判断し，どちらの能力にウエイトをかけるかを判断・実践する能力だといえる[48]。近年のリーダーシップ研究の中には変革を推し進める企業家型のリーダーの行動を研究の中心に置いて議論するものが多い。これは外部環境の変化が激しい現代に対応するため，変革を推進できるリーダーを時代が求めているからであるが，管理者型のリーダーの行動が全く必要でないはずがない。求められるリーダー像は，状況が異なれば変化することが明らかになっている[49]。そのため，経営者には外部環境の変化に応じて，企業家精神と管理者精神のどちらにウエイトをかけるか判断し，それらをバランスよく統合していく能力が求められる[50]。これによって，企業全体の行動を一つのベクトルに向けることができるのである。

> 〈コラム II-6 リーダーシップ研究の系譜〉
>
> 　リーダーシップの研究は1900年代の初めころから行なわれるようになってきた。第2次世界大戦前に盛んに行なわれた研究は，リーダーの資質に関するものだった。企業だけでなく，政界や軍隊，宗教界など様々な組織で優れたリーダーとなる人には共通の資質があるのではないか，また優れたリーダーとそうでないリーダーの違いも個人的資質によって説明されるのではないかという観点から研究が行なわれていた。これを**リーダーシップ特性論**という。ただ，優秀なリーダーに一貫して共通にみられる資質はほとんど発見できなかった[51]。
>
> 　戦後，リーダーシップ研究はリーダーの資質研究からリーダーの行動研究へその視点が移っていった。これらの研究は，優れたリーダーのリーダーシップ・スタイルや行動パターンを見出そうとするものであり，**リーダーシップ行動論**と呼ばれる。代表的な研究にはリッカートの研究やオハイオ州立大の研究などがある。リッカート［1964, 1968］は，リーダーの部下に対する支持関係の原理，多元的重複集団構造における集団的意思決定，そして高い業績目標の提示が高業績を達成するシステム4（集団参画型システム）を導

---

(48) 清水龍瑩［1995］p. 127。
(49) 三隅二不二［1966］pp. 110-113。リッカート［1968］
(50) 清水龍瑩［2000］pp. 82-85。
(51) 三隅二不二［1966］

く原因変数であることを示した。そして，これらの研究はトップを対象としたものではなく，ミドルを対象としたものだった。

リーダーシップ・スタイルに関する研究では，好ましい結果をもたらす普遍的なリーダーシップ・スタイルやリーダーの行動パターンを探索したのであるが，その後，リーダーが置かれた状況によってそのパターンが異なることが明らかになっていく。このような研究を体系化したものが，**リーダーシップの条件適合（コンティンジェンシー）理論**である。このような研究に先鞭をつけたのがフィードラーである。フィードラーは課業集団を分類し，それぞれの組織のリーダーと組織メンバー間の人間関係，タスクが構造化されている程度，リーダーの職位に基づく権威を条件要因として取り上げ，状況によって求められるリーダーシップ・スタイルが異なることを示した[52]。また，Vroom & Yetton [1973] の研究もこの分野の代表的なものである。彼らの研究は，決定の質，リーダーの提示する情報，部下の提示する情報，意思決定問題における情報収集方法の構造化，部下の決定をリーダーが受け入れる程度，リーダーの決定を部下が受け入れる程度，組織における目的の一致ないし信頼性，組織内のコンフリクトの存在という8次元からなる意思決定属性を挙げ，これらの違いによって適合する参加次元のリーダー行動が変動することを示したのである[53]。

このような理論的な流れを踏まえて，現代のリーダーシップ研究はどのようなものになってきているのであろうか。現在，激しく外部環境が変化するため，決められたことを部下にきちんとやってもらうことを主としたリーダーシップでは不十分な状況にある。そのため，リーダーを取り巻く状況，部下を取り巻く状況をダイナミックに捉えて，部下の創造性や能力をいかんなく発揮してもらうよう働きかけるリーダーシップが求められている。例えば，場合によっては部下のイノベーションを喚起し，内発的動機付けを促すようなリーダーシップが必要であり，また別の場合には外発的な動機付け要因によって部下を動機付けるようなリーダーシップを必要とすることもある[54]。外部の状況に対して，必要な行動を臨機応変に繰り出し，変化に対処するバランス感覚が必要となるのである。また，部下の行動を上司の行動によって

---

(52) フィードラー [1970]
(53) なお，リーダーの行動研究やリーダーシップの条件適合理論について詳しく学びたい方には金井壽宏 [1991] をお薦めしたい。
(54) Bass [1985]。古川久敬 [2003]

> 心理的にエンパワーするというエンパワーメント理論に基づくリーダーシップ研究も行なわれている。この理論に基づけば、リーダーはビジョンという大枠は決定するものの、細かなことは部下に任せ、それでいて部下を放任するのではなくきちんとサポートし、彼らの自信を失わせないように行動する。つまり、業務におけるメンターとしての行動をリーダーシップ・スタイルと考えているのである[55]。
>
> リーダーシップ研究を時代に沿ってみてきたわけであるが、その研究内容は次第に変化してきている。求められるリーダー像やリーダーシップ・スタイルが異なるのは時代の要請によるもので普遍的なものではない。実際にリーダーに求められるのは、外部環境の変化に応じて軸足のウエイトをどこに置くかしっかり見極め、判断する能力なのである。

4-2　経営者能力の発揮

　前節では経営者能力を「戦略策定・実行という観点」から3つに分類し、企業の状況によって重点を置く能力は企業家精神、または管理者精神と変化し、そのウエイトを調整するリーダーシップも重要であると述べた。ここでは3つの能力を支える「個人の資質・特性という観点」から分類される経営者能力について考えよう。これらの経営者能力も企業の成長過程に従って重視されるものが次第に変化していく。その変化と支える関係は図表Ⅱ-12のようになっている。以下ではそれらについて詳しく述べていくことにしよう。

◆　創業期に求められる経営者能力

　創業期の企業はまだ規模も小さく、その事業領域も十分に確立していない場合が多い。そのため、この時期にある企業の経営者はしっかりした将来構想を構築し、他社とは異なるユニークな強みを武器にして、市場に進出していかなければならない。このような企業行動を積極的にとるためには、経営者が企業家精神を大いに発揮する必要がある。そしてこの企業家精神を支えるのが、経

---
[55]　青木幹喜［2006］

図表Ⅱ-12　企業規模と求められる経営者能力

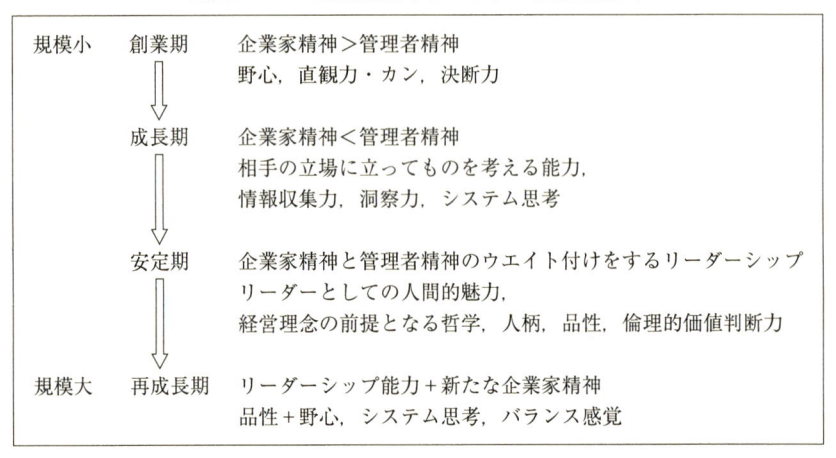

```
規模小   創業期    企業家精神＞管理者精神
          ↓       野心，直観力・カン，決断力

         成長期    企業家精神＜管理者精神
          ↓       相手の立場に立ってものを考える能力，
                  情報収集力，洞察力，システム思考

         安定期    企業家精神と管理者精神のウエイト付けをするリーダーシップ
          ↓       リーダーとしての人間的魅力，
                  経営理念の前提となる哲学，人柄，品性，倫理的価値判断力

規模大   再成長期  リーダーシップ能力＋新たな企業家精神
                  品性＋野心，システム思考，バランス感覚
```

営者の「**野心**」であり，「**直観力・カン**」，「**決断力**」である。

「野心」とは，経営者個人の身分不相応な大きな望みのことだ。これが成功への願望や独創力，競争力，忍耐力の前提となる[56]。また，経営者のバイタリティの源泉はこの野心であるといわれている。経営者が世間に認められたいという野心を持って行動していると，他社の物まねではないオリジナリティあふれる行動につながっていく。そのような状況が社員全体に伝わり，意気を感じた人々が動機付けられ，創造性を発揮し，企業業績の向上をもたらすのである。企業規模が小さな創業期の企業では，まずその知名度を高め，社会における存在意義を確立するために，経営者の野心は重要となる。実際，このような野心を持つ経営者のいる企業の従業員モラールは高く，高業績を上げている[57]。

ただ，野心は個人的なものなので，他人の共感が得られるものでなければ，まわりの人々がついてきてくれなくなり，組織運営ができなくなってしまう。この野心がまわりの人々からの共感を得るものであるためには，野心を抑制し

---

(56)　清水龍瑩［1993b］pp. 79-80。
(57)　清水龍瑩［1983］pp. 115-117 & pp. 146-147。

ながら発揮する必要がある(58)。そして，このような個人的な野心を，企業レベルの将来構想の構築や戦略的意思決定の原動力にしていくためには，野心を社会に貢献する使命感に昇華していかなければならない。野心は他人から反発を受けることが多い。これを避けるためには，経営者の仕事は野心から行なっているではなく，天や社会からの使命感から行なっていると自ら信じる必要がある。使命感を前面に出すことによって，経営者個人の野心に基づく目標と従業員個人の目標とのギャップを埋めることができるようになる。これができて初めて，個人的な野心が企業目標となり，全社一丸となった行動へつなげることができる。例えば，楽天の三木谷社長はまだ売上が数億円であった1998年に「楽天を世界一のインターネットサービス企業に成長させる」という目標を掲げている。このような野心的な目標を掲げただけではやはり人はついてこないので，「成功の5つのコンセプト」を制定し，個々人の努力と成長が重要だと説いて，個人的な経営哲学の浸透を図っている(59)。

「直観力・カン」とは，一般的に判断や推理などの思惟作用を加えることなく，対象を直接的に把握する能力のことである(60)。経営者は新しい情報に接した時，その論理的体系などを推理せずに，その全体系を瞬時に把握できなければならない。論理的な分析に基づいて情報の内容を把握しているようでは，革新的な戦略案を迅速に意思決定することはできず，他社に遅れをとってしまうことになる。

直観力やカンを働かせるためには，経営者が問題意識を持つことが不可欠である。問題意識を常に持ち，絶えずそれについて考えていれば，その心象が具体的な形となって現れてくる。初めはぼんやりした心象であっても，問題意識の集中を重ねることで，より具体的なものとなってくるのだ。そして，その心

---

(58) 清水龍瑩［1993b］p. 80。
(59) ハーバード・ビジネス・スクール［2010］pp. 237-238。
　　5つのコンセプトとは，①常に改善，常に前進，② Professionalism の徹底，③仮説→実行→検証→仕組化，④顧客満足の最大化，⑤スピード!! スピード!! スピード!!，である。また，2011年度決算では，連結ベースで3,799億円の売上高を計上している。
(60) 清水龍瑩［1999］pp. 128-129。

象が新たな情報と出会った時にそれらが瞬時に結び付き，新製品開発や新事業開発のためのアイディアとなる。また，頭の良い人は一般的にカンが良いといわれている。なぜなら，頭の良い人ほど，入ってきた新情報を的確かつ瞬時に分析できるからである。カンといえども，的確な理論に基づいており，いわゆる霊感などではない。

　「決断力」とは，不確実な状況の中で，思い切って意思決定する能力のことである[61]。他社に先駆けて革新的な意思決定を行なうために，決断力は欠かせない能力だ。かつて旭化成の宮崎 輝社長は，「役員の5割が賛成したらその案は既に遅い。3割くらいが賛成し，あとは反対またはわからないくらいの時にゴーをいう。5割がわかるようなものはイノベーションに結びつかない。」と述べ，不確実性下の決断力の重要性を強調している[62]。また近年，ソフトバンクの孫 正義社長はtwitter上で，様々な人からの要望に対して「やりましょう！　○○君，対応よろしく」という具合に発言し，非常に迅速な意思決定を行なっている。またそれらの発言に対して，どの程度実現されているかもウェブサイトやtwitter上できちんと報告している。

　不確実な状況の中で意思決定する場合，もちろんリスクが伴う。それ故，失敗した際の責任を取りたくないので，多くの役員は慎重な意見を主張する。しかし，慎重な態度ばかりでは革新的な成果を出すことはできない。特に，創業期の企業では，高いリスクを覚悟しながらも迅速性が求められる。このような企業の経営者の決断力が他の人の決断力と異なる点は，意思決定の後，そのフォローを自ら行なわなければならないことだ。すなわち，発生するリスクはすべて経営者が負うという態度が重要なのである。このような態度を示すことで，まわりの人たちは安心し，迅速な意思決定をすることができるようになるのである。

　「野心」や「直観力・カン」，「決断力」は，企業家精神を支える能力であるため，企業規模の小さな創業期にある企業の経営者に求められる能力であるが，

---

(61)　清水龍瑩［1993b］pp. 82-84。
(62)　清水龍瑩［1993b］p. 83。

企業規模が次第に大きくなっていった際,不必要になる能力というわけではない。これらの能力が重視されるウエイトが小さくなるだけで,経営者能力として必要不可欠なものであることに変わりはない。

◆ 成長期に求められる経営者能力

創業期から**成長期**に入ってくると,企業規模が大きくなり,成長の原動力となっている事業をそつなく運営することが重要となる。そのため,企業家精神よりも管理者精神の重要性が次第に大きくなってくる。それに伴い企業内に整合性を保つための「**相手の立場に立ってものを考える能力**」や「**洞察力**」,「**情報収集力**」,企業全体を総合的に考える「**システム思考**」など管理者精神を支える能力が今まで以上に必要になってくる。これらについて詳述していこう。

「相手の立場に立ってものを考える能力」とは,長期的な視点に立って,相手を常に喜ばせ幸せにしようと積極的に取り組む能力のことである[63]。この能力は,成長期に入り企業内外の人間関係をスムーズにしていくために不可欠なものだ。まず企業内の関係については,前述したようにまわりの人々に対するカシ・カリの論理の遂行を行なう際,この能力が必要となる。この能力がないと役員に対してカシが作れず,スムーズな意思決定を行なうことが難しくなってしまう。そして情報化時代にあって,企業に不可欠な貴重な情報をいち早く得ていくためには,信頼できる人間のネットワークが必要となり,このネットワークの構築のためにも「相手の立場に立ってものを考える能力」が必要である。常に相手の立場に立ってモノゴトを考え,ただ情報をもらうだけではなく相手の求める情報を積極的に提供するような長期的な信頼関係作りをしていかなければならない。相手の立場に立たなければ,このような長期的な信頼関係は作れないのである。また外部との関係であるが,戦略案を策定する際にもこの能力が必要となる。戦略的意思決定過程で,新たな製品領域や事業領域を考えていく際,相手(顧客)の立場に立ってモノゴトを考えていないと,社内

---

(63) 清水龍瑩 [1993b] pp. 84-87。

の勢力や過去の延長線的なものに影響されてしまい、最適な判断ができなくなってしまう。例えば、ヤマト運輸が成長した要因として、全国をカバーする物流ネットワークとそれを支えるコンピュータシステムがよく取り上げられている。しかし、相手の立場に立ってものを考える能力があったからこそ、このようなシステムを構築できたのである。このことについて都築幹彦社長[64]は、「かつて12月の繁忙期には『繁忙期のため、配達が2～3日おくれることがあります』と張り紙をしていた。しかし、これは企業側の言い訳にすぎず、顧客の立場に立っていない。顧客の立場に立てば、翌日配達が可能だからヤマト運輸を選択する。ならば、それが可能となるよう徹底的に教育した。」と述べている。この考え方はその後も続き、スキー宅急便やゴルフ宅急便、クール宅急便、希望時間帯お届け、メール便などの新サービスを生み出している。

次に「洞察力」であるが、これは今まで漠然としていたものを、新しく他のものとの関連を持った、体系的な脈絡や文節からなる全体として見通すことができる能力のことである[65]。直観力が全体を思惟作用を加えることなく直接的に把握する能力であるのに対して、洞察力はモノゴトの関連性を考えて、分析し、その本質を見抜く力なのである。経営者は、特定の重要な事象全体を、カンを使ってぼんやりとした形で捉え、その後、客観的なデータや科学的な理論を用いて細かな諸事象の相互関連性や変化の速度の差、当該事象の実現性などを把握していく。このプロセスが経営者の洞察力なのである。さらに、この経営者の洞察力は彼らの過去の経験の深い内省から強化される。経営者の公私に及ぶ様々な経験を常に振り返り、その内容を客観的なデータから確認していくことで、将来の予想をより的確にできるようになるのである（コラムⅡ-7）。

「情報収集力」は、絶えず変化する外部環境および内部環境についての情報を正確かつ迅速に収集する能力のことである[66]。現在のように様々な情報がものすごいスピードで飛び交う時代には、手当たり次第に情報を集めればよい

---

(64) 清水龍瑩［1992］pp. 497-504。
(65) 清水龍瑩［1993b］pp. 76-77。
(66) 清水龍瑩［1999］pp. 138-139。

というものではない。収集の中心となるのは，自社の主力製品の市場や技術に関連する情報だ。またこれに加えて，「情報の関連性についての知識」が非常に重要になる。現在の延長線上だけに留まらず，今までとは全く次元の異なる事象のつながりにも常にアンテナを張り巡らせておく必要がある。こうすることで，情報の新結合が触発されるのである。このような「情報の関連性についての知識」は，何もしないで手に入るものではない。これを得るには，信頼できる人のネットワークが必要だ。このようなネットワークを構築しそこでのざっくばらんなコミュニケーションの中から，まだテキスト形態にはなっていないような情報の種を得ることができるようになる。また内部情報に関しては，フォーマルなコミュニケーション・プロセスを介して情報を得るだけでは不十分である。これを補完するために，「現場歩き」のようなインフォーマルなコミュニケーション・プロセスを用いて社内に散らばっている細々とした情報を積極的に収集することも必要である。手持ちの情報の絶対量が増え，そこに情報の関連性についての知識が加わることで，情報が新結合する機会が幾何級数的に増加し，斬新なアイディアにつながっていく。情報収集力に関しては，企業家精神が旺盛な経営者ほど，より積極的にこれを活用する傾向にある。

　「システム思考」は，ある1つの事象をみる時，それをより大きなシステムのサブシステムとしてみる考え方のことであり，パターンの全体を明らかにして，それを効果的に変える方法をみつけるための概念的枠組みのことである[67]。この考え方は管理者精神の中核であり，より大きな見地からバランスを求めるベースになっている。この考え方によってより科学的で合理的な判断が可能になる。システム思考で考えることによって，サブ・オプティマムに満足せず，逐次的により大きなトータル・オプティマムを求めていくことになる。サブ・オプティマムで満足してしまうと，本質的な見地から問題を解決できなくなってしまう。例えば，不況だからといって原材料のコストダウンを行なえば，一時的に苦境をしのげるかもしれないが，原材料の質を下げることが顧客

---

(67) 清水龍瑩［1999］pp. 139-140。センゲ［2011］p. 39。

の苦情につながり，長期的には顧客が離れ，苦しい状況がさらに悪化してしまうという具合である。また，システム思考でモノゴトを考えることができれば，複数のサブシステムの目標間に対立が生じた時，トータルシステムという広い見地における目標からそれらを捉え，的確で合理的に目標間の優先順位を決めることができるようになる。逆にこれがないと，その時々の優勢勢力や場当たり的な意見に流されて，判断を誤ってしまうのである。このシステム思考を身につけるためには，常にモノゴトをより大きく広い見地から考える習慣が必要だ。モノゴトの変化の真の本質は何か，それに対する対処策は何かを考える際，解決策を考えた後に，より広い見地から再考することを繰り返し行なうことで，システム思考は強化される。

〈コラムⅡ-7 ソニーウォークマンの開発と社長の能力[68]〉

　読者諸君の中で，ソニーのウォークマンといわれてそれがどのような製品か知らない人はほとんどいないだろう。創業者の一人である盛田昭夫氏は，ウォークマンの開発のきっかけを次のように語っている。「ある日，井深 大氏（ソニー創業者の一人）が携帯用ステレオ・テープレコーダーと標準サイズのヘッドフォンを抱えて部屋にやってきた。…彼は装置が重くてかなわないといった。」

　「それからしばらくして自宅でくつろいでいると，娘が帰宅した際，私に帰宅のあいさつをする前に，ステレオのスイッチを入れた。それからおもむろに挨拶をした。その様子を見て，現代の人々には音楽が常に必要だと感じ，いつでも音楽を聴くことができる機器の開発を思い付いた。」

　常に問題意識を持ち，様々な情報に耳を傾けることによって，直観力やカンが働き，新たなアイディアが瞬時に生まれる。その後，「録音機能がない」とか「価格が高すぎる」などというまわりからの反対を押し切り，技術者を集めて小型の高性能ヘッドフォンを開発し，自らが陣頭指揮をとって商品化へこぎつけることになる。カンを働かせた後に，経営者の洞察力や執念が重要になるという好事例と考えられる。

　ウォークマンは開発以来30年が経過し，カセットテープ・プレーヤーから

---

[68]　盛田和夫ほか［1987］pp. 91-96。
　　　http://www.sony.co.jp/SonyInfo/News/Press/200407/04-033/（2011.9.1.）

> CDプレーヤーやMDプレーヤー，MP3プレーヤーなどと形態を変えながら全世界で累計約4億台を出荷する大ヒット商品となった。

◆ 安定期に求められる経営者能力

　成長期に企業活動が順調に進めば，さらに企業規模が大きくなり，**安定期**に入ってくる。この時期には，今までにも増して管理者精神が重要な役割を果たすことになる。そしてそれと同時に，企業の将来構想をきちんと立てるためのベースとなる「**哲学**」や「**人柄**」，「**品性**」，「**倫理的価値判断力**」といった経営理念の前提となる能力，すなわち，リーダーシップの底にある人間的魅力に関する能力が経営者に求められてくる。

　経営者の「哲学」とは，経営者自身の経験などから得られた基本的な考え方や経営観のことである。個人的な経験が個人特性を形成し，それが経営者の将来構想の構築に大きな影響を及ぼすことになる。例えば，少年期（10〜15歳）における家庭環境や社会環境などが悪かったり，健康を害したりした経験を持つ経営者は，反骨者精神が旺盛で，非常にバイタリティがあり，積極的な将来構想を立てるといわれている[69]。また，経営者の最近の家庭状況や健康状況も経営観や将来構想に影響を及ぼす[70]。

　「人柄」とは，自然に感じ取られる人の性質や品格のことである[71]。筆者も過去に数十名の経営者に会ったことがあるが，初対面でも非常に気さくで他人に気遣いができる方が多く，偉そうな態度をとる方はほとんどいなかった。こちらが頭を下げるとそれ以上に下げるタイプが多かった。信頼できる人とのネットワークを構築したり，社内を安定的にコントロールしていくためには，人柄の良さは重要である。ただし，良い人柄は一朝一夕に身に付くものではない。経営者が自らの行動を日々内省し，客観的に自分を分析できるようになるまで，

---

(69) 清水龍瑩［1979］p. 264。清水龍瑩［1983］p. 22。ハーバード・ビジネス・スクール［2010］pp. 320-324。
(70) 清水龍瑩［1983］p. 23。
(71) 清水龍瑩［1984］p. 99。

日々の精進が必要になる[72]。

「品性」とは，道徳的価値観からみた人間の性格のことである。品性はその人が何をするかではなく，何をしないかによって測られる[73]。現在のように，企業の社会的責任や企業倫理が厳しく問われ，それが戦略的要因となってきた時代には，この品性は経営者にとって必要不可欠な能力となる。記者会見などでの対応で，経営者の品性下劣な性格が明らかになれば，それがネットを介して一瞬にして全世界に流れてしまう。長年にわたって築き上げてきた企業の信頼などがこれによって水泡に帰してしまうのである。それ故，経営者は日々の言動に責任を持ち，決して私利私欲のために人やモノゴトを不公平に扱ったり，他人の人格を無視したような行動をしてはいけないのである。この品性は，アグレッシブさとは正反対の資質である。創業期はアグレッシブさを前面に出して成長を果たすことも多い。創業期から成長期そして安定期へと移行するにつれて，経営者はその能力の発揮の仕方を変えていかなければならない。規模が大きくなっても，相変わらずアグレッシブさを前面に出し，失敗してしまった例は少なくない。この品性は，やはり幼少期における家庭での厳しい躾や過去の社会での厳しい評価などがその源となっているようであるが，経営者自らが自身の行動を抑制しようとする内省や努力によっても醸成される。社会的な訓練によってセルフコントロールの強さを高めていくことも経営者の素養なのである。

「倫理的価値判断力」とは，意思決定を行なう際に，意思決定の結果がもたらす状況の善し悪しを客観的に判断する能力である。人間は，ある行動を行なう際に，それぞれの個人が持つ倫理的価値観に基づいて判断し，その行動の可否を決定する。多少の差はあるだろうが，ある特定の領域内においては，その価値判断基準についてある程度のコンセンサスが得られていると考えられる。ただ，人々の判断基準は，個人の経験や生活環境，社会的地位などから影響を受けるので，古来より様々な判断基準が存在し，一様なものではない。つまり，

---

(72) 清水龍瑩 [1984] p. 99。
(73) 清水龍瑩 [1993b] pp. 87-89。

領域が異なれば,それに従ってその価値判断も変化し得るのである。そのため,その判断基準を用いて行なわれる倫理的価値判断も,時と場合によって,多種多様なものが存在し,結果として,様々な問題に結び付くこともある[74]。

　現代企業が,社会というトータルシステムの中で活動するためには,時空によって,社会の倫理観が異なっているということ,そして,企業の倫理観を社会のそれに的確に合わせていかなければ,社会から大きな批判を浴びるということを社長は十分に認識しておかなければならない。社会における倫理的価値判断は,その倫理的価値観に基づいて行なわれている。社会と企業では,その目的が異なるため,それぞれの倫理的価値観や価値判断基準も,当然ながら異なっている。ただ,企業は社会というトータルシステムの中のサブシステムであるため,意思決定に際しては,社会の倫理的価値判断基準を優先させなければならない。何が何でも企業のそれを優先させようとすることは,企業のエゴイズムに他ならず,社会からの反発を招くことになるのである。近年は従来よりも増して,企業の倫理的価値観が社会のそれと合致しなくなり,その状態を広く大衆が知る機会が多くなってきている。こういう時期こそ,意思決定者である社長がシステム思考に基づく倫理的価値判断力を発揮し,企業を正しい方向へ導く必要がある。

◆ **再成長期に求められる経営者能力**

　規模の大きくなった企業がさらに成長していく場合,複数の関連会社が統合したグループ企業となることが多い。このような企業体になった場合,それぞれの関連会社の経営者には,そのシチュエーションごとで求められる能力のウエイトを柔軟に変え,激しい環境変化に適宜対応していく能力が必要となる。例えば,野心的な意思決定を行なったとしても,その背後で「品性」をしっかりと示していくことができる能力である。そして,各関連会社間のバランスをきちんと把握し,グループ全体の成長を目指すシステム思考も合わせ持たなく

---

(74) 古川靖洋［2006b］pp. 277-279。

てはならない。

　社長が野心的な意思決定を行ないながらも品性のある行動をし，組織としての行動が社会レベルの倫理的価値とコンフリクトを起こさないようにしていくためには，社会レベルの価値観を十分に，正確に捉えたトップマネジメントの「信念」が最も重要である[75]。企業内では，様々なレベルにおいて，意思決定がなされているのであるが，いずれのレベルに対しても，最も大きな影響を与えるのは，トップレベルで行なわれる戦略的意思決定である。これに基づいて，組織上の各レベルでの行動が順次決まっていくといっても過言ではない。それ故，社会とコンフリクトを起こさない倫理的価値観を社長が持ち，その「信念」に基づいた意思決定を行なっていれば，おのずと，意思決定の内容も，企業行動も，個々の人々の行動も，社会とコンセンサスが得られた形で現れてくるものと考えられる。よく，不祥事が発覚した企業のトップが，会見で「現場が勝手にやったことで，知らなかった」とか「問題のある状況が起こってしまったのは真に残念だ」などというコメントをすることがある。このような発言をしてしまうのは，トップの信念の中に社会とコンフリクトを起こさないという**倫理的価値観**が欠如してしまっているためだろう。トップの認識がこのような状況にあれば，現場レベルでも，個々が行動する際に，企業レベルでの倫理的価値を優先させてしまうことになるのだ。

　社内全体に，社会とコンフリクトを起こさない倫理的価値観を浸透させていくには，社長自らが正しい倫理的価値観を持ち，それを流布させていかなければならない。社長が先頭に立つからこそ，従業員がそれについてくるのである。昭和電工の大橋光夫社長は，L-トリプトファンによるPL訴訟を反省し，倫理教育の重要性を主張している[76]。大橋社長によると，個々の従業員が社会に反しない倫理的価値観を身につけるためには，文書で伝えてもあまり効果は

---

(75) 古川靖洋 [1992] pp. 115-117。
(76) 芝大門の本社における，大橋社長とのインタビュー調査による。1997. 6. 26. 清水龍瑩 [1998b] pp. 479-486。なお，このインタビューには筆者も同席している。また，大橋氏は野田佳彦首相とも親交があるとされている。『日本経済新聞』2011年8月30日朝刊。

なく，社長自らが口頭でいい続けることが重要であるということだ。そして，行動の可否に迷った場合は，社長の言葉を思い出し，どちらの行動が社長の考えに沿っているかを考えるようにと，従業員を教育している。このようにはっきりといいきれるのは，社長自らが，現時点で社会に受け入れられる倫理的価値は何かを，正確に把握している自信と，それを従業員全体に伝えていこうとする信念があるためであろう。人々の持っている倫理的価値観は，時間によって変化するし，また場所によって異なるものである。活動範囲を次第に大きくしている企業が，その行動に対して社会から大きな批判を浴びないためには，社長は時空による倫理的価値観の変化や差異を十分に把握し，企業レベルの倫理的価値観よりも社会レベルのそれを常に優先させることを，「信念」を持って全社レベルで徹底できなければならないのである。

　経営者能力について，ここまで述べてきたが，企業の成長過程に従って，必要となる能力は異なっている。ただ，それらは絶対的な能力ではなく相対的な能力である。次のステージに移行すれば，前のステージで必要だった能力が不必要になるというのではなく，その重要性の割合が小さくなるということだ。そして，最終的には，シチュエーションごとにここに挙げたような能力のウェイト付けを適切に行なえるリーダーシップの発揮が求められることになる。

III　経営戦略論

　企業がどのような活動を行なっているかは，つまるところ経営戦略に帰着する。企業が将来を展望し，何を行なうかを決定したものが経営戦略といわれるものだからである。日本企業の成長も，経営戦略を遂行した結果である。その意味では，どのように経営戦略が策定され，実現されてきたのかは，実に興味深い。

　企業規模が大きくなるほど，そして多角化するほど，このことを知りたい人たちは増えてくるであろう。従業員しかり，利害関係者しかりである。また，将来予測が立てにくくなるほど，経営戦略の策定は難しくなる。このような近年の状況を反映させ，ここ30年の間，経営戦略論は経営学の中で最も議論が進展した領域の一つとなっている。

　学生の視点からみると，経営戦略がどのようなものかを理解することにより，自分が志望する企業の活動の背景にある考えを垣間見ることができ，就職活動に大きく役立つことであろう。また，経営戦略「論」を学ぶことにより，将来，自らがその策定や実行に携わる時の支えとなろう。

　しかし，「戦略」なる用語は今や様々な場面で使われている。その用語の使い手によって異なる局面で用いられたり，異なる意味を含ませたりすると，多くの誤解を招くこととなる。例えば，企業全体の戦略と，ある製品を販売するための戦略では，目的も局面も大きく異なる。もともと，戦争用語として使われた「戦略」であるが，今や日常的にも使われるようになってきている。まずは，経営戦略とはどのようなものなのかを理解することから始めていこう。

1　経営戦略論とその系譜

経営戦略とは何か，という問いに答えるのは難しい。それは，経営戦略という単語で表現される内容が，時代と共に少しずつ変化してきていること，各研究者がそれぞれの意図に従って領域を定めていることが関係している[1]。本書が目指すところは，初学者向けに，経営戦略とはどのようなものなのかを理解してもらうことにある。そのために必要なエッセンスだけを述べておくこととする。

1-1　経営戦略とは

まず経営戦略とは，**企業の基本的目的を実現するための具体的方策**である。そのためには，何を目指すかを明記しなければならないし，また，どのように実現するかを決定しなければならない。個々の企業の基本的目的は，企業の存在意義や使命を表した経営理念や，それを実現するための方向性であるビジョンに示されている。そして，ビジョンをどのように実現するかが表現されているものが，経営戦略となる。

その際，最も配慮しなければならない点は，企業外部の環境とその変化，ならびに企業内部の条件や資源である。企業は，社会の中で存在するため，独善的にモノゴトを進めても，短期的には成功を収めているようにみえることもあるが，それでは，長期の存続ははかれない。日本の国策に左右される局面もあれば，国の境界を越えて，グローバルな政治的，経済的環境の影響をも受ける。さらには，他社の動向も気になるところである。

---

(1)　経営戦略論に関する議論は，ミンツバーグほか [1999] やバーニー [2003]，沼上 幹 [2009] に詳しい。

一方，ビジネスチャンスがあるからといってすべての事業が実現できるわけではない。理念にそぐわない取り組みは，社会からも社内からも共感が得られない。組織の構造や文化によっては，実現が遠のく場合も考えられる。また，企業の活動は，自社内で抱える資源に左右される。ヒト・モノ・カネ，そして組織が抱える多くの知識の制約を受けることはいうまでもない。場合によっては，他社が所有する資源も，協力し，融通可能なことがある。

　これらの外部環境と内部条件に鑑みて，資源配分を決定し，企業の基本的目的を実現させるための方策が，経営戦略である。つまり，**経営戦略は企業の外部環境や内部条件と整合的関係**にある。そのため，企業のあらゆる活動が経営戦略に統合されることとなる。

　とりわけ昨今，持続的競争優位を実現させることが優先課題となっている。競争の範囲が，地域から国内へ，国内からグローバルへと拡大する中，いかに競争上優位な地位を築くかは，常に意識されてきた課題であった。規模の経済を狙った拡大戦略は，他社よりも生産性が高い地位を目指したものである。しかしながら，価格だけに訴求する取り組みは，不用意な価格競争を引き起こし，組織を疲弊させてしまう。長期の維持発展を実現させるためには，短期的で安易な競争に勝つことではなく，継続的に優位な地位を築くことが求められているのである。

1-2　経営計画との違い

　一般的に，目的を実現させるために何を行なうかを決めたものが計画である。なぜ，企業が立てる計画を「戦略」と呼ぶのであろうか。

◆ 計画を立てることの特徴と前提

　かつて，企業の目標を実現させるための方策は「経営計画」と呼ばれていた。現状を分析し，予算などの制約に照らし，何をするかを決定し，その実現のために資金や人を適切に配置するために計画が立てられた。企業に限らず，あら

ゆる組織の活動においても同様の計画が立てられている。

将来を見通した計画を立てることには，いくつか特徴が指摘されている[2]。第1に計画立案は，未来を志向し，将来をコントロールしようという試みである。経営戦略は外部環境と内部条件との整合性を求めている。外部環境は変化していくため，将来を展望し，内部条件と整合させていかなければならない。

第2に計画は，公式の手続きであると共に，意思決定となる。1人だけの活動であれば，明示的に計画を立てなくても，大きな問題は起こりにくい。しかし，組織，それも数千人，数万人も働く大規模企業であれば，当日，今週，今月，今年の活動をいき当たりばったりで活動することはできない。そこで計画という公式の決定として明らかにすることにより，従業員全員の活動を方向づけ，管理することが可能になる。

第3に，計画を立てた結果，予測される外部環境に向けて，組織全体の統合化がなされる。組織として一体的に行動することができるのは，組織が計画に沿って活動しているからに他ならない。

このような計画が効果を発揮するための前提として，**将来予測の正確性**が考えられる。ある程度将来を予測することができるから，計画を立て，計画通りに実行していくことで計画の効果が期待される。

◆ 不透明な将来の主因

しかしながら，計画立案実行のプロセスで大きく2つの点が問題となってきている。一つは，**競合他社の動向**である。かつては地方で活動していた企業が，全国に展開することで，競合他社をより強く意識しなければならなくなった。加えて，国際的な物流網が整備されるに従って，突然，海外の企業との次元の異なる競争を強いられることもある。かつてアメリカでは，ビッグ3といわれる巨大企業が自動車市場を占有していたが，コンパクトで燃費の良い日本車が参入することで，競争構造が大きく変わってしまった。狭い地域で活動してい

---

[2] ミンツバーグ [1997] pp. 107-338を参照している。

る間は，相対的に予測可能であったものの，競争の範囲が拡大するに従って，競争相手の行動は理解しづらく，また，予測は難しい。

もう一つは**政治的経済的環境の複雑多様化**である。競争の範囲の拡大は，競争相手だけではなく，活動する地域の政治的経済的状況をより広範囲に捉えなくてはならない。考慮しなくてはならない地域が拡大すればするほど，影響のメカニズムはわかりづらく，複雑になってくる。その結果，狭い地域だけでは，政治的経済的状況が予測可能であったものが，グローバルな中では，お互いに影響を及ぼし，その結果，予測は困難を極める。

このように**予測の精度が低下**するにつれて，計画の前提が揺らぐこととなる。そこで，企業が直面する不確実な将来展望と競合他社に打ち勝つ意味を込めて，かつて戦争用語として使われていた「戦略」が，1960年代中ごろから，「計画」に代わって用いられるようになってきた。

1-3　経営戦略の現代的意義

将来の見通しは，昨今，さらに複雑になってきており，不透明感は増すばかりとなっている。経営戦略論の展開を理解する上で，単に不確実性が高まっているという理解だけでは不十分である。

◆ 高まる不確実性

まず，企業の活動範囲が限定できなくなってきている。すなわち，**経済のボーダレス化とグローバル化**が同時にかつ急激に進行しているといえる。関連している取引先，顧客，金融機関は，決して国内だけではない。製造業であれば，資源は世界中から獲得される。また，素材，部品においても，品質，コストの両面からやはり世界中から探索し，選択されるようになってきている。同様に，インターネットと輸送網の発達のおかげで，世界中の顧客が単品で製品を購入することができるようになった。資金も世界中の金融市場から，世界中の投資家を相手に調達することが可能となった。これらのことが，国の境をあまり意

識することなく可能となってきているのである。

　ボーダレス化という言葉は，製品やサービス領域にも当てはまる。かつては電話やテレビ，そしてパソコンを開発し，製造することは，全く別の領域であった。しかし，現在においては，テレビとインターネットがつながり，パソコン代わりに利用することも可能になってきた。また，携帯電話でテレビをみることができたり，パソコンとほとんど同じような機能をそなえたりしている。EMS（Electronics Manufacturing Service）といった業態の出現により，全く異なる種類の製品が，同じ製造現場から出荷されることもある。しかも，異なる企業のブランドを冠した製品である場合すら考えられる。

　経済のボーダレス化・グローバル化は，競争相手もボーダレスで，グローバル化していることを意味している。かつては国内のあるいは国外の明確な競争相手を意識しながら，将来を予測していた。しかしながら，現在においては，競争相手は，世界中至るところに存在している。これらに異分野からの参入をも考えると，具体的な競争相手を想定することができないことも考えられる。

　このように外部環境は昨今，複雑かつ不透明になってきており，不連続に変化していると捉えることができる。そのため，将来を予測することはもはや不可能といえる。

　複雑，不透明，不連続といった言葉で表現されることは，内部条件にも当てはまる。例えば，組織を構成している従業員は，多様化している。日本企業を例にとれば，かつては，中核人材はほとんど日本人であり，現地採用された従業員は，現地のマネジメントだけを担っていた。ところが，グローバル企業は，世界中から集められた従業員が一体となってグローバル競争を戦っている。国内の生産現場に目を転じてみると，かつては日本人だけが働いていた現場に，多くのアジア系をはじめ，日本人以外の従業員の姿をみることができる。

　株主においても，外国人比率の上昇と共に，株主との関係も相対的に安定感を失っている。即座の配当を期待する株主や，株価の急激な上昇を期待する株主の比率上昇に伴い，企業の活動は，短期的な結果を追求することとなろう。短期の良い成果に企業が常に恵まれることは難しい。その結果，そのような株

主は，すぐに資金を他の企業へと移してしまう。

◆ 経営戦略上の課題

　こうした状況の中で経営戦略に求められることは2つ考えられる。1つが，将来展望についてである。外部環境，内部条件ともに細かく分析し，正確で精緻な計画を立てることができなくなってきた。そのような中，企業は，精緻な計画の代わりに抽象的な**ビジョンの提示と浸透**を目指している。とりわけ，長期の展望については，将来像を掲げ，従業員に方向性を与えようとしている。

　このことは，社長インタビューを行ない，今後の展望を伺うとよくわかる。かつては，5年先10年先の具体的な戦略について語っていただいた。しかしながら，不透明感が増すにつれて，具体的な戦略については3年となり，1年となっていった。すなわち実際に企業は詳細な長期計画を構築しなくなってきたのである。その分，将来像については非常に熱心に語っていただいている。

　もう1つは，**不確実性に対処する仕組み**である。現在において，経営戦略は，分析に基づいて策定され，資源配分を決定することに加え，将来を展望し，正確に予測できないことを加味し，柔軟に対応する仕組みを兼ねそなえていなければならない。単なるリスクヘッジといったことだけではなく，変化に対して，より前向きに取り組む姿勢が欠かせない。リスクヘッジはあくまでも事後的な対応であるが，時代の先を読み，事前的な活動により，他社よりも早く情報を獲得し，ビジネスチャンスをものにできることとなる。

　経営戦略について考える場合，このように時代の変化を理解することが求められる。その結果，既存の考え方に付加されるものなのか，補完されるものなのか，あるいは取って代わるものなのかを十分検討していかなければならない。

1-4　経営戦略の様々な局面

　経営戦略について議論する場合，かみ合わない時がある。これは，経営戦略の捉え方が各人で異なるとともに，各人がその時に描いている経営戦略の局面

が異なることが一因である。ここでは議論を理解する上で必要であるとともに，現在注目されている3つの局面について概説しておくこととしたい。

◆ 経営戦略の階層性

経営戦略に求められる最も基本的なものは，企業の目的の実現であった。企業は長期の維持発展を目指しているが，個々の企業においてはそれぞれ独自の経営理念，経営方針，ビジョン，ミッションで表現された目的を目指している。あるいは自社が取り組む事業の範囲や領域を意味するドメインも広い意味では，経営戦略の範疇に含まれる。

これに対して，企業の目的を実現するために，企業ごとに全社レベルで取り組み方を示したものが，**企業戦略**あるいは**全社戦略**となる。抽象的に表現されているビジョンやミッションに対して，既存の事業や将来の展開を考えている事業にどのように資源を配分するか，といった基本的考え方が示されることとなる。また，決められた事業の範囲や領域の中で，どの事業に力を入れるかを考えていくこととなる。

それらに基づき自社が抱えるそれぞれの事業が直面する状況に照らして，具体的に策定されるのが**事業戦略**となる。個々の事業が直面する市場は，より明確に意識される。そのため，競争相手も明示的である。その中での持続的な競争優位を構築することが求められている。

事業戦略を実現させるための活動は，個々の職能レベルの活動へと分解することが可能となる。事業戦略の実現には，物流や生産，販売・マーケティング，人事，研究開発などの職能部門の協力が不可欠である。そして職能ごとに，事業戦略やその延長としての企業戦略を実現させるための方策が立てられている。これらが**機能戦略**といわれるものである。

◆ 外部環境と内部条件の整合性

個々の企業の目的を実現させるために，企業の様々な職能部門が役割を果たすことを述べてきた。この根底にあるのは，適合である。つまり，外部環境と

企業の内部条件をしっかりと適合させる，より具体的には，顧客ニーズにあった製品あるいはサービスを企業が提供することが求められている。

しかしながら，不連続に変化する外部環境に対して，厳密に整合性を実現させることは，実際には極めて困難であるといわざるをえない。その原因の一つは，直面している**変化の質の変化**である[3]。一つ一つの変化は，漸進的なものかもしれない。これらが複合的に組み合わさることで，また，境界を越えて影響しあうことにより，時として急進的な変化に直面することとなる。また，既存の技術に取って代わる技術の出現は，既存の技術の延長線にあるものではない。加えて，これらの変化に部分的に対応し，適合しようとしていると，新たな変化が勃発してしまい，対応した内容との整合性が取れなくなってしまう。

また，別の見方をすれば，モノゴトの**変化の速度が異なる**[4]ことが問題となる。変化する速度の異なる要因を厳密にフィットさせることはそもそも物理的に歪みをきたしてしまう。顧客ニーズの変化に対して，経営戦略は可能な限り早く変化に対応する必要がある。しかし，経営戦略を実現させるための組織はそう簡単には変えられない。さらには，組織の構成員の意識も容易に変えることはできない。

このように，かつて提示された「適合」概念は，不連続に変化することを想定した中では，理想論となってしまう。現在の不連続に変化する外部環境に鑑みると，厳密でしっかりとした整合性よりも，柔軟でかつ緩やかであるとともに，要因の変化を内包した動的な仕組みを考えていかなければならない。

◆ 戦略の策定と遂行

良い戦略を策定できたとしても，遂行を伴わなければ成果に結び付くことはない。あるいは，凡庸な戦略であっても，うまく遂行することによって，結果として良い成果に結び付くこともある。経営戦略の策定が困難になると，遂行に力を入れることによって，当座をしのぐことが可能となる。経営戦略の弱さ

（3） 十川廣國［1997］pp. 25-31，慶應戦略経営研究グループ［2002］pp. 16-29。
（4） 清水龍瑩［1990］pp. 253-258。第Ⅳ部 2 - 1 参照。

を遂行でカバーすることによって，短期的かつ表面的には成果の違いは大きく現れずにすむ。しかし，あくまでもこのような手法は，その場しのぎであり，長期の維持発展を目指した場合，得策とはなり得ない。戦略の策定と遂行の両面からしっかりと考えていかなければならない。

　戦略の策定は，かつては，極めて一部の人達によって担われてきた。個々の企業の目的や全社戦略は，経営者やそのスタッフであり，事業戦略は，彼らに加えて，事業部長がその任にあたっていた。職能ごとに任されている領域においては，職能ごとに配属されている担当のマネージャーがその責任を負っていた。そのため，戦略を策定する人と遂行する人では，役割分担されていたといえよう。

　ところが，昨今，**組織のフラット化**が叫ばれ，権限が下層に委譲されるようになってきている。これは，環境変化に対して，迅速に対応するための手法である。このことは，確かに，戦略の策定はトップ層あるいは，その役割を得たミドルの責任ではあるものの，場合によっては，現場レベルでその修正・改善を行なうことが推奨されている。その意味で，策定と遂行の役割分担は，責任の所在は明らかではあるものの，実行者は混在となっているといえる。

1-5　経営戦略論の展開

　経営戦略は，各企業が目的を実現するための独自の具体的な方策であるが，経営戦略「論」は，それを導くための考え方といえる。経営戦略論を学ぶことにより，企業の経営戦略がどのような考え方に根ざして構築されているのかを理解することができると共に，各社の経営戦略を理論的に評価することができよう。あるいは，自ら経営戦略を策定，実行するにあたり，大きな礎になることであろう。

　本書では，経営戦略論に関わる各論について，以下に続く章で詳述していくが，各論は独立で議論されてきたものではない。お互いに影響しあいながら，時として批判の中から生まれてきたものもある。そのため，最初に，経営戦略

論が展開されてきた流れを概観することとしたい。それによって，各論の関連性を大まかに理解することができよう。経営戦略論の考え方の分類方法，課題，展開，系譜についてより詳しく学びたい読者は，ミンツバーグほか［1999］や，沼上 幹［2009］を紐解くことをお薦めする。

◆ **経営戦略論の確立**

　戦略（strategy）とは戦争用語である。『ランダムハウス英和辞典』には「国家の安全・勝利を確保するため戦時・平時を通じて大規模で長期にわたる計画・拡張によって国家の全兵力を利用すること」とある。ビジネスを展開する上で，他社との競争に打ち勝ち，長期の存続をはかる企業の方策と共通する部分が多くあることがうかがえる。

　戦略なる用語を企業に明示的に用いたのは，チャンドラー［1967］が最初であるといわれている[5]。ゼネラルモーターズやデュポンといった大規模企業が多角的に発展していくプロセスを歴史的に分析し，規模の拡大とともに展開する戦略の変化に従って，組織構造も変化していく様を指摘した。

　経営戦略として研究し，体系を確立したのは，**アンゾフ**［1969］やアンドリュース［1991］である。アンゾフは，チャンドラー同様，多角化を前提としながら，企業戦略の概念を明らかにし，置かれている環境に従って事業を決定する戦略的意思決定に言及している。戦略的な判断には，どの製品・市場領域へ展開していくかに加え，どのような方向（成長ベクトル）へと展開するかが求められる。

　一方アンドリュースは，ハーバード・ビジネススクールのテキストの改訂版で，変化していく外部環境に対して，いわゆるSWOT[6]分析の取り組み方を紹介し，その結果，戦略の創造が経営者によってなされるとしている。

　いずれも，経営目標に照らして，外部環境や内部要因を分析し，戦略を構築

（5）　ドラッカー［1964］も事業戦略について言及しているものの，原書の出版年（Chandler［1962］）からチャンドラーの方が早い。
（6）　第Ⅲ部 2-2「SWOT分析」参照。

していく考え方は変わらない。また，どこに多角化していくか，また，どのように多角化していくか，といった課題に対する回答を得ることができる。ところが，多角化した後の事業への適切な資源配分については十分な示唆を得なかった。また，市場や取引先が国際化し，他社との競争が激しくなっていく中で，競争にどのように立ち向かうかに関する判断にも，彼らの議論では，力不足であった。

◆ **自社を位置付ける**

これらの課題に対して，ボストン・コンサルティング・グループが提供したPPM (Product Portfolio Management)[7]は，一つの回答を示している。多角化した事業の自社内での位置付けを明らかにすることが可能となり，その結果，どの事業に資源配分を行なうことが望ましいか，判断することができるからである。

また，競合他社との競争上，有利な地位を得るための分析枠組みが**ポーター**[1982]によって与えられた。ポーターは，業界構造上の関係から，他社と比較して自社の状況を位置付けるとともに，業界の超過利潤を得るための3つの基本戦略[8]を提示している。その際，考慮されるのは，主として企業の外部要因であった。

ところが，企業は他社と常に競争しているわけではなく，時として協調する場面もある。双方が勝者となる場合では協力しつつ，そうではない場合では競争する。例えば，顧客への価値を提供するために，業界の標準の構築では協調する一方，市場においては競争している。企業は価値を獲得するために必ずしも常に競争しているわけではないのである。このような現象に焦点を当てたのが，ゲーム論からの経営戦略論への応用である。

（7）　第III部 4-1「PPM」参照。
（8）　第III部 4-1「ポーターの3つの基本戦略」参照。

1 経営戦略論とその系譜

◆ 内部要因への傾倒

　ポーターによる企業の外部要因の分析に偏った議論に対する批判から，競争に打ち勝つためには，他社との関係のみではなく，内部へも注視することの重要性が指摘された。その主要な議論は，資源ベース論といわれ，持続的競争優位の源泉として資源や組織の仕組み，組織能力が注目されることとなる。ポーター［1985］も後に，価値連鎖として内部要因へも配慮することとなった。

　このような内部要因への注目は，合理的な戦略策定への批判からも生まれている。経営戦略は必ずしもトップダウンで形成されるものではなく，ミドル同士の部門を超えた交流や現場からの提案として創発されるものも含まれるというミンツバーグの主張に基づくものが代表例である。

◆ 経営戦略論を学ぶ意義

　このように，経営戦略論の展開について概観してきたが，社会の成熟に従って，それぞれの時代の要請にこたえるために，また，各企業の思惑を実現させるために，既存の考え方の課題を克服し，考え出されてきたことがわかる。その意味では，本書が出版されてからも，経営戦略論は展開していくと思われる。将来，どのような理論が考え出されるかを予測することは難しい。もし読者が，将来直面する戦略課題の解決のために，経営戦略論の援用を期待するのであれば，既存の考え方に立脚するか，あるいは，既存の考え方では不十分であるために全く異なる視点からアプローチするか，いずれかの方法を取るであろう。いずれかを選択するための判断には，従来の理論の展開を熟知しておくことが肝要である。各理論をよく理解していなければ，適切に理論を応用することはできないからである。また，今までの時代の流れから，今後の大きな時代の変化を認識し，既存の理論が援用可能かどうかをしっかり検討することが求められるからである。過去の理論であっても，状況を十分に理解すれば，応用することは可能であろう。また，これから出現する新たな理論であっても，過去からの流れの中で，どのような意図で考え出されたのかを理解することで，新理論を正しく活用することができる。適切に理論を用いることがなければ，複雑

で難解な社会において，明解な示唆を得ることはない。

2 経営戦略のプロセス

　経営戦略はどのように策定され，どのように遂行されていくのであろうか。経営戦略に関する概要の次には，この問題を取り上げていくこととする。なぜならば，初期の戦略思想家が最初に取り組んだ課題がこの問題であると共に，経営戦略の基本的な内容である，外部環境や内部条件に関わる議論が含まれているからである。

2-1　企業の基本計画とその現代的意義

　企業，とりわけ社会的存在意義の高い企業の基本的な目的は，長期の維持発展であることはすでに述べてきた。しかし各社共に，独自の存在意義をも持ち合わせている。そのことを示したものが企業の基本計画である。基本計画は，企業の活動に先立って作られる。だから多くの企業のホームページにおいて，会社情報や企業概要の冒頭や社長メッセージに掲示されている。しかもその位置付けは，企業活動の具体的な事業内容の前に書かれている。その内容は，それぞれの企業の価値や歴史によって様々な表現がなされている。ここでは，様々な言葉で表現されている用語を整理するとともに，その現代的な意義を述べていくこととしたい。

◆ **経営理念，経営方針，ビジョンとドメイン（事業領域），社是，社訓，行動規範**

　基本計画の中で，最も高く位置付けられているものが，**経営理念**[9]である。

---

(9)　第II部 3-1「将来構想の構築と経営理念の明確化」参照。

これは，会社が何のために存在しているかを明らかにしたものである。多くの企業が創業時の経営理念から発し，時代を超えて自社内でそれを共有している。その内容は，時代に合わせて表現の仕方が変化することはあっても，伝えたい内容は，時代を超えて継承されていく。

このような理念を実現させるためには，より具体的にどのような方針で，どのような事業領域で経営するかを考えなくてはならない。また，時代と共に，外部環境や内部条件は変化していく。時代の流れに合わせて，より具体的に何をしていこうとしているかを明らかにしたものが，**経営方針**や**ビジョン**となる。

ビジョンの中には，事業領域を特定したものがある。特定された事業領域を**ドメイン**という。ドメインをしっかりと規定することで事業を深めることができる。事業領域を幅広く捉えることができるようにしておくことで，周辺領域への展開を促す。ドメインの内容によって事業の方向性がより鮮明に決まることとなる。

経営理念，方針，ビジョンといった基本計画の実現に向けた従業員の行動を促すために，**行動規範**を明記している企業もある。行動規範を明記することにより，抽象的に表現されている基本計画をより具体的な活動へとイメージさせやすくしている。

日本では基本的な理念・方針・行動規範を**社是・社訓**として掲示している企業が多い。当初から，企業の社会的側面が認識されており，そのことが，存続のための重要な要素として社是・社訓に反映されている。例えば，現在の滋賀県出身の近江商人には「**三方よし**」と呼ばれている家訓がある。これは，売り手よし，買い手よし，世間よし，という3つの局面のいずれにとっても商売が望ましいものでなくてはならない，という意味である。すなわち，売買当事者だけではなく，商売が広く社会に対しても良い影響があるように判断し，行動することをはかったものである。近江商人の流れを汲む企業は今も数多く存在し，それらの企業の社是・社訓には，この「三方よし」が反映されている[10]。

---

(10) 伊藤忠商事株式会社のウェブサイトでは，伊藤忠商事におけるCSR活動の紹介の中で，「三方よし」との関係が示されている。http://www.itochu.co.jp/ja/csr/itochu/

日本企業でみられる理念・方針・行動規範の内容は，欧米の企業では，mission や value として表現されているものと重なる。例えば，ジョンソン・エンド・ジョンソンのウェブサイトをみると，Our Credo（我が信条）と呼ばれる1943年に発表された理念が掲げられており，あらゆるステークホルダーに発信し，広く浸透をはかっている[11]。

◆ **基本計画の内容と実際**

経営理念は，「三方よし」のように，抽象的かつ高邁なものである。利己的な内容よりもむしろ，長期的展望に立ち，利他的活動がやがて自社に還元されることを訴えている。昨今の外部環境に鑑みると，**CSR**（Corporate Social Responsibility）や地球環境保全を意識した内容が目立つ。その点，企業の姿勢が問われているといえよう。読者には，是非，自分が興味を持った企業の経営理念や経営方針，ビジョンを複数調べてみることをお薦めしたい。

経営理念は抽象的であるが，経営方針，ビジョンあるいはドメインと呼ばれるものは，抽象度が緩和される。これらは，企業の独自色が強まると共に，今後の事業がどのような方向へ進むかを明らかにしている。

それでもなお，経営方針やビジョンといったものは，利益目標のような具体的なものではない。あくまでも方向性を示したものに過ぎないのである。このような抽象的な基本計画を実現しようと具体化したものが，利益目標を掲げた経営目標であり，さらにそれを実現させるための方策として，具体的な経営戦略が策定される。

例えば，ヤマダ電機では，「創造と挑戦」「感謝と信頼」といった経営理念を掲げながら，「省エネ・創エネ・蓄エネ製品などの次の時代の提案型ソリューションビジネス」を展開しようとしている。ここまでは抽象的である。それに対して売上高3兆円といった目標や，その具体的な方策としての，国内での店

　（2011. 11. 29）
　(11)　日本語版：http://www.jnj.co.jp/group/credo/index.html（2011. 11. 29.）
　　　英語版：http://www.jnj.com/connect/about-jnj/jnj-credo/（2011. 11. 29.）

舗の拡大や中国への進出，加えて中堅ハウスメーカーのエス・バイ・エルの買収といった具体的な戦略へとつながっている[12]。

◆ **基本計画の現代的意義とその効果**

　経営理念や方針，ビジョン，行動規範は，以前から従業員に共有されていた。創業当初から，社内の壁に理念が掲げられ，また，朝礼の時に従業員全員で唱和することは，日本において一般的な光景である。これらの活動は，従業員の企業へのコミットメントを高めると共に，それによる社内の一体感を高めることを狙ったものである。

　とりわけ昨今，これらの活動に対して企業はより熱心であるようにみえる。ウェブサイトの開設が相次いだ1990年代後半には，企業のウェブサイトを訪れても，経営理念やビジョンはあまり掲載されていなかった。ところが現在，上場企業のウェブサイトには必ず理念やビジョン，行動規範などが掲載されている。「ビジョン」なる言葉が流行したのはベストセラーとなった『ビジョナリーカンパニー』[13]の影響もあろう。単なる流行ではなく，実質的に企業が基本計画をより重視するようになったのは，次のような理由が考えられる。

　まず，**日本企業の大規模化**と**多角展開された事業**がその一因である。日立製作所，パナソニック，トヨタ自動車は，2011年3月31日現在，連結で30万人以上の従業員を抱えている。単に組織として所属しているという事実だけでは，到底組織としての一体感は得られない。従業員全員で追い求める高邁な目的とその共有が，組織の円滑な運営には欠かせないのである。

　また，典型的な大規模企業では，実に多くの事業を抱えている。一見すると，主力事業とは無関係なものであっても，開発の途上で創られた技術を活用しており，底辺で技術が結び付いているケースは非常に多い。これらの事業は現在，本流ではないかもしれないが，将来，企業の主力事業となり企業の維持発展を

---

(12)　ヤマダ電機ウェブサイト／会社案内.
　　　 http://www.yamada-denki.jp/company/index.html（2011. 11. 29.）
(13)　コリンズ＝ポラス［1995］.

支える可能性がある。多くの事業を抱える企業にとって組織として統率をはかるために、経営理念やビジョンは必要不可欠なものである。

　大規模化とともに、**環境変化のスピードが速く、また不連続である**ことも基本計画を重視する原因となっている。このような状況では、将来を予測することが極めて難しい。正確に予測することが困難になるに従って、経営戦略の考え方も、正確な分析技法の限界が指摘され[14]、不透明な将来に向けた取り組みにも目が向けられるようになった。経営理念やビジョンの浸透もその一つである。なぜならば、基本的な価値を共有し、ビジョン実現に向けて全社員の意識がまとまることによって、あらゆる局面において、従業員のビジョン実現に向けた行動が期待できるからである。

　それでは、基本計画を明確にし、組織として一体感が醸成されると、どのような効果が社内に期待できるのであろうか[15]。まず、経営理念は、高邁な目的を示したものであり、全社員が目指している。理念が浸透していることによって、自らが取り組んでいる業務が最終的にはこの高邁な目的を実現させるために行なっているという自覚が芽生えよう。このことは、人間の**理念的インセンティブを喚起**させ、精神的支えとなり得る。

　また基本計画は、企業に**価値判断基準を提供**する。この規準は、企業の中で行なわれる意思決定の際に、大いに参考になろう。とりわけ大規模化した組織においては、企業行動を迅速に行なうために、現場レベルでの意思決定が求められる機会が増えてきている。環境が不透明な中で、組織の末端に対して判断基準を提供できる意義は高い。

　さらに基本計画は、大規模化と共に多角的に展開した企業であっても、そのすべての活動に共通し、共有の価値を提供している。このことは、**コミュニケーションのベース**となる。たとえ面識のない従業員同士であっても、ビジョンを実現し、行動規範にのっとって行動している。理念やビジョンの実現は、従

---

(14)　第Ⅲ部2-3「分析麻痺症候群」、参照。
(15)　基本計画の効果については河野豊弘、[1985] pp. 41-46、マッシー[1983] pp. 83-86 を参照している。

**図表Ⅲ-1　ビジョンの浸透度と従業員の
パフォーマンス**[16]

	調査年	モラール（本社）	創造性発揮
ビジョン浸透度	2010	0.297	0.282
	2009	0.391	0.460
	2008	0.438	0.595
	2007	0.480	0.562

値は相関係数　すべて5％水準有意。
出所：筆者作成。

業員にとっての共通の話題を提供しているのである。

　このように従業員が基本計画の実現に向けて，意識を高く持ち，判断の指針を獲得し，お互いのコミュニケーションを円滑にするためには，従業員が単に知っている，理解しているだけでは不十分である。従業員が基本計画に触れ，それに共感し，是非，実現してみたいと夢を駆り立てられなければ，ここまでの効果はあまり期待できない。従業員の意識深くまで，基本計画が浸透していることが望ましい（図表Ⅲ-1）。

◆ **基本計画発信の方法**

　かつて基本計画の発信先は，主に従業員や株主であった。すなわち，従業員の活動を企業が進むべき方向へと誘うと共に，投資家の人達に対して，何を目指している企業なのかを周知させるためのものであった。そのため，掲示されている場所は，社内の掲示板や社内向けの広報誌であったり，投資家向けの限られた情報媒体であったりした。

　近年，企業は取引先や入社希望者を含め，ステークホルダー全体にわたって

---

(16)　本調査は，十川廣國慶應義塾大学名誉教授（現，成城大学教授）のもとで継続的に行なわれている日本の大規模製造業に関する調査の一部であり，著者の1人である馬場杉夫が継続的に参加している。詳細は十川廣國，馬場杉夫ほか〔2008〕pp. 19-55,〔2009a〕pp. 1-25,〔2009b〕pp. 61-73,〔2010a〕pp. 1-31,〔2010b〕pp. 59-71,〔2011a〕pp. 1-22,〔2011b〕pp. 65-81参照。

自社の活動への理解を深めるために発信するようになってきた。その理由は，企業の活動が多方面にわたってきていること，社会的存在であること，説明責任が求められるようになってきていることなどが考えられる。発信の方法も，製品の広告ではなく企業を広告するための新聞一面広告であったり，もちろんウェブサイトであったり，より一般的な媒体が活用されるようになってきた。

　ただ，基本計画を従業員に浸透させるためには，その内容に共感を覚えるような取り組みが欠かせない。従業員がしっかりと理解し，共感し，その実現に向けて夢を抱き，実際の活動へとつなげていくためには，内容だけを伝えることができる媒体ではなく，本質的な内容をも伝えるような取り組みが必要となる。具体的には，**社長自らが現場に出向き**[17]，積極的に従業員に伝えるといった方法が効果的である。

2-2　外部・内部の分析

　基本計画を明確にした後は，具体的な経営戦略を策定することとなる。その最初のステップは，企業の外部環境と内部条件の分析である。

◆ SWOT 分 析

　外部環境と内部条件の分析方法の中で最も歴史があるのが SWOT 分析である。もともとの考え方は，ハーバード大学ビジネススクールで教えられていたものであり，アンドリュース [1991] の中で紹介されている。そして今なお，経営戦略策定の手段として広く普及している。

　基本的な考え方は，内部条件の強み（Strength）と弱み（Weakness），外部環境の機会（Opportunity）と脅威（Threat）を整理・分析した後，経営戦略を創造するというものである。内部条件には，自社が持つ研究開発，生産，マーケティング，財務に関わる様々な物的，金銭的，人的な資源の状況が含まれる。

---

(17)　第Ⅱ部 3-1，及び第Ⅳ部 3-3「現場歩き」参照。

外部環境には、経済的、社会的、政治的要因に加え、自社を取り巻く顧客や競争相手の動向が含まれる。

これらの内部条件については、外部環境の状況に鑑み強みや弱みに分類され、また、外部環境については、内部要因の状況に鑑み機会や脅威に分類される。この作業の結果、企業が置かれている概況を把握することができる。

◆ 業界構造・競争構造の分析＝5つの競争要因

他社との競争上の関係の分析ツールとして提案されたのが、ポーター［1982］の**5つの競争要因**（5 forces）の分析である（図表Ⅲ-2）。ポーターは戦略策定上最も重視すべきことは、他社との競争にあるとし、産業内でどのような状況に自社が置かれているかを把握することが重要であると考えた。

産業内の競争を支配する要因は、第一に**新規参入の脅威**である。新規参入が容易であれば、産業内に位置付けられる事業は、常にこの脅威に対処しなくてはならない。一方、参入障壁が高く、新規参入が困難であれば、この脅威は取るに足らないものとなる。参入障壁には、規模の経済、ブランドによる差別化、

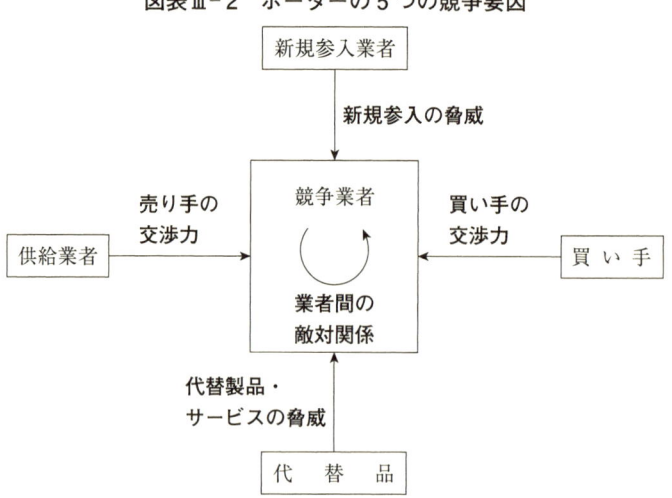

図表Ⅲ-2　ポーターの5つの競争要因

出所：ポーター［1982］p.18。

巨額の資本，規模に関係ないコスト面の不利，流通チャネルへのアクセス，政府の政策がある。

　第二の要因は，**供給業者（売り手）の交渉力**である。供給業者が納入する部品やサービスが，自社の提供する製品やサービスに大きな影響力を持つ場合，自社の収益性を左右することとなる。最終製品の性能に影響を及ぼす重要な部品，すなわち，電気自動車やハイブリッド車に提供される高性能バッテリーやスマートフォンの液晶パネルなどがその一例となる。彼らが供給する部品を活用しなければ，顧客は十分に満足することはない。供給業者は，最終製品市場の状況を一変させることが可能なのである。近年，スマイルカーブ[18]と呼ばれ，製造だけでは十分な利益を上げることが難しいことが指摘されている。スマイルカーブでは，最終製品の性能を左右する重要部品は，利益率が高いことを意味している。2011年の東日本震災の際，被災した部品メーカーが一時期製造不能となり，サプライチェーンが寸断された。このことをみても，多くの日本企業がこの重要部品の開発・製造を担っていることがうかがえる。

　第三の要因は，**顧客（買い手）の交渉力**である。顧客は，価格の設定，品質やサービスの質について影響力を発揮する。顧客の状況によって産業の収益構造は一変する。例えば，顧客の数が限られていたり，大量に購入したりする場合は，顧客の交渉力は高まる。

　第四の要因は，**代替製品や代替サービスの脅威**である。代替製品や代替サービスの出現によって利益構造は大きく変化することとなる。長い間，自動車はガソリンエンジンによる乗り物という認識であったが，電気自動車の出現によって業界は大きく変わろうとしている。2010年5月20日トヨタ自動車が，カリフォルニアにあるテスラモーターと電気自動車に関する提携を発表した。このことは，トヨタ自動車が電気自動車という代替品に対して脅威を抱いたことと

---

(18) 付加価値あるいは収益性（縦軸）は，川上と川下で高く，中流域（川上から川下のプロセスが横軸）が低くなる現象を指す。人間が笑った時の口のラインに似ているからこの名前がついている。川上とは，製造業の場合，開発や部品であり，川下とは最終消費者に最も近くで提供するサービスである。中流域には，組み立てや製造の現場となる。

捉えることができよう。

最後の要因は、**競争業者間のポジション争い**である。同業他社との競争優位なポジションを獲得するための競争である。新製品やサービスの開発、価格競争、広告といった一般的なものが該当する。業界内に企業が多く存在する、業界の成長率が鈍い、製品やサービスにあまり違いがない、といった状況が、業界の競争を激しくさせる。

このように業界構造を分析することによって、自社の強みや弱みをより明確にすることができる。その上で自社がとるべきポジションを決めると共に、そのポジションをより強固なものとすることができる。

2-3　分析的展開と創発的プロセス

その他にも多くの分析上の考え方やステップが示された[19]。時折、ビジネススクールで分析手法を提供することを目的としながら、分析の精緻化が行なわれた。一方で、これらの技法に対する批判も生まれてきた。分析に頼りすぎることの弊害や、計画的に進めることのそもそもの問題である。これらの取り組みは、集権化された組織において経営者主導で行なわれる。そのため、トップダウンの問題ともいい換えることができる。

◆ 分析麻痺症候群

分析の精緻化は、高度な分析技法の開発を進める一方、分析することに傾倒しすぎることによる弊害をもたらした。その代表的な指摘が「分析によって引き起こされたマヒ（**分析麻痺症候群**）[20]」である。

ピーターズ＝ウォーターマンは、分析的アプローチを過度に信頼することは、

---

(19) 例えば、サイアート＝マーチ［1967］（戦術上の分析判断プロセスの提示）、PPM（第Ⅲ部4-1で紹介）、アーカー［1986］やバゼル＝ゲイル［1988］によるPIMS（市場分析に詳しい）、グラント［2008］（これまでの分析手法が整理されている）などがある。
(20) ピーターズ＝ウォーターマン［1982］p. 99。

予想外の出来事を排除し，分析されたものを忠実に実現しようと保守的になってしまう，と指摘した。分析を精緻化しようとするあまり，本来は，分析した結果，良い計画を立てなければならないところ，分析することばかりに傾倒してしまう，いわゆる手段の目的化が生じてしまう。その背景には，合理主義の徹底がある。合理的であろうとするあまり，数値で表現されるものばかりに耳目が集まってしまう。その結果，人間的側面を排除し，従業員が共有する価値観に根ざした活動を制限してしまい，組織は機能不全に陥ってしまう。

◆ **計画の限界**

　分析することだけではなく，計画的に策定された戦略には元来3つの間違いがある，とミンツバーグ［1997］は指摘している。第1に，正確に予測できないことを事前にしっかりと決めておくことの問題である。さらに，計画を確定させるために，計画作成の権限を持つ人達への政治的活動を引き起こしてしまう。その結果，従業員が本来取り組まなければならない活動を侵食してしまう。とりわけ昨今，企業は，外部環境の不連続な変化に直面しており，あらかじめ作られた厳密な計画どおりに進めることは，困難を極めている。そうした中で，不必要な政治的活動が浸透すれば，組織が機能不全に陥っていくことを容易に想像することができる。

　第2に，あらゆる面で役割分担を行なう方法の問題である。思考と実行，長期展望に立った経営戦略と日常業務，考案者と実行者，といった分離法が，計画作成には浸透している。役割分担は，確かに分業の原則からみると正しいかもしれない。そこで前提となっているのは，人と人との水も漏らさぬコミュニケーションであり，媒介する言語や数値となる。残念ながら，思考されたすべてのものが計画や数値に反映されることは不可能である。また，計画者と実行者を分けることにより，計画を途中で修正することが困難となり，計画どおりに進める圧力が高まる。その結果，コントロール重視となり，新たなものを取り込むことができなくなってしまう。

　第3に，計画作成を公式化する問題である。計画作成のプロセスを一定の手

続きにはめ込んで行なえば，状況が変化した時に，新たに必要になった手続きが加味されなくなってしまう。結果として，現状延長型になり，しかも，みえている将来しか計画化されにくいため，短期志向になってしまう。前例に従い，盲目的に過去のやり方を適用することは，状況が刻一刻と変化する経営には不向きである。

◆ 分析，計画・誘発，トップダウンに対立する直観，創発・自律，ボトムアップ

それでは，このような課題に対して，現在，どのような対応策が考えられているのであろうか。まず，**分析**に対するものは，**直観**である。極端に合理的すぎる取り組みは，言葉で表現できないものを捨て去ってしまい，目にみえる数字のみが一人歩きしてしまう。これに対して，直観は，必ずしも言葉で表現できないものも含めて判断できる能力である。ここでの直観は，サイコロの目を当てるような，完全に確率に支配された事象を指しているのではない。エキスパートは，長い間の経験から，最も相応しい代替案を選択することができるという。その判断は必ずしも合理的に説明できるものではない。時折，経験豊かな経営者が直観やカンによって判断する[21]ことに似ている。

計画に対しては，**創発**あるいは**自律**といった取り組みが挙げられる。戦略のプロセスは，すべてが意図的で計画的に進められるわけではない。中には，企画倒れに終わってしまうものもある。あるいは，戦略を策定していたり，遂行していたりする途中に様々なアイディアが浮かび上がり，試しにやってみるものもある。これが創発的戦略 (Emergent Strategy) といわれるものである。また，Burgelman [1991] は，経営者主導による戦略を**誘発的戦略** (Induced Strategy) と呼び，現場主導による戦略を**自律的戦略** (Autonomous Strategy) と呼んだ。自律的戦略は，必ずしも組織の中で重要であると認識されていなかったものの，内外の様々な要因をきっかけとして生じる。決して，当初から権限のある人達

---

[21] 第II部 4-2「創業期に求められる経営者能力」参照。

によって導かれたものではない。

　分析や計画・誘発は，主として**トップダウン**で行なわれている。これに対して，直観や創発・自律といったプロセスは，主として**ボトムアップ**で行なわれる。もちろん，経営者による直観に端を発した創発的戦略もあるものの，ここで重要なのは，分析的，計画的に進められない取り組みである。そして，経営戦略に反映されるアイディアが，意思決定の権限を握っている人達だけによるものではない，ということである。

◆　注目される創発・自律のプロセスとその課題
　多くの従業員のアイディアが経営戦略の策定に反映されることは，組織的な要素も含めて考える必要がある。これまでの経営戦略論の中で，戦略策定やそれを実現させるための戦術や計画に関する内容は，ごく限られた人達だけを対象としたものであった。具体的には，経営陣であり，戦略策定を担う，社長室，経営企画室といった部署のメンバーである。また，各々の部署については，事業部長や部長がその任にあたっていた。この仕組みは，上層部による意思決定を現場が忠実に実行するというトップダウンを念頭に置いたモデルであった。ところが，多くの従業員が戦略の遂行だけではなく，その策定にも参加することは，既存の枠組みに当てはまらない可能性がある。既存の枠組みでは，現場は戦略の実行の担い手として認識されており，どのように効率的に戦略を実行するかについて主に考えられてきたからである。

　現場の人達が，気付いたこと，うまく言葉で表現できなかったことを，戦略や戦術，計画に反映させ，試しに取り組むことを認めることは，戦略策定と実行が，より緊密な関係となることによって，様々な局面での変容が求められると共に，新たな効果や課題が浮かび上がる。現場には，効率的な実行だけではなく，課題に気付き，新たなアイディアを発することが期待される。このことは，生産性だけを追求するような動機付けから，創造性をも追求する動機付けも求められるようになる。考えたことをすぐに実行できることで，変化への対応もより素早くなる。

一方,好き勝手に取り組む危険もある。現場に任せることが強調され,実行しながら,現場ですべて対応するようになると,極端にいえば無秩序状態になり得る[22]。これを避けるために,基本計画の重要性はますます高まってきているといえる。企業が目指すべき方向性を従業員がしっかりと認識し,理解し,そして共感していれば,発せられるアイディアは,企業が目指す方向性と一致することとなるからである。

　計画的・意図的・誘発的なプロセスと創発的・自律的なプロセスは,両方とも必要であることに注意すべきであろう。計画的で誘発的なしっかりとした戦略を持たなければ,組織として方向性を見失ってしまう。経営者が判断する企業や事業の方向性はその後の展開を大きく変えることとなり,極めて重要なものである。一方,それだけでは対応できないのが,今の経営環境である。創発的・自律的戦略は,分析の限界を超える可能性を秘めている。しかし,それだけでは機能しない。両者の取り組みは互いに補完し合っている。このことは,トップとボトム,分析・計画・誘発と創発・自律が,混在となったマネジメントの必要性を示している。両者が適切に機能している状態こそが,全社的な好循環が生まれている状態となる(コラムⅢ-1)。

〈コラムⅢ-1　計画・誘発的戦略と創発・自律的戦略の解釈:インテルの事例[23]〉
　インテルは,その主力事業をメモリからマイクロプロセッサ,そしてインターネット関連へと大きく変化させてきた。外部からみていると,インテルは非常にうまく収益源を変更させてきたようにみえる。しかしながら,その内実は,少し異なるようだ。ここでは,メモリ事業からマイクロプロセッサ事業への転換のプロセスをみていくこととしたい。

---

(22)　日本企業は「現場力が強い」ことが評価され,また批判もされている。批判の的は,現場主導の取り組みが欧米企業と比べて多いことが一因と考えられる。それぞれの部署で考えられた計画を集め,全社的な取り組みとする積み上げ方式などはその一例である。批判の内容を理解するためには,ポーター[1999]や三品和弘[2004]を薦めたい。一方,ミンツバーグほか[1999] pp. 123-126は,日本企業は,ポーターに戦略のイロハを教えてあげるべきではないか,と述べている。
(23)　バーゲルマン[2006]を参照している。

インテルは，ノイスとムーアによって1968年に設立されている。2人はフェアチャイルド・セミコンダクター社の社員であり，ノイスがムーアを誘ってインテルを創業した。インテルは，フェアチャイルドで実現できなかった新たな技術によって創られたSRAMを創業翌年に発表し，成功を収めた。そのため次世代の技術をいち早く開発する資金に恵まれ，次世代SRAM，そして世界初のDRAMを発表した。これらのSRAMやDRAMはインテルにとって創業のきっかけとなった製品であり，主力事業に成長した。1970年代中ごろは，まさにDRAMはインテルの代名詞であり，多くのシェアを獲得していた。

そうした中でインテルは，1970年代前半に，EPROM（データを消去できるプログラム可能な読み取り専用メモリ）とマイクロプロセッサを発明している。いずれも，トップ主導によって導かれたものではなく，エンジニアや顧客の要望に応えて開発されたものであった。すなわち，自律的プロセスであった。そのため，主力事業は，あくまでもSRAMとDRAMであり，経営者はそこに大きなこだわりを持っていた。

しかしながら，競合他社がDRAMに参入し，とりわけ日本企業が参入することにより，インテルのメモリ事業におけるシェアはどんどんと奪われていくこととなる。一方，DRAM事業で培われた線幅の縮小は，EPROMとマイクロプロセッサの性能向上に大きく貢献し，1980年代には，インテルの売上の大部分を占めるようになった。

SRAMやDRAM事業のプロセス技術の向上を担う現場のマネージャー達は，次々と他社に追随されていく状況に疲弊していた。シェアは1970年代後半から大きく失われるようになり，限られたマーケットでかろうじてシェアを確保していた。そうした中，彼らは，組織改編を進めるよう進言し，現状の脱却に努めた。しかしながらインテルの首脳部はその進言を聞き入れず，業界でのリーダーの地位を喪失し，社内では，メモリ事業の将来性についての疑念が広がっていくこととなる。トップは，インテルのメモリの顧客への提供や，技術ドライバーとしての役割を強く認識しており，なかなか撤退に踏み切れなかったが，1984年次世代のDRAM開発の中止を発表し，撤退に向けたレールが敷かれた。結果として，DRAM事業からマイクロプロセッサ事業への転換は，現場主導で作り上げられ，すなわち自律的プロセスで行なわれ，経営者の判断が遅れているようにみえる。

メモリ事業からマイクロプロセッサ事業への転換は，すべてを見通す完全

> 合理性を人間（ここでは経営者）がそなえていれば，計画的かつ誘発的に進めることができることを意味している．すなわち，メモリ事業の競争激化と共に，市場の将来性を考えると，いち早くメモリ事業から撤退しマイクロプロセッサ事業へ集中することを分析的に進めることができたはずである．しかしながら，合理性が限定的であったがために，また，様々な付帯状況によって判断を遅らせてしまった．
>
> また，将来の事業の柱となるマイクロプロセッサの技術蓄積は，顧客の注文をきっかけとして現場がその技術を蓄えたことにあった．このような計画されていなかったことも，自社の技術力を認識し，市場の将来性を見通すことができていれば，経営者が分析的に進めることもできたであろう．それにより，マイクロプロセッサ事業を早くからより拡大できた可能性もある．
>
> ところが，実際の人間は，限定的合理性しか持ち合わせていない．そのため，すべてを計画として組み入れることができない．結果として，2つのアプローチの両方を使いこなすことが得策といえる．
>
> 同様の事例として，ホンダによるバイクでのアメリカ進出が挙げられる．様々な文献で事例の要約が取り上げられているが，元になっている論文はPascale [1984] である．興味ある読者は是非，紐解いてもらいたい．

2-4 経営戦略の策定と遂行

戦略を実現させるためには，個々の従業員が戦略遂行に取り組めるようにしなくてはならない．そのためには，全社戦略や事業戦略を分解し，個々の部署が取り組む計画へと落とされる．

かつては，経営戦略を策定するのは上層部，遂行するのは現場という役割分担があった．そのため戦略の遂行は，経営管理論や経営組織論の範疇であった．そのため，戦略の遂行を担う詳細な内容は，第IV部「組織とヒトの管理」に譲りたい．ここでは，昨今，経営戦略の策定と遂行が密接に関係するようになってきている中で，戦略と組織の架け橋となる考え方に焦点を当てて述べていきたい．

◆ トップダウン型の戦略策定・遂行

　典型的な戦略策定・遂行のモデルは，上層部による戦略の策定と現場による遂行である。経営者は，将来を展望し，戦略を策定するとともに，戦略を実現させるために執行管理していく。それを受けたミドルは，戦略を実現させるために各々の部署の計画を立てる。そして計画を実現させるために，しっかりとコントロールを効かせていく。同時に，現場の士気を高めるよう働きかけていくことが求められる。現場がしっかりと機能しているかどうかの指標は生産性，つまりどれだけ効率的に計画をうまく遂行できたかの効率が問われた。

　このことを忠実に実行するためのモデルが **PDS サイクル**である。すなわち，計画（Plan）をたて，実行（Do）し，評価（See）することで，どれだけうまく計画を実現できたかを判断することができる。うまくできなかった点については，次期のサイクルに反映し，より良い計画作りを期待する。総じて，これらのプロセスは，計画的・分析的，トップダウンで行なわれてきた。

◆ 創発・自律が加えられた戦略策定・遂行

　これに対して，創発的，自律的要素が加味されたものと考えられるのが **PDCA サイクル**である。すなわち，計画（Plan），実行（Do），確認（Check），改善活動の実施（Action）である。PDS サイクルとの大きな違いは，改善活動の実施が含まれている点にある。

　ここには，現場で実際に計画の実現に向けて取り組んだ結果，計画との齟齬に対して現場での取り組みが含まれている。取り組みながら，やり方を変えたり，場合によっては，計画そのものを修正したりする学習活動がそれである。

　その概念を拡大すると，創発・自律プロセスが加味されていることになる。現場で考え出されたアイディアが反映された形で戦略が実現されており，創発的戦略に該当する。また，場合によっては，修正された活動や計画が，経営者が導いたものとは逸脱することもある。これは，自律的な戦略といえよう。

　将来の不透明感が高まる中，将来予測の精度が低下するにつれて，それを補う現場の判断が伴う取り組みが注目されている。改善活動が円滑に行なわれれ

ば，結果としてより良い成果をもたらすからである。

　一方，この取り組みを重視しすぎてはいけない。短期的には，より良い成果を残せる可能性があるが，あくまでも現場の視点しか反映されないからである。長期的には全社的な視点から，資源配分の判断が必要な場合も起こり得る。部分最適は，必ずしも全体最適をもたらさないのである。

3 全社戦略

　日本のすべての大企業は，実際には複数の事業を抱えている。当初は，単一事業のみで創業したものの，企業の長期の維持発展目的に照らして拡大した結果である。大規模化した企業にとっては，全社的にどのように取り組んでいくかは，大きな戦略課題である。そこで，維持発展のために，全社的にどのような考え方が必要なのか紹介していくこととしたい。

3-1　企業の成長戦略

　企業の基本的な目的は，長期の維持発展にある。企業を発展させるためには，成長に向けた具体的戦略が欠かせない。そのためには，どんな考え方があるのであろうか。

　企業の成長プロセスを経営戦略論生成の萌芽期に議論したのは，ペンローズ［2010］[24]である。彼女は企業を資源の束と考え，未だ利用していない資源を活用することによって作られる製品やサービスによって企業が成長すると主張している。すなわち，企業成長のためには，企業内部の資源を活用し，新製品開発を進め，場合によっては新事業開発を行ない，多角化していかなければならないことが示されている。

◆　アンゾフの成長ベクトル

　新製品開発や多角化の取り組みを経営戦略論の中で体系化させたのは，アンゾフ［1969］である。彼は，成長に向けた戦略について，製品（技術）と市場

---

[24]　ペンローズ［2010］の初版は1959年である。

図表Ⅲ-3　アンゾフの成長ベクトル

製品 市場	既存	新規
既存	市場浸透	製品開発
新規	市場開発	多角化

出所：アンゾフ［1969］p.137に基づき筆者作成。

領域（ニーズ）の2つの軸で決定されることを示した。それぞれについて既存のものを用いるのか，あるいは新規に展開するかによって，4象限マトリックスが作られる（図Ⅲ-3）。

　既存製品を既存の市場へ普及させていく戦略を**市場浸透戦略**という。主たる取り組みは，マーケット・シェアを拡大させるための広告宣伝活動や値下げ，あるいは，製品使用度を増大させるために，頻度を高めたり，使用量を増やしたり，新たな用途を提案したりするものが考えられる。

　既存製品を新規市場へ投入する戦略を**市場開発戦略**という。今までは地域限定であったものを全国販売する，国内でのみ販売していたものを海外へも拡張する，といった販売地域の拡張が該当する。あるいは，新たな販路も市場の開発につながる。店舗販売していたものをインターネット通販も始めるケースが典型例である。

　新製品を既存市場へ投入する戦略を**製品開発戦略**という。これには，製品特性の追加，製品ラインの拡張，次世代製品の開発などが考えられる。日本の家電製品が新たな機能を付加して定期的に新製品の開発を行なっているが，これは製品特性の追加に該当する。食器用洗剤メーカーによる新たな食器洗い乾燥機向けの洗剤の開発は，製品ラインの拡張に当たる。携帯型音楽プレーヤーは，カセットテープからMD，そしてフラッシュメモリやハードディスクを用いたものへと変化してきたが，これらは，次世代製品の開発の典型例である。

　新製品を新市場へ展開する戦略を**多角化戦略**という。多角化は，現有製品と一部市場を共有したり，技術を一部利用したりする関連型多角化と，市場も技

術も無関連な領域へと展開する非関連型多角化とに分けられる。実際多くみられるのは，関連型多角化である。なぜ関連型多角化が多くみられるのであろうか。

◆ 関連型多角化が望ましい

　市場あるいは，技術が関連していれば，全く新しい領域に展開するよりも容易に展開することが可能となる。なぜならば，そこに**シナジー効果**が働くからである。シナジー効果とは，１＋１が３になるような効果であり，アンゾフ［1965］は，販売シナジー，生産シナジー，マネジメント・シナジーの３種類を指摘した。販売シナジーは，流通や販路，倉庫といったものを一部共同利用することによって得られるコスト削減効果である。生産シナジーは，工場設備や開発，原料や部品といったものを一部共有することで得られるコスト削減効果である。マネジメント・シナジーとは，経営能力やノウハウを共有することで得られる相乗効果である。同様の概念を経済学的視点では**範囲の経済**[25]として指摘されている。これは，販売シナジーや生産シナジーにもみられるような経営資源の共有による総コスト削減効果を指している。

　ただ，マネジメント・シナジーについては，資源の共有による相乗効果や費用削減効果を明確に規定できない場合もある。確かに，人間には学習効果が期待できるため，新たな取り組みであっても，過去の経験を利用することによって，以前よりも容易に物事を進めることができる。マネジメント・シナジーは，そのような学習効果も含まれている。このような人の学習効果は，どのような場面でも想定することが可能となり，あらゆる多角化において，その効果を期待することができるため，その評価には注意が必要である。

　実際に，関連型の多角化が望ましいことは，ルメルト［1977］，Rumelt［1982］，日本では，経済産業省[26]による実証研究でも明らかにされている。

---

(25)　ミルグロム＝ロバーツ［1997］p. 114を参照している。
(26)　経済産業省（通商産業省）による日本企業の調査（主査，清水龍瑩）が昭和49年から平成８年まで断続的に行なわれ，『総合経営力指標』として報告された。その中で関連型

とりわけ、本業に近いところの技術を用いたもの、いわゆる強みを活かした展開が望ましいことが示されている。

◆ 状況によってとるべき多角化は異なる

確かに、数年の結果をみる限りにおいては、関連型多角化が望ましいように感じられる。しかし、どのような場合に多角化していけばよいのであろうか。長期的展望に立ち、将来の種はまいておく必要がある。しかし企業は必ずしも、常に多角化し成長する必要はない。順調に事業が進んでいる状態で無謀な多角化を行なうと、自滅する可能性もある。あるいは、主力事業が縮小していくことが明らかな場合であっても、非関連型の多角化は禁じ手なのであろうか。どのような場合にどのような多角化が必要になってくるのか、またその際のトップの役割を示しているのが、環境適応戦略と環境創造戦略である[27]（図表Ⅲ-4）。

どのような多角化を採択するかは、市場と自社の持つ強みの状況とが大きな鍵を握っている。自社の製品が市場に受け入れられている状態では、製品領域を変更する必要がないため、既存の取り組みの延長あるいは、ちょっとした修

図表Ⅲ-4 環境適応戦略と環境創造戦略

製品領域＼強み	活性化した強み（強みを変えない）	静態化した強み（強みを変える）
環境適応戦略（製品領域を変えない）	適応推進戦略（このままでいけいけ）（トップの役割はあまり重要でない）	発想転換戦略（強みについて発想を変える）（トップの役割は中程度重要）
環境創造戦略（製品領域を変える）	革新推進戦略（新しいものを含めていけいけ）（トップの役割ある程度重要）	全面転換戦略（企業を全面的に変える）（トップの役割は非常に重要）

出所：清水龍瑩［1990］p.56。

多角化の業績が高いことが確認されている。総合経営力指標については巻末 APPENDIX QAQF を参照。
(27) 清水龍瑩［1990］pp. 54-76。

正で済む，**環境適応戦略**が採択される。また，自社製品の将来展望が期待できない状況では，主要な製品領域を変えていく**環境創造戦略**が求められる。さらに，自社の持つ強みが動的で活性化されている状態と静的で転換が求められている状態で，前者は適応推進戦略と発想転換戦略に，後者は，革新推進戦略と全面転換戦略に二分される。この枠組みによると，内部の強みと外部の市場の接点にある製品領域が整合的であれば，現状肯定的な取り組みを行ない，大きくズレが生じるようなことが予測できれば，全面的な多角化をしていくことが必要となる。大きな転換が必要になるほど，トップの役割は大きなものとなる[28]。

　安定成長期からプラザ合意以後の急激な円高に対しても競争力を維持し続けてきたパナソニック（旧・松下電器産業）の戦略転換は興味深い。当時は，自社の製品が市場に受け入れられている状態であり，かつマーケティングと技術開発が結び付いた改善改良型の製品開発力を発揮しており，適応推進戦略を採択していたと考えられる。これに対して，顧客の購買行動が，これまでの小規模小売店から大規模な家電量販店へと移行していく中，松下電器の1つの強みであった小売店網を変えざるを得ない状況になってきた。そこで，発想転換戦略が求められたと考えられる。加えて，バブル崩壊後は，選択と集中を進めながら新たな製品領域を模索していたと考えられる。デジタル家電や半導体デバイスへと軸を転換してきた経緯から，革新推進戦略が採用されてきた。そして，ここにきて，液晶パネルの価格下落とともに大型テレビが不採算となり，テレビ事業や半導体事業の縮小が発表された。場合によっては，全面転換が求められてきている可能性が考えられる[29]。このように，自社の強みと取り巻く状況によってとるべき成長の方向は異なってくる。

---

(28) 内部の強みについては，第Ⅲ部6-1で詳述している。
(29) パナソニックウェブサイト http://panasonic.co.jp/company/info/（2011.11.30.），および『日本経済新聞』2011.10.20夕刊，ならびに2011.10.23を参照した。

3-2　事業の撤退，選択と集中

　事業が多角的に展開されると，やがて訪れる不況の波の中で事業の見直しが行なわれる。一般的に**リストラ**といわれる現象がそれである。企業が長期的な存続をはかる場合，企業は常に拡大をするわけではなく，成長の過程で，事業の取捨選択が求められる。

　リストラは，もともとは事業の再構築のことで，資源配分の見直しを意味していた。すなわち，不要な事業から撤退し，必要な事業への再配分を促すものである。ところが不況時には，なかなか資源を必要とする事業がないため，結果として撤退することだけが取り上げられることになってしまった。

◆ 企業の経路依存性

　撤退は，経済の大きな流れの中で，かつて必要であったものが不要になった，製品のライフサイクルの終盤にさしかかり不要となってしまった，あるいは，社会的ニーズはあるものの他社との競争に敗れてしまった，将来ビジョンに照らして相対的に自社内での重要性が下がった，といった理由から考慮されることになる。

　必ずしも，撤退すべき状況を客観的に認識できるわけではない。様々な要因で認識が遅れがちである。その原因の一つが，Arthur [1989] が指摘した**経路依存性**（path dependence）である。経路依存性とは，過去の出来事が将来の出来事に影響を及ぼしている状態を指す。将来を見越して活動をしている企業であるが，多くの意思決定は過去に照らして行なわれる。過去にうまくいった，上司が意思決定したことを否定することが難しい，これまでに多くのコストをかけた，といった情報がメガネを曇らせ，状況を客観的に判断することを難しくさせる。その結果，社会的ニーズが薄れてきた，他社との競争に敗れた，自社内で相対的に不要になってきた，といった認識が遅れがちになってしまう。

◆ 撤退戦略

　撤退は肥大化した企業にとっては必要なプロセスである。企業の資源は限られており，あらゆる経営戦略論は，適切な資源配分方法を示唆している[30]ことから，そのすべての経営戦略論は，不要なものを取り除くことを求めている。しかしながら，そのやり方を間違えると，その後の成長の芽を摘み，種も捨ててしまいかねない。ペンローズ[2010]の指摘のとおり，未利用資源の活用が成長には欠かせない。企業にとってすべての資源を合理的に活用してしまうと，成長のきっかけをつかむことができなくなってしまう。

　しかし将来を展望し，多角展開するために，あらゆるしがらみを捨て去ることは，理に適っている。一方，過去の意思決定には多くの人達が参画しており，経路依存性の原因となっている。このような企業の性質に配慮することによって，その後の運営が円滑に進むことはいうまでもない。過去から逸脱しすぎないようにすることは，従業員に安心感をもたらすからである。

　ただ，現在のように環境変化が激しくなると，おのずと撤退せざるを得ない事業は増えてくると考えられる。将来予測を見誤り，外部環境と整合性がとれなくなってしまった事業を抱える可能性が高まるからである。

　撤退戦略で注意すべき点[31]は，**人の問題**である。日本企業においては，人と人との信頼関係に根ざした取引が多い。そのため，安易に事業を切り捨てることは，企業と企業の信頼関係を断ち切ってしまうおそれがある。また，社内においても，従業員の処遇には多大なる配慮が必要となる。日本企業では，**長期雇用**が定着しており，解雇を伴う撤退は，大きなモラールダウンを引き起こすからである。

　このような難しい問題の解決には，社長のコミットメントが不可欠となる。企業と企業の信頼関係をつなぎとめることも，従業員のモラールダウンを食い止めることも，社長だけができることである。成長期のファーストリテイリン

---

(30) 例えば多角化した企業の資源配分の考え方についてはPPMが著名である。第Ⅲ部4－1ポジショニングの中で紹介している。
(31) 清水龍瑩[1999] pp. 280-285の中で詳述されている。

グ（ユニクロ）では，新しいことは十中八九失敗することを認め，顧客の立場を最優先とする判断基準に照らし，撤退を意思決定している。人事評価にも社長自ら直接関わり，評価の納得感を高めている[32]。

◆ 選択と集中

昨今，撤退は，それだけで取り扱われるケースは珍しくなってきた。なぜならば撤退は，極めて後ろ向きの取り組みであり，それだけでは従業員のモラールダウンだけではなく，株主も離れていってしまうからである。企業は全社的な視点に立ち，より強化する事業と撤退する事業をできるだけ早く意思決定しようとしている。いわゆる**選択と集中**の問題である。ジャック・ウェルチが，GEが展開している事業において，シェアトップあるいは，二番目以外の事業から撤退し，成功を収めたことも，選択と集中の問題に注目するきっかけとなった。

日本では，沼上 幹 [2009] が指摘しているように，創発的取り組みが強く，本業の周辺に多くの事業を抱え込んでしまっている。加えて，横並び意識や販売上の問題とも重なり，他社が取り組んでいることを自社でも展開せざるを得ない場合があり，肥大化してしまった。撤退することが困難な状況や，多様であることは良いことである，あるいは，将来事業の種という常套文句も手伝い，ついつい先送りしてしまっていた。狭い日本において，多くの家電製造業は，一時期あらゆる企業が冷蔵庫，洗濯機，エアコンからコンピュータまでフルラインで展開していた。自動車産業においても，あらゆるタイプの自動車を製造販売していた。

選択と集中を行なわなければならない日本企業が，不況時に限らず，より積極的に，そして，より先取りした形で事業の再構築を行なうことによって，彼らは余裕をもって，必要な資源の再配分を行なうことが可能となる。総花的に展開することは，競争が激しい中，自社の体力を消耗させてしまうため，競争

---

(32) 十川廣國ほか [2000] pp. 126-129に柳井社長へのインタビュー内容が掲載されている。このインタビューには筆者である岡本大輔と馬場杉夫も同席している。

力をそぐこととなる。また，資源を集中的に投資することで，その後のストレッチも期待できる。

　選択と集中を行なう環境要因も整ってきた。組織構造としてホールディング・カンパニーが認められ，一事業を一企業として運営しやすくなった。ホールディング・カンパニーは，株式によってそれぞれの企業を支配している。その結果，必要な事業と不要な事業を区別し，基本的には株式の売買という方法によって，事業の強化あるいは処分が容易にできるようになった。加えて，M＆Aが増加するにつれて，以前よりも事業の切り売りに対する否定的な感情が薄まり，選択と集中がやりやすくなったといえよう。ただし，当然ながら選択行為は，撤退と同様モラールを下げる可能性があり，細心の注意が必要となる。

◆ M＆A（Mergers & Acquisitions）
　M＆Aは，企業が手っ取り早く多角化したり，選択と集中を進めたりする手法として定着している。1985年以降のデータを蓄積している，M＆A専門誌『MARR（マール）』によると1993年から2006年まで増加傾向をたどり，その後，減少をみせたものの，2011年の上半期では再び増加傾向に転じている。2011年上半期にみるM＆Aの目的は，既存強化が79.1％と圧倒的に多く，次いでバイアウト・投資の10.9％，関係強化の4.6％となっている[33]。

　M＆Aの手法は広く捉えると，資本参加による提携が含まれる。もちろん，参加する資本の割合が多くなれば，発言権が強まり，事実上企業を支配することになる。提携については，後述することとして，ここでは，合併と買収（株式譲渡と事業譲渡）について概説したい。

　合併は，2つの事業会社が統合し，その結果1つの事業会社だけが存続する場合を指す。すなわち，いずれかの事業会社は消滅することとなる。一方，**買収**の場合は，事業会社は存続する。株式譲渡は，売り手企業が株式を買い手企

---
[33] MARRの情報サイト http://www.recofdata.co.jp/mainfo/graph/（2011. 9. 12.）

業に譲り渡すことで，消滅する会社はないが経営権が移転する。事業譲渡は，売り手企業が一部の事業を買い手企業に譲り渡すことで，売り手企業も買い手企業もそのまま存続する。株式を取得する方法には様々な方法があり，契約により株式の売買を行なう方法から，TOB（Take Over Bid＝株式公開買い付け：買取価格を公開し，市場から株式を買い取る方法），MBO（Management Buy Out＝経営者による買収），LBO（Leveraged Buy Out＝買収先の企業の現在の資産や将来の価値を担保とした借り入れによって買収すること）といった手法がマスコミを賑わしている。

　いずれも株式の評価が問われるため，財務上の課題が先行している。例えば，円高が進むと，日本国内においては，貨幣価値は変わらないが，対外国企業に対しては，貨幣価値が高まり，買収しやすくなる。海外企業の買収合併の動向は，為替の状況に大きく左右されていることからも，日本企業は，機会があれば，常に買収の機会をうかがっているといえよう。

　しかし，企業の長期の維持発展を考えると，M＆A後の対処方法が大きな課題となる。お互いの資源を融合させ，長期にわたり，その効果を導くことが求められる。資源の融合には，従業員同士の交流が欠かせない。手段として財務的な方法が注目されがちであるが，成果をもたらすためには，組織的な問題を解決していかなければならない。ところが実際は，融合に長い時間を要する場合が少なくない。バブル崩壊後次々と大手金融機関は合併を繰り返した。物理的な統合は行なわれているものの，人事についてはその後，能力を反映させたものよりもむしろ，合併前の利得を存続させ，融合には至っていないケースがみられる。例えば，存続した支店の支店長は，元の銀行出身者が引き続きその任にあたったり，頭取と会長が長きにわたり「たすきがけ人事」と称されるように順番に重要な役職に就任したりしている。

　財務上，容易にM＆Aができることは，買収される経営陣の了解なく買収されてしまう，いわゆる**敵対的買収**を可能にしている。株式を公開することは，資金調達を容易にする反面，買収のリスクへも対応しなければならないことを忘れてはならない。敵対的買収を行なえば，組織的問題が深刻化する可能性も

あるので，事前の十分な調査が必要となるだろう。しかし，財務上の価値が先行する価値観においては，組織的問題は軽視されてしまう。企業の長期の維持発展に向けて，敵対的買収への対応は欠かせない。

3-3　グローバル展開に向けて

　国土や資源が極めて限られている日本において，グローバル展開は常に考えてきた課題である。平成22年度国勢調査によると総人口が横ばいで推移している中で[34]，65歳以上人口は14.1％増え，全体の中で23.1％を占めており，市場は縮小傾向にある。また，労働力人口からみると，生産拠点として潤沢な労働力を供給できなくなってきている。とりわけ，世界的にも高額な人件費は，生産拠点として大きな重荷となっている。

　このような状況の中で，企業の社会的責任の観点から，日本企業が現在の雇用規模を維持するためには，相応の売上規模を確保する必要がある。単に市場あるいは生産拠点を海外に拡大あるいは移転するといったこと以上の価値を提供しなければ，企業の長期維持発展は難しい。

　グローバル市場の視点からは，BOP（Base of Pyramid）ビジネスの台頭により，広大な市場に対応したものが注目されている。また，インターネットの浸透やヨーロッパの共通通貨ユーロが普及し，国と国の境界があいまいになってきている中で，フラット化の波が押し寄せている。実際には，フラット化している中でも，地域の差異に注目した企業が伸びている[35]。グローバル化は日本企業にとって必然の課題であると共に，国内事業だけを念頭に置いたものとは異なった視点が欠かせない。

---

(34)　平成17年から総人口では0.2％増，日本人人口では，0.0％減。
(35)　ゲマワット［2009］では，コカ・コーラが日本を除いた全世界統一路線を歩み失敗した事例や，マクドナルドが各国の顧客の嗜好に合わせた製品を開発・販売し成功している事例が紹介されている。

◆ グローバル化の意義

　企業がグローバル展開する目的は[36]，第1に，**規模の経済性**の追求である。大規模な市場を獲得することにより，生産規模の拡大を可能とし，それによって得られる利得が挙げられる。第2に，グローバルな視点で**最も良い生産要素を選択**することができる。選択肢を広げることにより，より良い品質，より安い部品を選ぶことができる。第3に，**多様性**の中で，より多くのことを学習できることが挙げられる。国内だけではなく，グローバルに展開することで，多様な文化や価値が共存することとなる。そのため，コスト削減だけではなく，新たな価値を育むことができる。第4に，世界規模で生産・販売することにより，各国が直面する環境上の**リスクを分散**することができる。それぞれの国々には固有のリスクが存在する。グローバルに展開することにより，一国が直面するリスクを限定的に捉えることができる。企業の存続をはかるためには，このようなリスクへの対応は欠かせない。

◆ グローバル展開のプロセス

　それでは，どのような道筋でグローバル化していくのであろうか。バートレット＝ゴシャール［1990］を参考にしながら，一般的なプロセスをみてみよう。まず，**国内市場**においてある地位を築いた企業は，大規模生産による効率化を狙って，より多くの顧客を獲得するために，**海外市場への拡大**をはかる。海外市場である地位を築けば，国内よりもむしろ，**現地で生産**することが合理的である場合もある。輸送コストを節約することができるからである。また，ある一定の生産規模となれば，人件費の安い地域で大量に生産する効果は高まる。さらには，現地の優秀な従業員の獲得や，産業集積による地域特性の活用を狙って，生産拠点，販売拠点に限らず，開発拠点や研究所，デザインセンターを海外に設置する動きもみられる。場合によっては，成長戦略の一環として，海外企業のM＆Aも行なわれる。このように，輸出に始まり，適地生産・適地

---

(36) 榎本 悟［2006］pp. 174-175を参照した。

販売・適地開発へと拡大し、国内企業から多国籍企業へと変貌をとげていく。

多国籍企業の形態には、本社への集権度が強い集中型と集権度が弱い分散型がみられる。本社主導で展開することで、現地への知識移転が進んだり、世界規模での効率性が高められたりする。一方、現地の知識を獲得し、そこで開発するためには、現地に権限を委譲した分散型が望ましい。これらを総合したタイプが**トランスナショナル企業**である。分散しつつも、本社と各支社間で知識の交流が行なわれることで相互の学習が進む。また、世界規模で効率化も進められる。

◆ 社内のグローバル化

世界規模で拡大しながら、互いに交流し、学習をはかることで、イノベーションが期待できる。そのためには、単に海外に展開するだけではなく、組織内部に学習メカニズムを整える必要がある。

学習メカニズムには、組織構造上の問題と人の交流の問題が考えられる。100％出資の海外子会社の場合は、本社の一事業部として位置付けつつ、地域あるいは製品といった別の軸によるマトリックス組織を採用することが多い。垂直的あるいは、水平的な関係の中で情報交流のための経路が作られる。

人の交流の問題は、とりわけ日本においては、言葉の壁が大きい。それでも、海外企業によるM＆Aが注目されるようになり、社内公用語を英語に変換する例もみられるようになってきた。今後のグローバル展開を見据えて楽天は、2012年までに社内公用語を英語化する取り組みを進めている。言語上の問題だけではなく、異文化理解も深い交流には欠かせない。歴史的、文化的、宗教的背景を踏まえていなければ、信頼が育まれないだけではなく、時として、知らなかったことによって大きな過ちを犯すことにもなりかねない。自国のスタイルを押し付けるのではなく、互いの価値観を理解し、尊重することによって学習は進むと考えられる。

◆ **昨今の BOP ビジネスの特徴**

　グローバル化の方向はここ10年で大きく転換しようとしている。今まで，民間企業が市場として認めてこなかった貧困層を対象としたビジネスが注目されるようになってきたからである。40億人とも50億人とも推定されているBOPビジネスの背景といくつかの論点をプラハラード［2010］を中心に紹介していこう。

　今まで対象としてこなかった層に対して民間企業が取り組む背景には，「収益をあげつつ貧困を撲滅する」という理念が受け入れられ始めてきたことにある。当初は，収益源とはみなされていなかったもののいくつかの課題を解決することで，きちんと利益を上げることができるようになってきた。解決しなくてはいけないハードルは，大規模な生産により生産効率を向上させるとともに，先進国市場の製品やビジネスモデルを応用するだけではなく，品質や安全性，環境性能を維持しながら，それぞれの貧困市場に合わせた全く新しい製品やビジネスモデルが欠かせない。そしてそれらを実現するためのイノベーションを起こしていかなければならない。企業はイノベーションにより社会を豊かにする，企業の社会的責任の本質[37]を追求することが求められる。

　例えば，ユニチャームが製造販売していた紙おむつは，かつては日本の廉価品を販売していた。それでも現地では極めて高価なものであり，一部の層にしか浸透していなかった。これに対してBOPに対応した製品として，必要な機能に絞り込むとともに，小分け包装にすることで購入しやすくする方法が採用された。それにより，今まで見向きもされなかった市場への進出に成功した。当社では，2009年に始めたインドネシアでの販売が好調で，インドへと拡大する。市場が大きくなれば，相当の生産規模を実現することも可能となる[38]。

　もちろん企業努力だけではなく，企業を取り巻く環境要因もBOPビジネスの魅力を増す要因となっている。例えば，様々な製品を販売するためには，新たな販売チャネルの整備が欠かせない。そのような事業を起こすための企業家

---

(37)　十川廣國［2005］。
(38)　『日本経済新聞』2010.11.2。

を育てたり，開業資金を集めたりする仕組みを整備しなくてはならない。貧困層を対象とした融資の仕組みとしてマイクロファイナンスが注目されている。これは，ノーベル平和賞を受賞したムハマド・ユヌスが設立したバングラデシュのグラミン銀行の成功も大きい。またマイクロファイナンスは，契約の重要性を貧困層に学ばせ，契約の不公正をなくしていくと共に，貧困層に統治力を培うことにも貢献し，その結果，市場原理に基づいた社会基盤を形成することができる。このような経済システムが確立することで，収益性の高い市場が作られ，多くの企業にとって魅力的な消費市場へと変貌することとなる（コラムⅢ-2）。

〈コラムⅢ-2 マイクロファイナンスとBOPビジネス〉

　経済や経営に関する議論は，主に先進国や経済的に豊かな人達を対象にしてきた。しかしここ数年，その様相は大きく変わってきている。かつて金融ビジネスは富裕層を対象としていた。それが，貧困層を対象としても十分に成り立つことを示したのがマイクロファイナンスである。また，将来の市場獲得を目指して，前もって新興国に進出するケースは以前も多く存在した。しかしBOPビジネスは，「将来性」ではなく，「現在」でも十分，ビジネスとして成り立つことを示している。

　これらの背景には，CSRの考え方や，ソーシャル・ビジネス，ソーシャル・イノベーションの提唱の影響もある。また，格差が広がりすぎることによる弊害が認識されてきていることも考えられる。今後の人口増大や食糧難といった課題は大きいが，限られた地球上において，人間が経済活動を営み，持続的な発展を実現する取り組みとして，注目に値する。

　一方，ビジネスとして成立することから，社会への貢献よりもむしろ魅力的なビジネスとして取り上げられ，社会的意義が薄れた，あるいはむしろ悪化させるものもみられる。貧困層を対象としながらも，高利貸しとなんら変わらない貸付や取り立てを行なうケースもみられるという。また，最貧困の人達を救うための取り組みではないため，むしろ格差を拡大させてしまっている可能性もある。

4 事業戦略

　全社的な取り組みだけではなく，個々の事業をどのように考えるかも同時に考えていかなければならない。事業戦略を考える場合，自社の事業が社内においてどのように位置付けられるのか，また，他社との関係においてどのように位置付けられるか，といった**ポジショニング**の問題が最初に浮上する。次いで，自社が他社との関係において競争上優位なポジションにあるための考え方を紹介する。最後に昨今，競争だけではなく，場合によっては協調し，双方の利益の拡大を狙った取り組みもある。これらについて概説することとしたい。

4-1　ポジショニング

　多角化している企業にとっては，個々の事業は，他の事業の影響を受けることとなる。単に，外部環境や資源上の制約だけではなく，自社内の資源配分の影響も受けるからである。自社内で当該事業がどのような位置付けにあるのか，これを明確にすることにより，当該事業が取り組むべき戦略が決まっていくこととなる。また，他社との関係において自社の事業をどのように位置付けていくかも大きな課題である。

◆ PPM (Product Portfolio Management)

　1960年代後半，ボストン・コンサルティング・グループによって開発され，幅広く利用されたのが，**PPM**である。これは，横軸に相対的市場シェアを配置し，縦軸に市場成長率を配置し，4つの象限に分け，それぞれ，問題児，花形製品，金のなる木，負け犬という名前がつけられたマトリックスである（ヘンダーソン [1981]，図表III-5）。

4 事業戦略 159

図表Ⅲ-5 製品-マーケット・シェア・マトリックス

		相対的市場シェア	
		高	低
市場成長率	高	花形製品	問題児
	低	金のなる木	負け犬

出所:ヘンダーソン[1981]p.236に基づき筆者作成。

図表Ⅲ-6 経験曲線

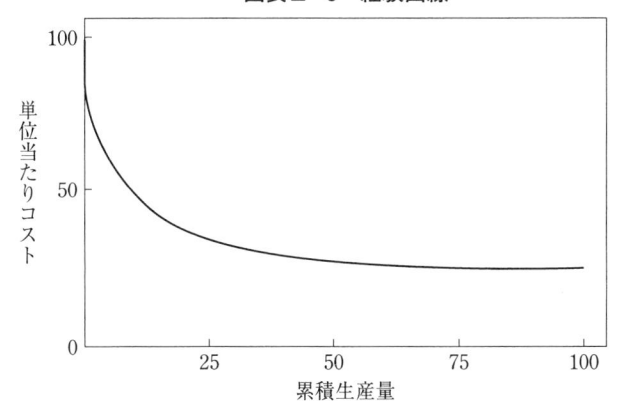

出所:Hirschmann[1964]p.126に基づき筆者作成。

横軸に採用された相対的市場シェアの背景には、**経験曲線**の考え方がある。経験曲線は、縦軸に単位当たりコストをとり、横軸に累積生産量をとったグラフである（図表Ⅲ-6）。曲線は、生産量が2倍になると単位当たりコストが約20％低下することを示している。すなわち、マーケット・シェアの大きい企業は、より多くの生産を行なっており、他社よりも、コスト上優位な地位を築くことができる。コスト上優位になる理由には、従業員の習熟による生産効率の向上、製造工程の改善・改良、生産設備の能率向上、製品の標準化、販売の効

図表Ⅲ-7　製品のライフサイクル

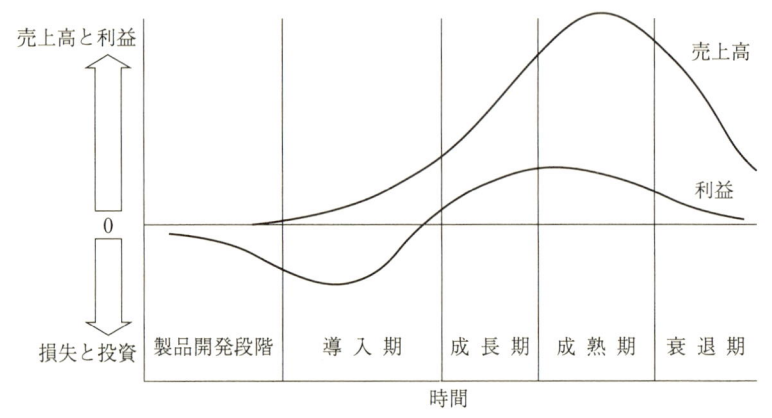

縦軸：売上高と利益（0を中心に、上：売上高と利益、下：損失と投資）
横軸：時間（製品開発段階／導入期／成長期／成熟期／衰退期）
曲線：売上高、利益

出所：コトラー［1986］p.274に基づき筆者作成。

率化といった様々な要因が考えられる。

　縦軸に採用されている市場成長率の背景には，**製品のライフサイクル**の考え方がある。これは製品が市場に投入されてから，販売が終了するまでのプロセスを売上高に注目して4つの期間（製品開発段階を含めると5段階）に分けることができる（図表Ⅲ-7）というものである。導入期では，売上高は伸びているものの，急激な上昇は期待できない。研究開発や設備への投資が十分に回収されていないため，製品価格が高いこと，また，十分に顧客に製品価値や製品の存在そのものが認知されていないからである。顧客に受け入れられなければ，この段階で撤退することも少なくない。成長期に入ると，資金回収のめどがたち，導入期では高額であった製品価格は安定すると共に，顧客にも製品の価値が周知されてくる。その結果，売上高は急上昇することが期待される。成熟期に入ると潜在的な顧客のほとんどがその製品を購入してしまっているため，売上の伸び率は鈍化する。また，競合他社との価格競争が起きると利益は減少する。衰退期に入ると，国際的な競争により低価格の製品が入ってきたり，技術革新による次世代製品が投入されたり，流行商品であれば顧客の飽きといった要因から，売上は減少していく。このように製品は常に売れ続けるものではな

く，その過程で投資とその回収を行なっている様子がわかる．

　多角化した企業は，それぞれの製品をPPMの4つの象限に配置させることで，様々な知見を得ることができる．**問題児**に配置された製品は，マーケット・シェアは高くないが，将来の成長が見込めるものである．ただ，すべての製品が成長するわけではなく，失敗するリスクも高い．成長させるために，多くの資金を要する．**花形製品**は，マーケット・シェアと市場成長率は高いが，余剰資金を生み出せる状態にはない．**金のなる木**に配置された製品は，マーケット・シェアは高いが市場成長率は低い．投資した資金を回収しているので，多くの余剰資金を生み出すことができる．**負け犬**に配置された製品は，マーケット・シェアも市場成長率も低いものである．将来性がないため，撤退の対象となる．

　PPMは，個々の製品や事業に関する自社内での相対的なポジショニングだけではなく，全社的な視点から，個々の製品や事業を評価することもできる．つまり，全社的な資源配分の優先順位を決定すると共に，資金の流れをつかむことができる．その意味においては，事業戦略だけではなく，全社戦略に対する貢献も大きい．その概要は以下のとおりである．企業が長期にわたり利益を生み出していくためには，金のなる木に位置付けられる製品だけを多く持つだけでは難しい．製品はやがて衰退していくからである．企業としては，金のなる木を持つことを考えなくてはいけないが，そのためには，花形製品を持たなければならない．また，花形製品を持つためには，問題児を複数抱える必要がある．すべての問題児が花形製品に成長しないからである．問題児を花形製品にするためには，金のなる木によって作られる余剰資金を投資していく必要があろう．一方，できるかぎり負け犬は持たないようにしていきたい．このように，自社内の製品をこのマトリックス上に位置付けることで，それぞれの自社製品がどのような役割であるのか，また，これから何をしていかなければならないのか，といった情報を獲得することができる．すなわち，既存事業をより環境適応させて儲けを蓄積し，新たな事業へと転換を示すことができるのである．

しかしながら，いくつかの問題点も内包していた。第1に，経験曲線によるコスト削減が重視されているがために，効率性の追求には取り組めるものの，新たな価値を創り出すことを軽視してしまっている。製品開発には多大なる資金が必要であるものの，このマトリックスで表現できるものは，すでに開発された製品に限られている。新規事業開発，新製品開発の必要性は示されているものの，そこへの適切な資源配分を促すものではない。また，顧客が製品を購入する際，価格が安いというのはもちろん重要な基準となる。しかし，それだけでもない。価格が高いものであっても顧客がその価値を認めれば購入される。生産量が多く，シェアが高く，安い製品だけが必ずしも顧客の目にとまるわけではないのである。

第2に，製品の衰退を早める危険が高いことである。金のなる木に位置付けられている製品の役割が，問題児への資金を生み出す役割を担うことで，金のなる木への再投資を怠ってしまい，製品の寿命を短くしてしまう。また，負け犬として位置付けることで，再投資価値がないと早い段階で決めつけてしまう可能性もある。十分ではないものの，まだ利益を生み出すことができる製品であっても，早々に撤退することを促してしまう。

第3に負け犬に配置された製品を担当している従業員のモラールダウンが挙げられる。問題児であれ，花形製品であれ，金のなる木であれ，企業にとっては必要な製品群である。ところが，負け犬だけは不要なものである。企業がある製品を「負け犬」として位置付けることによって，誰もそこで働きたいとは思わなくなってしまう。その製品に携わっている従業員の働きを評価することも難しい。

第4に市場の成長性やマーケット・シェアに関する分析に傾倒することによって，第Ⅲ部2-3で指摘した分析麻痺を引き起こしてしまうことである。

◆ ポーターの3つの基本戦略

業界構造や競争状況を分析した5つの競争要因の分析[39]から，他社との基本的な関係についてポーター［1985］は**3つの基本戦略**を提示した。その背景

図表Ⅲ-8　ポーターの3つの基本戦略

		戦略の有利性	
		顧客から特異性が認められる	低コスト地位
戦略ターゲット	業界全体	差別化	コストのリーダーシップ
	特定セグメントだけ	集中	

出所：ポーター［1982］p.61。

には産業組織論のSCPパラダイムの発想が強く反映されている。**SCPパラダイム**とは，市場構造（Structure）が企業行動（Conduct）を決定し，その結果が市場成果（Performance）となる考え方である。

　既述の5つの競争要因によって大方の企業行動が決められる。その中で，他社から最もうまく競争上防衛できる地位には，3つの方法があるとした。すなわち差別化戦略とコストリーダーシップ戦略と集中戦略である。ポーターによると，競争する市場を業界全体とするか，特定の市場セグメントだけとするかによってとるべき戦略は異なるという。特定の市場セグメントだけを対象とする戦略を，集中戦略と呼んだ。また，業界全体を対象とするもののうち，他社との競争上の地位を顧客から特異性が認識できるものを差別化戦略，コスト的に優位な場合をコストリーダーシップと呼んだ（図表Ⅲ-8）。

　差別化戦略は，製品やサービスの特異性を創造することで競争しようとするものである。差別化するポイントは，開発，生産，販売とあらゆる領域に及ぶ。ただ，差別化することに注力するあまり，コストを無視した取り組みは，顧客から認められないことに気をつけなければならない。また，他社からの模倣に対しても十分な注意が必要となる。

　コストリーダーシップ戦略は，同業他社よりも低コストで製品やサービスを提供することを目指したものである。そのためには，効率的な生産設備，経験による学習，徹底したコスト管理を行なうといった方法が考えられる。しかし

---

(39) 第Ⅲ部2-2「5つの競争要因」参照。

ながら，設備の陳腐化や他社の追随を許してしまう可能性もあるため，低コストの地位を継続するための断続的な投資が欠かせない。

集中戦略は，限られた市場を対象とし，そこに自社の資源を集中して配分するものである。差別化に向けられる場合を差別化集中，コスト優位に資源を集中する場合をコスト集中と呼ぶ。これらはニッチで限られた市場を対象とすることに意味がある。そのため，業界全体を対象としている企業が提供する製品やサービスと差がなくなったり，自ら拡大路線に転じ，特徴が曖昧になってしまったりすると，集中戦略としての良さが消失してしまう。

ポーターの議論は，大きな枠組みを与え，戦略の基本方針の提示には大きく貢献した。すなわち，企業が競争に勝つポイントは，業界構造（競争要因）の中で，自社が取り得る基本的なポジションを決めることであることが示された。しかし，競争上優位な地位をどのようにすれば築くことができ，また維持できるかについては，さらなる深い洞察が求められることとなった。また，PPM同様，分析技術の向上に貢献したが，2-3で指摘している分析麻痺症候群の批判を受けることとなった。

4-2 競争優位の戦略

競争するための方法が議論された後は，そのポジションを長期にわたって維持することを考えていかなければならない。他社との競争については，他社との関係は注目されたが，その地位を継続する方法は，企業の内部要因に注目が集まった。

◆ **資源ポジション・バリヤー**

企業を資源の束と考えたペンローズ［2010］[40]の考え方に依拠しながら，保有する資源によって優位になり得る**資源ポジション・バリヤー**をWernerfelt

---

(40) ペンローズ［2010］の初版は1959年である。

[1984] は指摘した。彼は，戦略資源の保有者は，未保有者に対してコストや収益に影響を及ぼすこと，また，要素市場（ある製品を製造するのに必要な部品の市場）が製品市場に影響を及ぼすことを示した。その結果，他社からのキャッチアップを困難にさせる自身の資源ポジションの創造が重要となると主張した。例えば，規模の経済が生じる資源の利用であったり，顧客ロイヤリティであったり，先駆的技術開発などが該当する。

　ただ，どのような資源が競争優位をもたらすかについては深い考察は行なわれなかった。これについては資源ベース理論の発展を待たなければならない。

◆ 価 値 連 鎖

　ポーターは，『競争の戦略』を発表した後，『競争優位の戦略』[1985] において，前著の課題となっていた競争上の地位の実現とその維持のために必要なものを，価値連鎖（Value Chain）として捉えた（図表Ⅲ-9）。

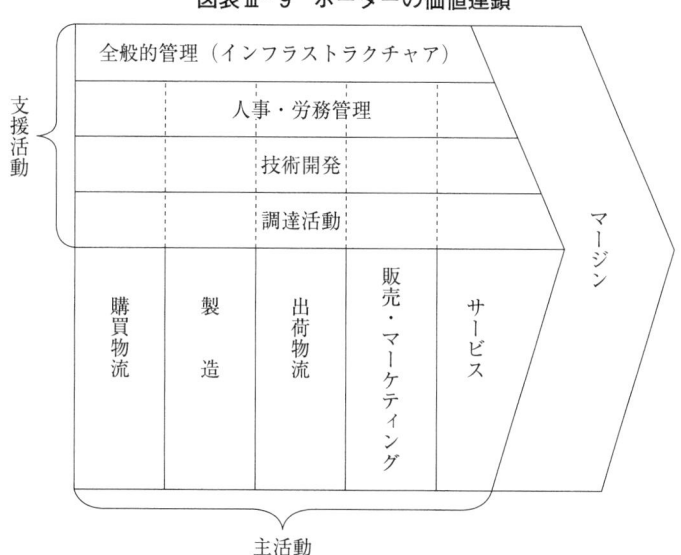

図表Ⅲ-9　ポーターの価値連鎖

	全般的管理（インフラストラクチャア）					
支援活動	人事・労務管理					マージン
	技術開発					
	調達活動					
	購買物流	製造	出荷物流	販売・マーケティング	サービス	
	主活動					

出所：ポーター [1985] p. 49。

価値連鎖は，企業の価値創造プロセスの全体像を示したもので，主活動と支援活動に分類される。主活動は，購買物流，製造，出荷物流，販売・マーケティング，サービスのことを指している。これらを支える支援活動には，調達活動，技術開発，人事・労務管理と全般的管理が該当する。これらがマージンを生むこととなる。

価値連鎖によって企業の中の様々な機能が結び付いて競争優位をもたらすことは示されたが，これらの要素がどのように結び付くことで価値が創造され，マージンが生み出されるのか，そのプロセスについては，その後の組織的な要因も考慮した，持続的な競争優位の研究[41]に委ねることとなった。

4-3 競争と協調の戦略

競争に焦点を当てた場合，ゲーム論からアプローチする取り組みが脚光を浴びた。なぜならば，企業の活動として，他社と競争することを基本としながら，場合によっては，協調する行動がみられるからである。

協調行動は戦略的提携として表面化する。もちろん，より深い関係を狙って資本関係を取り結ぶこともある。完全に傘下に収める場合がM&Aとなる。ここではゲームアプローチと戦略的提携について概説することとする。

◆ ゲームアプローチ

ゲーム論の考え方はフォン・ノイマン＝モルゲンシュテルン［2009］[42]まで遡るものの，経営戦略論で注目されるようになったのは，ネイルバフ＝ブランデンバーガー［1997］の貢献が大きい。それまでは，囚人のジレンマゲームに代表されるような，極めて特殊な状況や，単純化したモデルであったため，現実の経営戦略には，限定的にしか扱うことができなかった。これに対してネイルバフ＝ブランデンバーガーは，企業を中心とし，顧客，競争相手，補完的生

---

(41) 第Ⅲ部6.「競争優位の源泉」参照。
(42) 本書は3rd edition ［1953］の訳本であり，1st editionは1944年に出版されている。

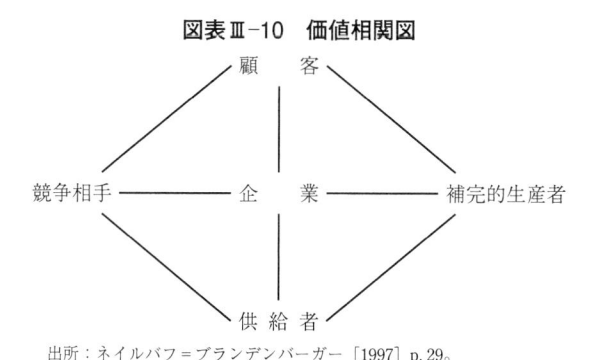

図表Ⅲ-10　価値相関図

```
            顧　客
           /     \
          /       \
競争相手 ─── 企　業 ─── 補完的生産者
          \       /
           \     /
            供給者
```

出所：ネイルバフ＝ブランデンバーガー［1997］p.29。

産者，供給者という，利害関係者を価値相関図として視覚的に示した（図表Ⅲ-10）。特徴的なのは，補完的生産者の扱いである。補完的生産者とは，自らが提供する製品やサービスの効能を左右する補完財を提供するプレイヤーである。価値相関図では，通常，顧客と企業，供給者との垂直的関係において，価値を生み出す。競争相手とは，その価値を分け合い，補完的生産者とは，その価値の大きさを高める。場合によっては競争相手になり，場合によっては，補完的生産者となり得ることもある。補完的生産者とは，どちらかが勝つことではなく，双方が勝つことになり，時として，協調するケースを含めることができている。ゲームの要素やゲームの進め方については，ネイルバフ＝ブランデンバーガー［1997］を読むことをお薦めしたい。

◆ 戦略的提携

　激しく変化する外部環境に，いち早く対応するためには，内部資源を活用しながら，自ら技術開発をする方法には限界がある。一方，資金的な制約もあり，積極的に資本関係を結ぶことにも限界がある。そこで注目されるのが，アウトソーシングや戦略的提携といった方法である。

　アウトソーシングとは，企業の様々な業務を外部に委託することである。以前から業務委託は行なわれていたが，2000年前後から注目されているものは，コスト削減だけを狙ったものではない。それは社内で処理するよりもより効率

的であると共に，より付加価値の高いものとして取り上げられた。アウトソーシングの方が効率的になるのは，委託された企業は同様の業務を他社からも引き受けることで，規模の経済が働くからである。一方，付加価値が高くなるのは，専門的に業務を引き受けることにより，質の高い業務を提供することが期待されるからである。

その典型的な例が **EMS** (Electronics Manufacturing Service) である。EMSにはもともと電子機器の生産のみが委託されていた。台湾や中国を拠点として，効率の良い生産を実現し，多くの電子機器メーカーが利用していた。やがて，知識が蓄積され，生産に関わる技術だけではなく，開発サービスも手がけるようになり，電子機器業界では，非常に強大な影響力を持つように成長した。

提携は，2社以上の企業が互いに協力関係を結ぶもののうち，比較的弱いものを指す。強い関係とは，資本関係を結んだM＆Aとなる。提携は，企業のあらゆる領域でみられるが，そのうち，企業の将来に影響を及ぼす重要なものを戦略的提携と呼び，区別している。

戦略的提携の場合，企業間で互いの特異な資源を融合させ，協力してイノベーションを起こすことが期待される。外部資源を活用することは，自社の制約を超える魅力があるものの，自社内でイノベーションを起こすこと以上の難しさが考えられる。課題の1つは，どうやって企業が結び付くのか，そしてもう1つは結び付いた後きちんと学習を起こすことができるか，といった点にある。

自社内であっても，パートナーと結び付くことが難しい場合がある。お互いがそれぞれの価値を認識していれば，容易に相手を探すことができる。しかしながら，未知のイノベーションの実現に向けて適切な相手が誰なのか，必ずしも明白ではないケースは少なくない。また，互いに重要な資源を結び付けるためには，両者の信頼が欠かせない。なぜならば，重要な機密情報の漏出リスクが伴うからである。とりわけ資本関係を結んでいなければ，そのリスクは高くなると考えられる。パートナーの造反を防ぐために監視を強化すれば，適切な学習が進むとは考えにくい。そのため相互の信頼が欠かせない。

これまで社内で行なわれてきたことを，アウトソースしたり，戦略的提携し

たりして，他社と協力しながら新たな価値を創造するようになると，これまでの企業の概念を再考する必要性が生じるだろう。なぜならば，**企業の境界**が次第に曖昧になってくるからである。企業が様々な利害者集団と良好な関係を結ぶことは，長期の存続に欠かせない。企業境界が曖昧になることによって，どこまでが自社内で，どこまでが利害関係者なのかはっきりしなくなってしまう。競争相手として機密漏えいに注意しなければならない場面と，互いに信頼し情報を交換することが求められる場面とが同時に起きる場合も考えられる。複雑な状況における柔軟な判断が求められているのである。

5 製品戦略

　製造業の場合，製品のライフサイクルを念頭に置けば，事業戦略の中心は，いかに新製品を世に出し続けるかにかかっている。サービス業であっても，提供しているサービスが陳腐化したり，また，他社から新たなサービスが出現したりすることを想定し，常にサービスの改善や改良，代替サービスの開発に取り組んでいかなければならない。安定している外部環境下にあれば，そのサイクルは非常に長期にわたる。しかしながら，東日本大震災の東京電力のように，潜在的なエネルギー源の変更ニーズはあったものの，あるきっかけによって突然ニーズが顕在化することもある。企業は長期の維持発展のために，常に新製品や新サービスの開発に取り組んでいかなければならない。製品戦略が企業成長の原動力となっているのである。ここでは，製造業の製品戦略を念頭に置いて，新たな製品が戦略上，どのような意味があるのか，またどのようなプロセスで行なわれているのか，そしてその中核的な要素である技術に関する考え方を紹介していきたい。

5-1 製品戦略と新製品開発プロセス

　製品戦略は，常に流動化する外部環境と，ほったらかしにしておくと固定化する内部条件の接点に作られる。その中心的な要因は，外部に対するマーケティング活動と内部に対する技術開発である。前者が優勢な製品開発をニーズ主導型，後者を重視した製品開発をシーズ主導型と呼ぶ。

◆ 製品開発におけるマーケティングの役割

　マーケティングの領域は，ミクロ的視点からマクロ的視点まで広範囲にわた

る。ここでは、製品戦略を支える、市場動向の把握に焦点をあてて概説したい。

一般的に、市場（顧客）の分析は、市場細分化（セグメンテーション）、顧客の購買動機、顧客ニーズの3つの視点で行なわれる[43]。**市場細分化**は、買い手は誰なのか、どのような顧客層なのか、どのように細分化されているのか、といった質問への回答となる。これらに対して、複数のセグメントを対象とするのか、一部のセグメントを対象とするのかを判断しなくてはならない。**購買動機**は、それらのセグメントの顧客がなぜ、製品を購入するのか、その背景を明らかにするプロセスである。**顧客ニーズ**は、現在、まだ満たされていないニーズの探索である。

ここで問題となるのは、本当のところ、自分がなぜその製品を購入したのかをよくわかっていないケースがみられることにある。そして、顧客の潜在的なニーズの探索は極めて難しい。「衝動買い」といった言葉があるように、人間は常に合理的にモノを購入するわけではない。購入後、時間がたってから後悔した経験を持つ読者もいることであろう。事後的に購入動機を説明することはできても、事前に予測することが難しいのである。また、実際に存在している、目の前にあるモノについては、「欲しい」という欲求を比較的正確に説明することができる。しかしながら、まだみぬものについては、本当に欲しいのかどうか判断がつきにくい。ネット上でみたものが、実際に手にとってみると、思いのほか、発色が悪かったり、バランスが悪かったりする。ましてや、本人のイメージだけで潜在的なニーズを判断するのは、非常に難しい。

このように、マーケティング活動の一部を用いて、顧客動向を探索し、ニーズ主導型で製品開発を行なうことは、合理的ではある。一方、正確に測定することは難しいという限界がある。

◆ 技術開発とイノベーション

それでは、もう片方の技術を進める方法が得策なのであろうか。かつて

---

(43) アーカー [1986] を参照している。

innovation の訳語に「技術革新」が用いられてきた。ところが，昨今は，単なる技術革新はイノベーションではない，という認識が普及している。技術革新だけでは，invention（発明）との違いを鮮明に出すことができないからであると筆者は認識している。発明との大きな違いは，そこに社会的な価値を含んでいるかどうかにある。企業の使命はイノベーションにある，という言葉には，企業が社会に対して新たな価値を提供し続ける，という意味が込められている[44]。

したがって，単なる技術開発だけでは，企業の活動には不十分である。社会に対して価値を見出すためには，市場の状況をしっかりと把握することが求められる。すなわち，市場の視点と技術の視点の双方が求められており，まさにその点に外部環境である市場と内部条件である技術の接点に製品戦略を位置付ける意味がある。

◆ 製造技術と製品技術

技術だけではイノベーションとはいえないものの，極めて重要な要素であることには変わりはない。また，日本の高度成長を支えたのは日本の技術力といわれている。もう少し，技術に関する議論を掘り下げてみよう。

技術といっても，企業活動の中では様々な使われ方をしている。混乱を避けるために，2つに分けることとしたい。一つは，製品を新たに創り出す**製品技術**である。製品の差別化要因に大きく貢献するため，新製品の中核的要素であり，多角化を可能とする。青色発光ダイオードを最初に創り出した技術や，ハイブリッドカーを可能とする技術が該当する。

もう一つは，製品を製造する技術，すなわち，**製造技術**である。工場の現場で蓄積されているもので，製品を効率よく製造することができるのは，この技

---

(44) 詳しくは十川廣國［2005］，及び［2009］pp. 8-34を参照のこと。また，延岡健太郎［2011］は，「ものづくり」に対して，「価値づくり」という概念を提唱し，技術の生み出す「機能的価値」だけではなく，顧客にとって意味のある「意味的価値」を生み出す「価値づくり」の重要性を指摘している。

図表Ⅲ-11 イノベーションのダイナミクス

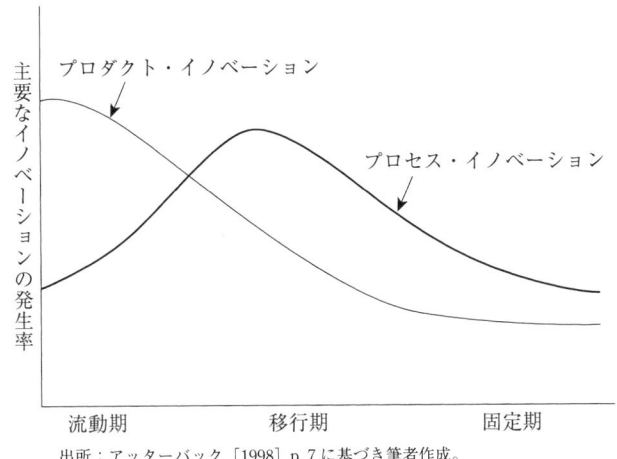

縦軸：主要なイノベーションの発生率
横軸：流動期　移行期　固定期

曲線：プロダクト・イノベーション、プロセス・イノベーション

出所：アッターバック［1998］p.7に基づき筆者作成。

術のおかげである。つまり，コストリーダーシップを可能とするものである。ヘンリー・フォードが編み出したベルトコンベア・システムやトヨタ生産システムである**カンバン方式**などは，その代表例である。

　これらに結び付くイノベーションをそれぞれ，**プロダクト・イノベーション**と**プロセス・イノベーション**と呼んでいる（図表Ⅲ-11）。この図は，ある産業ないしはある製品クラスにおけるイノベーションの発生率を時間の経過と共に表したものである。当初は，プロダクト・イノベーションが先行する。ただ，この段階では，多額の開発費がかさみ，価格が高くなってしまう。そこでプロセス・イノベーションを実現させることによって，市場に浸透し得る価格帯に収まってくる。カーナビゲーションの技術は，当初，NASAによって開発された軍事技術であった。このままでは，通常の顧客には何ら価値をもたらすものではなかった。個人ユーザーが利用できるまでの価格帯に下がってきたのは，日本企業によるプロセス・イノベーションの賜物である。このように，これら2つのイノベーションを組み合わすことで顧客に価値をもたらすことができる。

◆ **製品開発のプロセス**

　技術開発から製品化され，販売されるまでどのようなプロセスをたどるのであろうか[45]。最も基本的な製品開発のプロセスでは，研究開発から販売までのプロセスが順番に行なわれ，最初から最後のステップまでが一直線となっている。これを**リニア・モデル**（シーケンシャル型）と呼ぶ。1つ1つのステップが分業されており，次のステップにいくためには，それぞれの役割をきちんと全うしていることが求められるという開発思想に支配されたモデルである。この順番では技術が先に開発されるシーズ主導型にみえるが，ニーズ主導型であっても一直線で示すことができるので，それもリニア・モデルの一つと呼べる。

　技術が高度になったり，市場が複雑になったりすると，リニア・モデルでは新製品を投入するのに多大なる時間（リード・タイム）がかかることとなる。時間がかかるとその間に，市場が変化してしまったり，競争相手に先行されたりするリスクが高くなってしまう。そこで，開発プロセスの短縮化が必要となってくる。

　その一つの解決方法として，直線的ではなく，互いの部門が協力したり，一部を同時並行的に進めたりする**コンカレント・モデル**（オーバーラップ・モデルとも呼ぶ）が注目された[46]。互いに協力することで，その後のプロセスが短縮されると共に，あらかじめできることを先に進めておくことで，全体としての時間短縮に大きく貢献することとなった。

　実際に企業では，絶えず製品技術や製造技術の開発が行なわれている。このことを示したのが清水龍瑩［1999］である（図Ⅲ-12）。新製品開発では，まず，プロダクト・イノベーションを起こして技術的新製品を開発し，市場との接点で模索しながら，市場的新製品を開発する。プロセス・イノベーションを起こすことで価格が下がり，市場で安定的に売れる安定製品となり，利潤を蓄積し

---

(45)　製品開発のプロセスについては，延岡建太郎［2006］pp. 209-223, 山崎秀雄［2006］pp. 134-146を参照した。
(46)　クラーク＝藤本［1993］で，日本とアメリカ，ヨーロッパの自動車産業を対象とした調査で，日本の自動車産業の強さの理由として，先の行程とのオーバーラップを指摘している。

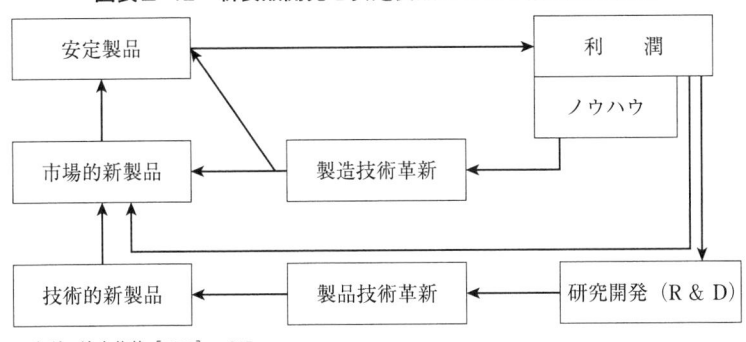

図表Ⅲ-12　新製品開発と安定製品のコスト削減との関係

出所：清水龍瑩［1999］p.215。

ながら，研究開発へと再投資する。この循環過程を通じて，企業全体を活性化させていく。

5-2　研究開発戦略

研究開発は製品戦略の柱であるので，非常に重要である半面，時として多大なる時間を要する。場合によっては，数年，十数年の時間を要することもある。経営戦略を構築してから研究開発を進めると，経営戦略の内容と整合しなくってしまう。そこで技術の特性を理解することで，戦略の策定や遂行に必要な研究開発が可能となる。

◆　技術レベルと企業が取り組む研究開発

　一般に研究開発は，基礎研究，応用研究，開発研究に分類される[47]。**基礎研究**は，将来の製品や製造方法の礎となる研究であり，自社の独自性が最も培われる。研究期間は長く，それほど多額の研究費は要せず，研究者レベルで行なわれる。

---

(47)　清水龍瑩［1984］pp. 118-123を参考にしている。

応用研究は，現在の製品・製造方法と異なる新製品・新製造方法の研究であり，目標は抽象的であるが方向性は明確に決められる。期間もはっきりとしており，投入される研究費は多くなり，研究所長レベルで判断される。

開発研究は，具体的な技術的新製品の開発や現有の製品・製造方法の改良のための研究であり，目標・研究方法は具体的に示される。短期間であるが，多額の研究開発費が投入され，社長の参画が求められる。

このうち，企業が主に担当するのは応用研究や開発研究である。企業の役割は顧客に価値をもたらすことで，それによって存続がはかられるため，潜在的にせよ，顕在的にせよ顧客が望む製品を開発することが期待されているからである。

基礎研究については，大学を始め，他の研究機関との協力の上で進められるようになってきている。もちろん企業に独自性をもたらす基礎研究に注力する意義は高い。しかしながらその成果が実を結ぶまでに時間がかかること，成果が自社にとってどれだけの効果をもたらしたかが不透明であることから，投資に対して二の足を踏んでしまいがちである。とりわけ，株主に対する説明が強く求められるようになってきている昨今，この傾向は強くなってきていると考えられる。

◆ 技術のS曲線

現在の技術は，過去の積み重ねである。しかし，技術の進歩にはいくつかの特徴がみられる。一つは，初期の段階ではあまり成果に結び付かないが，やがて急激に成果へと結び付くようになる。その後，技術の成熟化と共に緩やかになりS字型を描く。もう一つの特徴は，現在の技術は，必ずしも過去の技術の延長線ではなく，時として不連続な展開がみられる点にある。次世代技術が開発されると，過去の技術に取って代わる場合もある（図表III-13）。

基礎研究，応用研究，開発研究の各段階には相当の時間と資金を要する。導入期においてはゆるやかな成果であるが，技術が急激に進歩する時期を逃すと，他社に遅れをとってしまう。また，技術の転換期においては，早い段階から次

図表Ⅲ-13　技術のS曲線と技術の不連続性

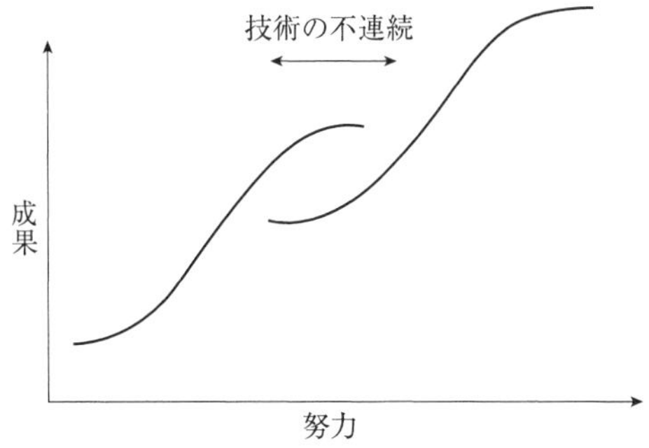

出所：フォスター［1987］p.96。

世代技術へと目を配らなければ，競争の土俵にも上がれないこととなろう。

◆ 技術のロードマップ[48]

　このように不透明な技術開発を目にみえる形で示す試みが，**技術のロードマップ**である。技術開発には多大な時間を要するために，時間の経過と共に状況が変化してしまう。当初の狙いが不鮮明になってしまい，開発の途上で発見された新たな用途の展開に傾倒するあまり，本来の開発目的を見失ってしまうことも考えられる。新たな用途開発は必要であるが，当初からの開発目標に沿って，他の部門も並行して関連技術の開発や，その後の準備に取りかかっている。複数の組織が関わる開発案件においては，総合的な取り組みが欠かせない。そこで，技術の発展プロセスを時間軸上で表し，技術の発展と製品の展開との関連を表示するため使われたのが技術のロードマップである。1970年代後半にモトローラ社で用いられたのが最初といわれている。

　このマップを社内で共有することで，次世代製品がどのように展開されるかを周知することができる。その結果，様々な部署で将来に向けて何が求められているかを考えるようになり，スムーズな技術移行が期待される。

---

(48) 丹羽 清［2006］pp. 47-48，Willyard & McClees［1987］を参照した。

6　競争優位の源泉

　企業の競争優位をもたらすのは企業の内部要因である，という視点は，資源ベース理論の展開によって，より明らかになってきた。当初，この理論展開は，静的な資源の特徴に焦点が当てられがちであった。しかし，資源と資源を組み合わせる動的な側面にも焦点が当てられるようになり，資源を組み合わせる組織的視点が加味された。その結果，経営戦略論の範囲を超え，組織論の知見と組み合わせながら，議論が発展している。

6-1　資源ベース理論の発展と強みネットワーク

　資源ベース理論は，Wernerfelt［1984］の論文が契機となっているが，その発展に大きく寄与したのは，**バーニー**である。彼の主張は当初のころから変容しているものの，最終的にはVRIOフレームワークに集約されている。

◆ VRIOフレームワーク

　Barney［1991］は当初，持続的競争優位をもたらす経営資源の条件として，顧客に価値をもたらし，稀少であり，模倣するのが困難で，代替するのが困難である資源とした。こうした議論を元にしながら，企業の内部要因の分析に耐え得る概念として示したVRIOフレームワークは，経済価値（Value），稀少性（Rarity），模倣困難性（Inimitability），組織（Organization）に関するいくつかの課題によって構成されている[49]。これらの課題をクリアしなければ，持続的な競争優位は得られない。

---

(49)　バーニー［2003］pp. 231-298を参照した。

経済価値に関する課題は，その企業が保有する経営資源やケイパビリティは，その企業が外部環境における機会を捉え，脅威を取り除くことができるか，についてである。企業が利益を生む基本的なビジネスが，現在の経営環境に適合しているかどうかであり，多くの企業がクリアしているものである。ただ，その価値には永続性の保証はない。

稀少性に関する課題は，その経営資源を現在コントロールしているのは，ごく少数の競合企業であるか，ということである。事業を特徴付ける資源を多くの企業が保有していれば，その資源は企業の強みとはいえない。限られた企業だけが当該資源を活用することができるような状況であれば，持続的競争優位を獲得する条件をそなえることとなる。注意すべき点は，稀少でないことは，不要であることを意味しているものではない。当該資源を保有しなければ，競争のスタートラインにつくことができないものも数多く存在する。稀少な資源でなくても，競争上優位なポジションの獲得や，そのポジションの持続のために必要な場合もあるのである。

模倣困難性に関する課題は，その経営資源を保有していない企業は，その経営資源を獲得あるいは，開発する際にコスト上の不利に直面するかどうか，ということである。模倣の方法には，2つある。1つは直接同じものをコピーする方法である。もう1つは，別の経営資源で代替する方法である。いずれの方法においても他社が，戦略上必要な資源をコスト上不利にならずに獲得できれば，その資源に関して持続的競争優位はもたらさない。模倣が困難である原因は，その資源を獲得するために要する時間が多くかかること，因果関係が不明瞭であること，社会的に複雑に埋め込まれており企業にとってコントロール不能であることなどが考えられる。

組織に関する課題は，企業が保有する，価値があり，稀少で模倣コストの大きい経営資源を活用するために組織的な方針や手続きが整っているか，についてである。資源単体では，機能しない。資源と資源を組み合わせ，資源が活用される土壌が整っていなければ，持続的な競争優位は得られない。

◆ 資源の組み合わせとしての強みネットワーク

しかしながら，当初は稀少なものであり，模倣困難だとみなされていたものであっても，他社によるイノベーションによって代替されてしまった例は少なくない。例えば，青色発光ダイオードは，そもそも量産化が厳しいとみられていた製品であった。その量産化に最初に成功したのは，日亜化学であったが，その後，豊田合成，クリー（米），星和電機などの追随を許している。

このような現実に対して，他社にとってより模倣困難なものとするのは，組織的要素とも絡み合った，**強みネットワーク**を形成することが望ましい[50]（図III-14）。強みとなるものが1つであれば，他社から模倣されるリスクは高いが，これらが複合的になることにより，その困難度は高まる。

安定的な環境で，強みとなるものが固定化すると，やがてこのネットワークは静態化していく。この場合，不連続な変化が生じると，変化に対応できず，むしろ弱みとなる可能性が高まる。持続的に競争上優位なポジションにいるためには，このネットワークが活性化していなければならない。その中心的役割を果たすのが，強みを支えるヒトである。**ヒトが介在する強みは特に真似され**

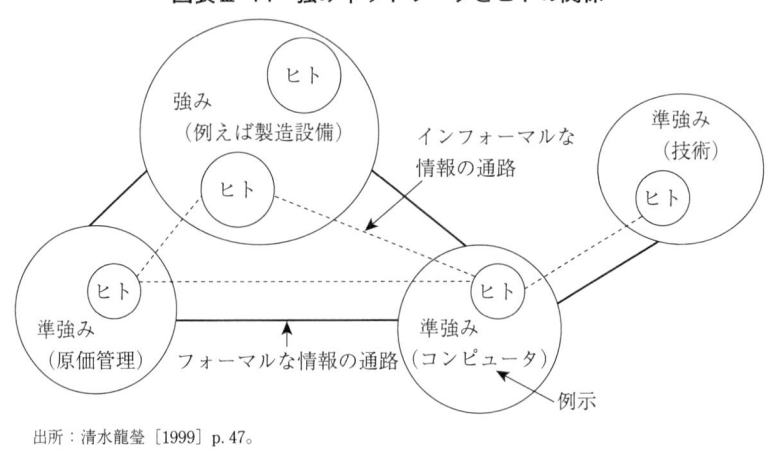

図表III-14　強みネットワークとヒトの関係

出所：清水龍瑩［1999］p. 47。

---

(50) 清水龍瑩［1990］pp. 46-53。

にくい。ヒトがダイナミズムを生み出すとともに，ヒトが情報の新結合を行なうからである。強みネットワークにたずさわるヒトが自信を得，新しいものへ挑戦意欲が高まることで，強みネットワークが活性化される。それにより，外部環境の変化，とりわけユーザーニーズを感じ取り，常に，情報交換がなされる。

　強みが活性化している場合とそうでない場合，そして，製品領域が外部環境に適合している状態とそうでない状態で，今後の企業がとる経営戦略が変わっていくことは，第Ⅲ部3-1で述べたとおりである。企業の内部要因である強みの状況が今後の企業の展開を左右することとなる。

◆　コア・コンピタンス

　このように，資源あるいは資源の組み合わせという考え方だけでは，競争優位を維持することはできない。そこで資源と資源の結び付きが継続的に行なわれるかに焦点が当てられるようになってきた。これらが，**コア・コンピタンス**，**ケイパビリティ**，あるいは**組織能力**と表現されているものである。これらは，論者によって多少の違いはあるものの，「資源を結び付ける，つなぐ」という意味では，違いはない。とりわけ，**ハメル＝プラハラード**［1995］のコア・コンピタンスの考え方は，日本でも広く普及している。

　彼らの考え方によれば，主として技術的な能力が組み合わさり，最終製品の価値を左右する部品や半製品が構成される。それらが複数の事業へと展開し，最終製品となる。持続的競争優位の源泉は，コア製品を構成するコンピタンスとなる。コンピタンスは，すぐに陳腐化されるものではなく，複数のコア製品や事業で共有されるたびに強化され，育まれていく。そしてこれらが元となり，長期の維持発展に欠かせない新製品が創り出されていく。

　コアとなるコンピタンスであるためには，3つの条件がある。第1に，広範かつ多様な市場へ参入する可能性を持つものであること。第2に最終製品が顧客にもたらす価値に貢献するものであること。第3にライバルには模倣するのが難しいものでなければならないことである。

このように資源を組み合わせていく考え方の背景には，本書でも一貫して描かれている経営者による将来構想へのコミットメントであり，ハメル＝プラハラードのいう**ストラテジック・インテント**である。経営者が発する全社的な将来への道標に向かって，あらゆる資源を組み合わせ，事業を展開していくことが，企業の維持発展に欠かせない要素となっている。

6-2　戦略経営の必要性

資源と資源を結び付け，そこにイノベーションが実現されるか否かは，組織の従業員にかかっている。組織的な議論をする前に，広く組織に何が求められているのか，戦略を策定し，実現させていくための組織への期待について述べていくこととしたい。

◆ 資源を結ぶ担い手としてのヒト

資源と資源を結ぶ取り組みは，それが既定の部署内の課題であれば，その中のヒトとヒトの交流によって解決し得る。また，部署と部署との間の問題であれば，部署間の交流によって解決することとなろう。このような場合は，既定の組織で十分対応が可能であり，通常，計画的・分析的に進められる。

しかし，この方法では，必ずしもあらゆる可能性を実現するものではない。戦略策定担当者は，企業内に広く点在している未利用資源のすべてを把握していないからである。定型的な情報は，コンピュータ・ネットワーク上で共有できる可能性がある。しかし，不定型な情報は，ごく限られたヒトの中だけで共有されている。また，ヒトの見方によって，その情報に価値があるかどうかが変わる。あるヒトからみると，特定の資源の組み合わせに価値を見出すことができるかもしれないが，別のヒトからみると，そこに価値があるとは認識できないかもしれない。そのため，資源と資源を結び付ける担い手は，必ずしも，戦略策定担当者の手にのみ委ねられるわけではない。

◆ 組織に求められる仕組み

　まだ価値が認識されていない資源と資源を結び付ける取り組みは，**ヒトによる主体的活動**が欠かせない[51]。個人が組織の方向性をしっかりと理解し，共感・共鳴することで，組織がかかえる課題解決への問題意識が高まる。その結果，今まで気付かなかったことに価値を創り出すことができるようになろう。

　それを促す組織的な仕組みも必要になってくる[52]。様々な資源と資源が結び付くように，柔軟な組織構造が求められる。また，新たな情報を取り込み，そこに価値を創り出すような組織学習も必要になってくる。個人が，自分に任されている仕事に対して，従来どおりのやり方とは別のやり方で実現したり，自分に任されている仕事以外の仕事にも取り組めたりするような権限委譲も不可欠な仕組みとなる。

　このようなプロセスは，創発的・自律的取り組みとなる。必ずしも意図的・計画的に進められるものではなく，また，トップが誘発したものでもないからである。

　もちろん，組織が進む方向性を判断し，その実現に向かって取り組む戦略は，意図的・計画的に進められる。すなわち，それぞれの担当者が責任を持って取り組むこととなる。それが組織としての主な活動となろう。ただ，それだけでは，大規模組織においては，不十分であるといわざるをえない。経営戦略のプロセスで示した創発的・自律的戦略と，資源と資源を結び付ける取り組みは，計画的・分析的に経営戦略を策定し，遂行するプロセスを補完しているのである。

　このように，創発的・自律的戦略あるいは，資源と資源を結び付ける取り組みは，現場組織の働きにかかっている。近年，経営戦略論と呼ばれていた領域が組織的要因をより多く包摂するようになり，戦略経営論と呼ばれることも多くなってきた。経営戦略論と呼ばれる領域は，主としてトップ主導あるいは，トップダウンで分析的に行なわれるものが主流であった。この場合，組織の役

---

(51)　馬場杉夫［2005］で詳述されている。
(52)　慶應戦略経営研究グループ［2002］で詳述されている。

割は，戦略の実行である。これに対して，戦略経営論では，マネジメントのあり方，すなわち，組織の取り組み方も含めた議論となる。そこには，経営戦略の単なる実行役としての組織だけではなく，戦略を変える役割や，戦略を創造する役割も担った組織像がある。

◆ 変わるミドルの役割[53]

既定の組織の枠を超えた取り組みが求められることにより，ミドルの役割も大きく変わることが求められる。かつてミドルは上意下達の中間に位置付けられていた。この場合，ミドルは，トップの意向を現場に適切に伝え，それを忠実に実行することが最も大きな役割であった。トップからは，必ずしも詳細な指示が出されるわけではない。そのため，担当部署に合わせて計画を練り，資源の配分を行ない，従業員をコントロールしなければならなかった。

ところが現場の従業員の主体的行動により，資源と資源を結び付け，イノベーションを起こすことが期待されるようになってきたのである。そのためには，ミドルは，今までのフォーマルな上意下達以外にも，インフォーマルに上下左右のコミュニケーションを積極的にはかる必要性が生じてきている。それに伴い，部下の創造性を引き出し，その実現に向けてサポートするような役割も求められるようになってきた。

もちろん，トップの重要性が変わらないのはいうまでもない。トップは将来を展望し，経営理念を明確にすると共に，全社的，大局的な視点から戦略的意思決定をしていかなければならない。

具体的な組織的取り組みに関しては，第Ⅳ部「組織とヒトの管理」を参照されたい。組織の構造や個人に対してどのように働きかけていくことが求められているかが，述べられている。

---

[53] 十川廣國［2002］を参照している。

IV 組織とヒトの管理

　本書の第Ⅰ部で，企業とは，(1)自らの危険負担の下で自主的に意思決定し，(2)製品・サービスを生産する，(3)資本計算制度を持った，(4)人間の組織体であると定義した[1]。この自らの危険負担の下で自主的に意思決定を行なう主体が第Ⅱ部でみてきたトップマネジメントであり，意思決定の主な内容が第Ⅲ部でみた経営戦略である。そして意思決定された内容に従って製品・サービスを生産していくことが，第Ⅳ部でみる経営管理の役割となる。すなわち第Ⅱ部のトップマネジメントのところで，経営者機能として(1)将来構想の構築と経営理念の明確化，(2)戦略的意思決定，(3)執行管理の3つを挙げたが，この3番目の機能である執行管理[2]こそが，第Ⅳ部でみる経営管理を実行していく経営者の役割を示しているのである。

　企業が人間の組織体であるということは，こうした活動を実行していくのは一人の人間ではなく，複数の人間が集まった組織であり，ヒトや情報という経営資源を管理していく必要がある，ということである。ここで企業の成長目的と企業の構成員の生活目的とが乖離していては，企業の長期の維持発展はおぼつかない[3]。なぜなら企業の長期の維持発展目的は，人々の創造性の発揮による利潤の獲得，蓄積によって達成されるからである。たまたま新製品がヒットしたり，環境変化にうまく対応したりして企業の利益が急増した時，その利益を社内に全部留保して，従業員の賃上げやボーナス支給に反映しなければ，従業員は勤労意欲を失い，創造性を発揮しなくなり，長期的に企業成長に貢献しなくなる。企業経営者は常に，人々の生理的欲求，安全欲求，帰属欲求，尊厳欲求，自己実現欲求を考え[4]，それと企業成長目的との差を埋めるように意思決定していかなければならないのである。

（1）　第Ⅰ部 2-1 参照。
（2）　第Ⅱ部 3-3 参照。
（3）　清水龍瑩 [1999] p. 17。
（4）　マズロー [2001]，第Ⅰ部 2-2 参照。

1　経営資源の管理

1-1　経営管理とは

◆ 有効性と効率性

　企業の定義のうち，製品・サービスを生産するとは，ヒト，モノ，カネ，情報といった経営資源をインプットし，戦略的な目標に合致するような製品・サービスをアウトプットしていくことであり，資本計算制度を持ったというのは，インプットをアウトプットに変換する効率を，カネという経営資源に換算して管理するということである。しかしこれらの2つは，組織に**有効性**と**効率性**という2つの異なった目標を課すことになる。ここで有効性とは，アウトプットが組織の目標に適合しているかどうか，すなわち合目的性である。一方効率性とはインプットに対するアウトプットの比率のことであり，より少ないインプットでより多くのアウトプットがなされる方がより効率的である。

　企業は市場で競争していく以上，効率的であることが求められるが，効率性ばかりを追求していては，企業の戦略的目標が実現されず，有効性が損なわれることになる。逆にいくら戦略的目標を実現することができて有効性が高まっても，これが効率的に行なわれなければ，企業は長期に維持発展していくことができない。それ故，この有効性と効率性のトレードオフ関係の間で最適な状態を見付けていくことこそが，経営管理の重要な役割となるのである（コラムⅣ-1）。

◆ 組織の目標と個人の目標

　バーナード[5]は，**組織の目的**と**個人の目的**とのギャップの縮小こそ，管理

の最大の基本だという。

　追求すべき目的が単純な性格の物的な結果である場合には，外部の観察者によって客観的にみられる目的と，協働する各人によって協働の一行為とみられる目的との間の相違は，通常，大きくても重要ではないし，協働する人々の異なった協働観は類似したものである。しかしこのような場合においても，注意深い観察者ならば，たとえ個人的利害が全く含まれないとしても，争いや失敗をもたらすような相違を見付け出すだろう。協働の参加者が，協働の対象としての目的の理解に甚だしい差異があると認めない場合のみ，目的は協働体系の一要素として役立ち得るといえる。

　したがって協働体系の基礎として役立ち得る客観的な目的は，それが組織の決められた目的であると貢献者（もしくは潜在的貢献者）によって信じ込まれている目的である。共通の目的が本当に存在しているという信念を植えつけることが基本的な管理職能である。政治的，産業的，宗教的組織における，多くの教育的な仕事やいわゆるモラール高揚の仕事は，このような見地から説明するのでなければ説明しにくいことである。

　このように企業の目的が従業員の生活目的と一致するものだと信じ込ませることが，管理の要だと主張するのである。

> 〈コラムIV-1　ビジネスモデル〉
> 　例えば飲食店の経営について考えてみよう。飲食店のビジネスモデルは，想定される一人当たりの利用総額である**客単価**と，用意した客席が何回入れ替わるという**回転数**によって異なり，この客単価×客席数×回転数が一日の想定売上高となる。
> 　戦略によっては，高い客単価で回転数の少ない高級レストランのような業態も選択できるであろう。こうした業態では，客単価を上げることで店舗の不動産賃貸料や従業員の人件費といった固定的な経費を賄うことに対応する。一方，効率性という観点からみて回転数を上げようとして，例えば夜だけでなくランチの時間帯も営業したり，値段の安いランチセットをつくって集客したりすることもできるかもしれない。しかしこれを行なうと平均の客単価

（5）　バーナード［1968］pp. 90-91。

> が下がり，また高級なイメージが損なわれるため，夜の時間帯も客単価を下げないと集客ができなくなり，結局高い客単価という目的に合わず，結果として組織の有効性が損なわれるという，悪循環に陥る可能性がある。
> 　逆にファーストフードのように低い客単価で回転数を上げることで売上を確保しようという戦略も選択できるであろう。この場合，オペレーションの効率性を上げると回転数が上がり，有効性も高まるようにみえるが，あまりに効率性を追求しすぎると，サービスの質が低下し，顧客が他の業態へと流れてしまう可能性も高くなる。またサービスの質を上げようとすると，顧客一人当たりのサービス時間が長くなり，いずれにしても結果として回転数が上がらないという効率性の問題が起こるのである。
> 　ここで問題となるのがサービスの品質である。製造業の場合，製品は価格，品質，納期の三要素で評価される[6]。一方，サービス業の場合，その業態に対する顧客の期待度によって求められる品質が異なり，求めている品質よりも低いサービスが行なわれれば顧客は満足しないが，無駄にサービスの水準を上げても，無限に顧客の満足が高まるわけではない。すなわちどのような顧客をターゲットとするかによって必要とされるサービスの水準は決まり，これが要求される有効性の指標となり，これを満たした上での効率化を考えていかなければならないのである。

1-2　経営資源

　第Ⅲ部経営戦略論で述べたように，他社にまねできないような強みを持ち，これを深化，拡大していくことで企業は個性化していくことができる[7]。この強みを構成する具体的な要素を考えるには，**経営資源**というものに着目する必要がある。経営資源とは従来，(1)**ヒト**，(2)**モノ**，(3)**カネ**の3つを指すことが多かったが，今日ではこれに(4)**情報**を加えた4つを経営資源として考えることが多い。
　ヒトとは，企業の組織を構成するトップマネジメント，中間管理職，一般従

---

(6)　第Ⅳ部1-3参照。
(7)　清水龍瑩［1999］pp. 75，第Ⅲ部6-1参照。

業員といった人々のことであり、管理という側面から考えると第IV部の後半で述べるような組織の活性化や、各人の動機付けが主な課題となる。モノとは、具体的な原材料や設備のことであり、製造業では特に生産管理という分野で議論されている。本書では、次の1-3モノの管理でくわしくみていきたい。カネとは、こうしたヒトやモノといった経営資源の提供者に対して支払われる対価を中心として、企業活動をお金の面から考えることであり、財務管理と呼ばれる分野である。そして情報としては、ICT（Information and Communication Technology：情報通信技術）の活用や、これらを用いてヒトが交換していく内容である情報全般についてのことであり、知識や文化、学習といった研究領域が存在している。これについては2-1組織と情報でみてみたい。

◆ 社会性，戦略，組織，資源

　ここで企業活動の目標には、大きく分けると4つのレイヤー（層）が存在している。一番マクロ（巨視的）なレベルが、**社会性**のレイヤーであり、ここでは企業を取り巻く環境と相互作用を行ないながら、企業が長期的に維持されていくことが目的となる。本書では第Ⅰ部第3章の企業成長と企業の社会性の中で述べられている。二番目が**戦略**のレイヤーであり、ここでは市場やライバルとの戦略的な相互作用を通じて、短中期的に収益性や成長性といった目標を実現していくことになる。本書でいう第Ⅲ部の経営戦略論が目指しているものである。そして三番目が**組織**のレイヤーであり、ここではそうした戦略を実現するために、組織全体としての柔軟性や革新性といった目標を考えていくことになる。一番ミクロ（微視的）なレベルが、**資源**のレイヤーであり、このレベルではそれぞれの経営資源の効率的な活用が主な課題となる。そしてこの後半2つの組織と資源のレイヤーが、本書における第IV部組織とヒトの管理で扱っている内容になる。

　各レイヤーはそれぞれ別々の経営学の研究領域となっていると同時に、一つ上のレイヤーを実現するための手段となっている。例えばあるレイヤーの目標がうまく実現しないとすれば、その問題や課題の本質が、より下のレイヤーに

存在している可能性を考えなければならないのである。

◆ モノゴトの重要度の差

　ヒト，モノ，カネ，情報といった経営資源は，一般にはそれぞれ重要なものであるが，今日のような情報化，グローバル化，技術革新が進む社会では，**モノゴトの重要度の差**[8]があることを理解しておく必要がある。第II部で説明した原理をもう一度確認しておこう。情報化時代には，カネを得ることより，情報を得ることが，情報を得ることより情報を発信するヒトの信頼（Creditability）を得ることの方が重要である。すなわち，**カネ＜情報＜信頼できる人間のネットワーク**の重要度の差をよく理解しておくことが必要なのである。

　今日，短期的にカネが不足してくると，銀行の貸し渋りなどによってたちまち運転資金が滞り，そうすると売上が上がっているにもかかわらず，日々の資金繰りができずに，黒字倒産してしまう可能性が高まる。もちろんこうしたカネがなければ必要なモノに投資することもできない。しかしカネがなくても，他人の知らない優れた情報さえあれば，株式市場で後払いの信用取引ができ，多くの利益を得られる。情報化時代には中期的にはカネより情報が大切なのである。しかし情報というものはすぐに陳腐化してしまう。いくらいい情報でも，みんなが知ってしまったら利益を生まない。したがって長期的には誰も知らない優れた情報をたえず発信してくれる信頼できる人間のネットワークが大切になる。これが重要度の差である。

　今日の企業経営の中では，現在利益の上がっているような安定製品の大量生産・大量販売よりも，金食い虫といわれる研究開発・新製品開発など，新しい技術や市場に関する情報を生み出すことの方が重要であり，さらに短期的にはそのような情報を生み出さなくても，長期にはそういう情報を生み出してくれるような優秀な人材，すなわちヒトが最も重要となる。これもまた情報化時代

（8）　清水龍瑩［1998a］pp. 11-12，第II部 3-1 参照。

におけるモノゴトの重要度の差となっているのである。

◆ カネの管理

財務管理，すなわちカネの管理についての議論は，本来会計学や管理会計論と呼ばれる学問領域にあたり，すべてを網羅的に説明することは本書の範疇を超えるので，ここでは財務指標と創造性の発揮という視点からごく簡単にみてみたい[9]。

財務指標は企業成長に対して3つの機能を持っている[10]。第一に，財務指標はその**共通尺度機能**によって企業内外の各種資源を共通の貨幣単位に還元する。第二に，その**整合性機能**によって，企業が利用している各種資源の間にバランスを持たせる。そして第三に，そのバランスが崩れる時，**インパクト機能**によって人々に危機感あるいは余裕観を持たせ，新たに創造性を発揮させ企業成長に貢献させる。

◆ 財務指標と創造性発揮

共通尺度機能とは，経営活動の異なった局面を同じ尺度で測定する機能である。この機能によって初めて，ヒト，モノ，カネ，情報などの次元の異なるすべての資源を一つの貨幣額に還元することができる。その機能によって企業経営全体のバランスを維持することができるのである。

共通尺度機能によってすべての経営資源を総合的に見渡した上で，財務指標はさらに2つのステップを通じて意思決定者に創造性を発揮させる。第一ステップでは，財務指標が整合性のズレというインパクトを意思決定者に与えて，新たな整合性を求める意思決定を決意させ，創造性の発揮を促す。第二ステップでは，新たに意思決定された管理方式をその下位の意思決定者に執行させたり，その意思決定者が自らもそれに従うよう努力させたりして，その過程で創造性を発揮させる。

---

(9) 第II部3-3参照。
(10) 清水龍瑩［1984］p. 167。

長期的な財務構造の趨勢的変化，短期的な財務成果の大きな変化は，トップマネジメントに従来の経営方針，財務整合性に疑問を抱かせ，新たな戦略的意思決定を決意させる。もし財務構造の趨勢的変化が予想より良くなっていれば，その資金を利用して，革新的な技術的新製品の開発方針，積極的な経営多角化などを新たに意思決定し，その内容を長期計画，多角化計画などで明示し，新しい方向に企業全体をリードしていこうとする。もし予想より悪化してくれば，トップは危機感を増大させ，発想の転換を求めるような大規模な合理化・省力化の設備投資などを新たに意思決定し，コスト削減，経営撤退方針を長期計画で明示し徹底化させていく。この新しい方針を意思決定する過程，およびそれを明示，徹底させ，中間管理者を動機付けていく過程で，トップはその創造性を発揮する。

トップの立てた多角化計画，長期計画，資金計画，長期売上高目標，設備投資計画は，下位の中間管理者にとってインパクト機能を持った財務指標となる。これら上位の目標や計画と，各部門の現状とを比べてそこにズレがあれば，中間管理者はインパクトを受ける。そして新たに自分自身の裁量範囲でこれらを達成し得るような資金管理，販売管理，生産管理の方式を意思決定し，さらにそれらの管理基準を目標として，一般従業員に対して指揮，調整，動機付けを行なう。中間管理者はこの過程で大きく創造性を発揮する。

この時明示された管理基準と現場の状況とのズレは，さらに一般従業員にインパクトを与え，彼らはそれを受けて創造性を発揮し，自らそれに適合するような自己管理目標を立て，その実行に努力し，自らのモラール（やる気＋帰属意識）[11]や生産性を高め，財務業績を向上させる。このように財務指標はいくつかの段階でその整合性機能から，経営上のバランスの崩れを早期に人々に知らせ，人々に新たな意思決定をさせ，それを執行する過程で創造性を発揮させ，財務業績を向上させるのである。

---

(11)　第Ⅳ部 4 - 2 参照。

1-3 モノの管理

　モノとしての製品を生産する際，必要な原材料等のインプットと，作られる製品のアウトプットの比率としての効率性を考えた時，これを生産性，あるいは経済効率性といい換えることができる。この生産性を高めるための知識や技術の体系を生産技術と呼び，今日ではサービス業においてもこうした知識が活用されてきている。特に製造業においてはQCDの3つの柱があるとされ，それぞれQは**品質**（Quality），Cは**コスト**（Cost），Dは**納期**（Delivery）である。様々な生産技術を活用してこれらQCDを改善し，生産性を高めていくことが，製造業におけるモノの管理の中心となる。

◆ 科学的管理法

　産業革命と共に，欧米は近代的な工業生産への道を歩んでいくことになるが，19世紀末のアメリカで，**テイラー**[12]は科学としての管理法の構築に取り組んだ。ある作業を終えるためにはベストなやり方があり，そのベストなやり方に作業者を慣れさせ，作業の出来栄えに基づいて監視してアメとムチを与えることを課題とした。こうして彼が生み出した**科学的管理法**は，あらゆる面を極めて合理的に考える点に特徴がある。

　そこでは管理者の仕事とは作業を計画し管理することであり，従来の，仕事量，作業方法，道具などが過去の記録や労働者のカンにゆだねられていた「成り行き管理」ではなく，ストップウォッチを用いた厳密な**時間研究**により，労働者が一日に達成すべき標準作業量である稼業（Task）を科学的に決定しようとするのである[13]。

---

(12)　クレイナー［2002］pp. 3-6。
(13)　テイラー［1969］。

◆ 大量生産

　仕事の専門化と分業を推し進めることを可能にする科学的管理法は，大勢の作業者が一斉に単純作業に取りかかるという大量生産方式が登場すると共に，世界中に普及していくことになる。

　テイラーと同時代に，並行して大量生産方式を実現していった実業家が**フォード**[14]である。1908年に発売したT型フォードは爆発的なヒット商品となり，これを大量に生産するため**流れ作業**の組み立てラインを導入し，生産性を飛躍的に向上させることに成功した。さらに職人が部品のサイズを合わせるために一つ一つ手でヤスリをかけるといった従来の職人芸を排するため，互換性の高い標準部品を導入し，厳格に分業化された作業を生産の主役としたのである[15]。

◆ 製品アーキテクチャ

　製品アーキテクチャとは，システムとしての製品（例えば自動車）をどのようにサブシステム（≒部品）に分解し，いかにそれらのサブシステム間の関係（インターフェイス）を定義付けるかに関しての設計思想である[16]。

　製品アーキテクチャは，**モジュラー型**（組み合わせ型）と**インテグラル型**（擦り合わせ型）の2つに分類できる[17]。事前に部品の組み合わせ方のルールを決めて，開発・製造の際には，そのルールに従って作られた部品を積み木やブロックのように組み合わせるのがモジュラー型である。一方インテグラル型では，事前に組み合わせ方のルールを完全には決めず，開発・製造を行なう段階で全体および各部品の最適性を考えて，各部品間の調整を行ないながら作りこんでいく[18]。

　モジュラー型の典型的な製品は，デスクトップパソコンであり，インテグラ

---

(14)　ソレンセン [1968]。
(15)　クレイナー [2002] pp. 28-30。
(16)　藤本隆弘ほか [2001]。
(17)　藤本隆弘 [2003]。
(18)　延岡健太郎 [2006] pp. 73-77。

ル型が自動車である。パソコンは，MPU，メモリ，ハードディスク，ディスプレイなど，部品間のインターフェイスはすべて業界標準に準じており，しかもそれらを組み合わせるだけで，パソコンとして求められる機能のほとんどが実現される。多くの技術者を抱えていなくても，部品を購入してきて簡単に商品を組み立てる（製造する）ことができるので，市場へ参入することが相対的に容易である。パソコンに詳しいユーザーであれば，一般の消費者でも，自分で選択した部品を購入して組み立てて，デスクトップパソコンを「開発・製造」することができるのである。

一方自動車は，エンジン，サスペンション，シートなど，ほとんどの部品システムが部品間インターフェイスの設計も含め，別々の企業や車種に固有の設計になっている。また自動車の心臓部にあたる新型エンジンの開発には数百億円以上の開発投資が必要であり，ほとんど各社別々に開発を行なっている。この点についてもパソコンとは対照的であり，パソコンの心臓部である MPU はインテルや AMD といった専門の企業によって開発され，パソコン企業へ提供される。こうしてモジュラー型では，標準化により大きなコスト・価格の低下が可能になるので，多くの製品においてモジュール化が進められていくのである。

製品アーキテクチャの違いによって，それに適した製品開発の組織能力がどのように異なるかを考えると，モジュラー型には，最適な部品や企業を選択し，効果的にそれらを組み合わせる，「選択・組み合わせ能力」が必要とされ，インテグラル型には，部品間や企業間で擦り合わせる「統合・擦り合わせ能力」が必要である。一般に日本企業は統合・擦り合わせ能力に長けるためインテグラル型製品に強く，このことが日本は**モノづくり**に長けているといわれるゆえんである。

◆ コスト削減

いかなる企業でも市場での競争優位の戦略を策定・実行するためには，つねにその主力製品の品質，価格，納期についての市場地位の向上を考えなければ

ならない[19]。さらに品質，価格，納期が他社と変わらないような技術的に安定した製品では，コスト削減によって少しでも利幅を大きくすることを考えなければならない。

　まず，より多くの製品を製造することによって，製品一つ当たりにかかるコストを下げることが可能である。これは**経験曲線効果**（Experience Curve Effect）と呼ばれ，一般に個人や組織が特定の課題について経験を蓄積するにつれて，より効率的にその課題をこなせるようになることである。製造業でいえば生産を開始してからの累積生産量の増加に伴って，一製品当たりの間接経費を含めた総コストが一定の割合で低下していく経験則のことであり，この関係を表した曲線が経験曲線である。

　これは1960年代に，ボストン・コンサルティング・グループ［1970］の調査によって確認され，市場での占有率（マーケットシェア）が上がるとより多くの製品を製造して経験を積むことになるので，全体としての製造コストを抑えることができるとして，**PPM**（Product Portfolio Management）に応用された[20]。しかし，現在のように製品や製造工程の技術革新が激しいと，その革新の度に新たな経験曲線が生み出され，それまでの経験が無意味になるため，激しい技術開発競争が繰り広げられている今日，こうした効果は相対的に小さくなってきている。

　一方，日本の製造業で共通しているコスト削減における個性化の方向は，**主力製造設備の自社開発・自社生産**である[21]。この自社製造の製造設備は現場のノウハウを集積したものであり，客観的・物理的な情報ではなく，ヒトのチエの結集したもので，他社には容易にはまねられない。これによって原価の引き下げ，品質の向上，納期の短縮をはかることができるのである（コラムIV-2）。

　こうしたコスト削減努力は製造工程だけでなく，販売チャネル，財務管理な

---

(19) 清水龍瑩［1999］p. 251。
(20) 第III部 4-1参照。
(21) 清水龍瑩［1999］p. 80 & pp. 169-170。

ど，企業経営のあらゆる局面で，また好・不況のあらゆる環境の下で実行される。特に不況期には，それは強化される。しかし従来どおりのコスト削減策だけでは，かえって従業員の過去と同じ仕事への固執性向を強め，コスト削減効果を小さくする可能性がある。すなわち，人間はその学習によって，同じ仕事の延長線のことをやりたがるようになり，発想の転換をきらう体質ができてしまうからである。

　従来どおりのコスト削減戦略を長い間続けていると，新製品開発とヒトの能力開発における相互発展の可能性がなくなることが，硬直化の最大の原因である。したがって，管理者精神に基づく従来どおりのコスト削減戦略は今日のような大変革期や大不況期には適合しない。企業家精神[22]に基づいた発想の転換による従来の常識を破ったコスト削減戦略が必要になるのである。

〈コラム Ⅳ-2　海外生産による産業の空洞化と日本国内生産の強み〉

　2011年3月11日，日本は東日本大震災という大変な災害に見舞われた。その直後の2011年3月17日に円は1ドル76円25銭に急騰し，1995年の阪神淡路大震災直後に記録した戦後最高値を更新してしまった。さらに2011年8月19日には欧米の財政悪化と景気減速の不安から，円は再び上昇し，1ドル75円95銭を記録し，3月の最高値をあっさりと更新してしまったのである。

　近年の円高傾向はさらに拡大し，多くの製造業は生産拠点の海外移転を模索している。2011年9月1日に発表された経済産業省の調査によれば，1ドル76円程度の円高水準が半年間継続した場合，大企業製造業の46％が生産工場や研究開発施設を海外に移転させる意向だという[23]。日本のモノづくりは大きな転換期を迎えているといえる。

　しかし，このような国内生産拠点が海外に移転してしまう産業の空洞化が進めば，日本のモノづくりの強さは失われてしまうことになる。ただ，すべての物事に表と裏があるように，すべての企業が海外に移転してしまうわけでもない，という点に注目しておきたい。

　例えば，富士通，ソニー，また外資の日本ヒューレットパッカードなどは

---

(22)　第Ⅱ部4-1参照。
(23)　http://www.meti.go.jp/press/2011/09/20110901003/20110901003-1.pdf（2011. 9. 23.）なお，2011年の歴史的な円高は政府・日銀の市場介入まで合計7回も最高値を更新し，1ドル75円32銭（10月31日）という記録を残した。

> 日本国内でのパソコン生産を加速させている。中国の製造業の人件費は過去5年で2倍に高騰し，日中のコスト差が縮んできているからだ。品質維持・納期を考えた場合，日本国内での生産は決して中国生産に引けをとらない，と考える企業も多いのである[24]。
>
> トヨタ自動車では小沢副社長が「円高，1ドル＝80円の為替水準の中では，収益を預かるCFOとしては日本でのものづくりを続ける限界を感じている。」と発言した。一方，豊田社長は，「トヨタは日本で生まれ育てられたグローバル企業。この産業基盤，雇用基盤をどう維持していけるかを考え，従来から日本でのものづくりにこだわりたいと言ってきた。その思いは今も変わらない。私の『日本のものづくりを守りたい』という思いだけではやっていけないことは十分理解している。だが震災を通じて日本のものづくりの底力も感じている。世界の強豪と同じ土俵で戦えるような環境整備が製造業の望みだということは理解してほしい。」と述べている[25]。

◆ 外部資源の活用

今日のような激しく変化する競争環境の下で，自社の強み[26]になると考えられる業務だけを自社内で内製化し，それ以外の業務を他社に外部委託していこうという考えがある。これを業務の**アウトソーシング**（Outsourcing）という[27]。委託する側は自社の中心業務に集中し，外部活用をした方が効率的であったり，専門的であったりするような資源やサービスを，外部から調達，すなわちアウトソーシングするのである。これによって専用の資産や運用部門を持つ必要がなくなり，専門的な人材育成のコストがかからなくなる。また委託した業務がサービスとして提供されることによって，財務管理上のメリットが生まれる場合もあるのである。

自社のブランドで販売するが，その生産等をすべて外注し，**OEM**（Original Equipment Manufacturer：相手先ブランドによる生産）調達する場合もある。市

---

(24) 『日本経済新聞』2011年9月9日。
(25) トヨタ自動車　2011年3月期決算発表記者会。
(26) 第Ⅲ部6-1参照。
(27) 延岡健太郎［2006］pp. 271-274。

場が立ち上がる時期に製造の技術やラインを持たない企業にとって，自社製造を開始するまでの期間OEM供給を受けることで早期に市場投入することができる。また市場の成長期に自社の生産だけで追いつかない場合や，市場の衰退期に自社生産から撤退しより低コストでの製品供給を目指す場合などもある。逆に生産を委託される側からみれば，OEMによって自社の製品を他のブランドでも販売することになり，より多くの累積生産量を確保することで，経験曲線効果により製造コストを下げることが可能性となる。ちなみに流通業において自社の販売ブランドで販売する商品の生産を外注する場合には，**プライベートブランド**（PB）と呼ばれることが多い。

　さらに進んで，工場を所有せずに製品はすべてOEMによって調達し，企画や研究開発だけに特化して製造業の活動を行なう企業を**ファブレス**（Fabless）企業と呼ぶことがある。例えば製造技術の革新が激しい半導体産業では，4年に一度程度は大きく製造設備を更新する必要があり，半導体の設計に特化し，製造のリスクをとらないファブレス企業と，逆に製造に特化し，複数のファブレス企業からの製造を請け負う**ファウンドリ**（Foundry）に企業が2極分化する傾向がみられる。また電子機器業界においてもOEMを専門に受ける会社は**EMS**（Electronics Manufacturing Service）と呼ばれ，製造企業が個別の製品ごとにラインを設置するのは効率が悪いとして，EMS企業が複数のメーカーから製造過程のアウトソーシングを専門に請け負うのである[28]。

◆ 品 質 管 理

　日本のモノづくりの特徴として，その品質の高さがいわれることが多いが，その背景には品質を管理するための様々な仕組みが存在している。歴史的にみると，戦後の復興を遂げるため，日本生産性本部などが主体となって欧米から様々な技術や経営技法が導入され，日本科学技術連盟の招きでデミングによる品質管理セミナーが開かれるなどして，日本に統計的な**品質管理**（QC：Quality

---

[28] 第Ⅲ部 4‑3 参照。

Control) が紹介されることになる[29]。

　既にある程度の品質が実現されていたアメリカ本国では，こうした QC の考えが実践されることは少なかったが，日本においては1960年代以降，現場の意識改善活動として広く定着していき，**QC サークル**や **PDCA サイクル**などの方法論が確立されていった。QC サークルとは小集団活動とも呼ばれ，生産ラインを小さな集団単位に分け，現場で実際に作業を担当している人々が参加して，その集団単位での改善提案を考えていく活動である。また PDCA サイクルとは，**計画** (Plan)，**実施** (Do)，**評価** (Check)，**改善** (Action) の循環を指し，これによって業務を継続的にカイゼンしていくのである。その後，製造現場における手法と考えられていた品質管理は，全社的活動として取り組む **TQC** (Total Quality Control) システムとして発展していった。

　またトヨタ自動車は，フォードにおける従業員による製造現場でのアイディアに対する報奨制度などを応用してカイゼン活動等を体系化し，今日，**トヨタ生産方式**と呼ばれる仕組みを創り上げてきた。トヨタ生産方式では，付加価値を高めない各種現象や結果である「ムダ」をなくすことが重要な取り組みであり，その実践例としてはカンバンを用いたジャストインタイム (JIT) 生産システム（あるいはカンバン方式）が挙げられる。カンバンとは部品を発注する帳票のことであるが，部品を使い終わると，その部品と共にあったカンバンをその部品を製造する前工程に送り生産を依頼する。こうすることで，余計な部品を見込み生産するのではなく，完成品の生産に応じて部品を製造し，中間在庫を少なくしていくことができるのである。

　アメリカでは1980年代にこうした日本製造業のモノづくりの強みに関する研究が進み[30]，日本のボトムアップ的な TQC 活動が，アメリカの企業に合うようなトップダウン型に進化して **TQM** (Total Quality Management) となり，1990年代にアメリカの多くの企業で実践されることになる。その中で例えば QC サークル活動を参考にして**シックス・シグマ**といった経営手法が開発され

---

(29)　藤森三男ほか [1997]。
(30)　ダートウゾス [1990]。

てきている[31]。そこでは専門の教育機関によって認定されたブラックベルト（黒帯）という資格を有する人が中心となって，定義（Define），測定（Measurement），分析（Analysis），改善（Improvement），定着管理（Control）というDMAICのプロセスを通じて，バラツキの抑制に主眼を置いたカイゼン活動がなされるのである。

---

(31) ウェルチ［2005］。

2 組 織 の 管 理

　経営管理における組織の管理について，ここでは組織と情報，日本の企業組織の特徴，企業成長に伴う組織構造の変化と新しい組織形態についてみてみよう。

2-1 組 織 と 情 報

◆ 変化の速度の差の原理

　モノゴトの変化の速度には差[32]がある。情報革新の結果，変化の速度は全体的に速くなったが，依然としてその差は存在する。情報とカネはリアルタイムで世界中を動き，モノは飛行機を使えば一週間で世界中のどこへでも移動し得るし，ヒトはビザの関係などがあるが10日間ぐらいで世界中を移動できる。しかしヒトの意識は他国へ移動してもすぐは変わらず，これが変わるには2～3年の期間が必要である。その人の意識が固定してできた法律・制度などが変わるには10～20年の年月が必要であり，さらに無意識の価値観・文化は100年の単位でしか変わらない。

　現在の国境を越えた情報のリアルタイムの伝達は，このような変化の速さを加速してきた。しかし通常，モノゴトの変化の速度の順序，すなわち**情報・カネ＞モノ＞ヒト＞ヒトの意識＞法律・制度＞無意識の価値観・文化**の変化の速さの順番は変わらなかった。ところが，今日の急速な情報化・グローバル化で，この変化の速度の順序までが変わってきた[33]。例えば本来，制度や法律は人間の意識が固定してできたものであり，人間の意識が変わっても，税法も民法

---

(32)　清水龍瑩［1990］pp. 253-256, 第Ⅱ部3-1参照，第Ⅲ部1-4参照。
(33)　清水龍瑩［1999］p. 19。

もそう短期間では変わらないものである。ところが今日，外国との接触が急増し，国際的な力関係でヒトの意識より速く法律が変わってしまう。これに人々の意識が逆に追いつかないことで，様々なコンフリクト（摩擦）が生じてくるのである。

◆ 企業文化

　なかなか変わらないヒトの意識や価値観を，社会文化と呼ぶことができる。一方，ある企業を構成する人々に共通の価値観や行動パターンがみられる時，これを**企業文化**ということができる[34]。企業文化とは長年の企業活動を通じて企業の構成員に定着した共通の価値観や行動パターンである。

　ヒトは組織の中で同じことを繰り返し，成功体験を積むことでその方法を学習し，これが組織の中に定着すると共通の価値観や行動パターンすなわち企業文化となり，だんだんと従来からあったやり方を無意識に繰り返すことになる。このように組織には放っておけば硬直化する傾向があり，これを企業文化の**逆機能**と呼ぶ。問題は，今日の企業が置かれている経営環境は急速に変化しており，硬直化する企業文化と変化する環境との間にギャップが生じてしまう点である。さらに企業文化は環境をみるフィルターや色眼鏡としての役割を持つので，強い企業文化の下にある組織では，環境が大きく変化した場合でも，変化を従来の考え方の延長線上で捉えてしまい，非連続的な環境変化に気付くことができないのである。

◆ イノベーション

　シュンペーター［1939］は経済学の立場で，各種生産要素の**新しい結合**がイノベーション（革新）をもたらし，経済成長の原因となると主張した。経済学的にはイノベーションを単純に一つの新しい生産関数の設定と定義することもできるが，その新結合は，単に技術上考え出された生産要素間の新結合だけで

---

[34] 佐藤　和［2009］。

はない。これには新製品を開発するような場合も，企業提携のような新しい組織形態や新しい市場を開発するような場合も含んでいるのである。そしてこの新結合を計画し実行するのは企業家（Entrepreneur）であって，企業家精神こそが企業成長の要因であり，これによって経済成長がもたらされるというのである。

今日の情報化社会では，創造性の発揮とは異なった**情報**を頭の中で新たに結合することであり，これがイノベーションの前提条件となる[35]。Simon [1985] は，創造性とは拡大して考えることだとして，創造性発揮の前提条件として専門知識（Expertise）を挙げている。具体的には10年間の継続的な仕事と，5万の専門記憶（Chunks）が必要であるという。これらは情報の新結合のための前提条件である。企業文化の視点でいえば，従来から存在する企業文化というフィルターを通してみていたものを，その枠組みから離れて他の見方ができるようになったり，従来の文化を壊してみたりすることが，革新を生むのである（コラムIV-3）。

◆ 情報の管理と情報収集

今日の日本の優れた経営者は，企業の現場をより深く詳しく知ると同時に，世界の大きなうねりを長期的・広範囲に常に洞察している。すなわち，世界の流れ・うねりを，他の経営者よりより広く，長期にみる一方，同時に足元の現場を他人より，いっそう深く詳しく常に知り，それらを結び付けて新しい方向を見出さなければならないのである[36]。

足元の現場を他人より一層深く詳しく知るために，トップは**現場歩き**（Management by Wandering）[37]をしなければならない。もちろんトップは，**公式的**（フォーマル）な形の内部の定型情報をいつも入手している。しかし企業の将来構想の構築のためには，社長の現場歩きによる足元のナマの情報収集

---

(35) 清水龍瑩 [1990] pp. 4-5。
(36) 清水龍瑩 [1999] p. 45 & p. 50。
(37) 第II部 3-1 参照。

が不可欠である[38]。**非公式的**（インフォーマル）な，誰にも加工されていないナマの不定型情報の方が頭に入りやすいし，他の情報とも結び付きやすい。しかも現場歩きで得られた情報を基礎にしてできあがった将来構想や経営目標は，その後現場に受け入れられやすいのである。

> 〈コラムIV-3　怒　る〉
>
> 　新製品開発の望ましい方向は，一般的，マクロ的にみて良い方向ではなく，その企業の個性的な方向であり，これを探るには，トップが経済現象に先行する社会現象にたえず注目している必要がある。
>
> 　現在の日本社会は，戦後の高度成長期の社会とは大きく違う方向に動いている。財産社会から組織社会へ，モノ，カネなどのハード財産重視の社会から，情報，信用，友達の数，面白い話，楽しい雰囲気などのソフト財産の重視へ，専門文化社会から大衆文化社会へと大きく動いている。
>
> 　ところでヒトはなぜ怒るのであろうか。社会文化という側面からみると，自分が育ってきた社会を通じて身に付けた価値観と異なる価値観から生じる現象に遭遇すると，怒りという感情が発生する[39]。すなわち，ある現象をみて怒りが生じたのであれば，自分の持っている価値観と相手の持っている価値観に相違があるということを示しているのである。怒りの原因は，相手の行動そのものにあるのではなく，それをみている自分の中にあるのである。
>
> 　そしてこうした怒りこそが，経営者にとって社会の変化に対する思考のトリガーとなる[40]。経営者が怒りを覚えることがあったとすれば，それは経営者が育ってきた時代にはなかった新しい価値観に遭遇したことを意味している。今どきの若い者は，と冷めた目でみるのではなく，自分の考え方が古くなっているのではないかと，反省しなければならない。こうして経営者は常に経済に先行するような多局面の社会現象を複眼で眺め，それに共通する底流を深く洞察していく必要がある。そのためには経済情報ばかりでなく，社会・文化現象にたえず注目し，その情報の関連性を深く考えていくクセが必要なのである。

---

(38)　清水龍瑩［1999］p. 87 & p. 223。
(39)　戸田正直［1992］。
(40)　清水龍瑩［1999］p. 227。

◆ 知識創造

情報として一般にすぐ連想されるのが，明白で，形式的・体系的で，言葉や数字であらわすことができ，厳密なデータ，科学方程式，明示化された手続き，普遍的原則などの形でたやすく伝達・共有することができる知識，つまり**形式知**（Explicit Knowledge）である。

これは西洋的経営の伝統に根ざした知識であるが，日本企業では，言葉や数字であらわされる知識は氷山の一角にすぎないと考える傾向がある。すなわち知識というものは，基本的には目にみえにくく，表現しがたい，暗黙的なものだというのである。このような**暗黙知**（Tacit Knowledge）は，非常に個人的なもので形式化しにくいので，他人に伝達して共有することは難しい。主観に基づく洞察，直観，カンが，この知識の範疇に含まれる。さらに暗黙知は，個人の行動，経験，理想，価値観，情念などにも深く根ざしている[41]。企業の構成員によって共有されている企業文化もまた，暗黙知の範疇であるということができる。

人間の創造的活動において，形式知と暗黙知は相互に作用し合い，互いに成り代わる。形式知と暗黙知の社会的相互作用を通じて，人間の知識が創造され拡大されるのであり，この相互循環を知識変換と呼ぶことができる。そこでは(1)個人の暗黙知からグループの暗黙知を創造する共同化（Socialization），(2)暗黙知から形式知を創造する表出化（Externalization），(3)個別の形式知から体系的な形式知を創造する連結化（Combination），(4)形式知から暗黙知を創造する内面化（Internalization）の4つのモードが考えられ，この循環は，4つのモードの頭文字をとって知識変換の **SECI モデル** と呼ばれている。そしてこうした知識変換が行なわれる**場**を創出し，4つのモードが繰り返して生じるような知識スパイラルを起こしていくことが，知識創造のマネジメントになるのである（図表Ⅳ-1）。

---

(41) 野中郁次郎・竹内弘高［1996］pp. 8-9 & pp. 90-92。

図表Ⅳ-1　4つの知識変換モード

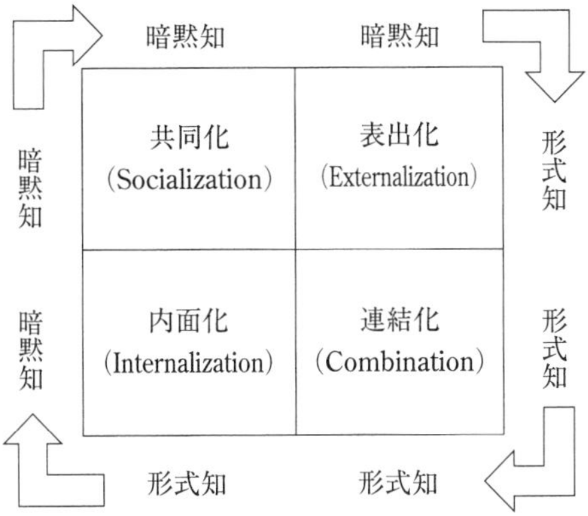

	暗黙知	暗黙知	
暗黙知	共同化 (Socialization)	表出化 (Externalization)	形式知
暗黙知	内面化 (Internalization)	連結化 (Combination)	形式知
	形式知	形式知	

出所：野中郁次郎・竹中弘高［1996］p. 93。

2-2　日本の企業組織

◆ 信 頼 取 引

　日本の企業組織の特徴として，強い企業文化を持つ場合が多いことが挙げられるが，その原因の一つを日本人の集団主義に求めることができる。集団主義とは，個人と集団との関連で，集団の利害を個人のそれに優先させる集団中心の考え方である[42]。さらに日本は集団主義，協調主義の信頼社会であり，そこにおける取引もまた**信頼取引**[43]となっている。

　一般に商取引には，(1)現金取引，(2)信用取引，(3)信頼取引の3つがある[44]。現金取引は，環境が非常に不安定な時に行なわれる取引である。砂漠の中での隊商同士の取引では，品物を手渡したらそこで現金を受け取らなければならない。次の日には砂嵐で相手がいなくなってしまう可能性があるからである。信

---
[42]　間　　宏［1971］。
[43]　清水龍瑩［1991］。
[44]　清水龍瑩［1998a］。

用取引は,環境がある程度安定している場合の取引で,品物を渡してから何日後,何ヶ月後に現金を受け取るというもので,現在の大部分の資本主義社会で行なわれている取引である(コラムIV-4)。5か10の付く五十日(ごとうび)に都心が車で渋滞するのは,信用取引を行なう契約書の決済日が,そうした日付に設定される場合が多いからである。

信頼取引は,もっと安定した日本のような国での取引である。この信頼取引は,ある相手との一回の取引で利益が出なくてもいい,何回も取引を行なって,その合計で利益が出ればいいと考える。さらにその取引相手が信頼できる新しい取引先を紹介してくれたりして,多角的・長期的な取引によって利益が出ればいいと考える。すなわち短期的には経済的に非合理的な取引であっても,長期的,全体的にみて利益が出ればよいという考え方で,「今回は泣いてくれ」,「カシ・カリの論理」や「そこを何とか」といった一般的慣習が典型的な例である。

また日本企業が長期の維持発展を目的としているのもまた信頼取引の考えが基本になっており,企業構成員との信頼取引から終身雇用や年功序列制度が生まれてきた[45]。こうした信頼取引は,人間間の信頼が基礎となっており,この人間間の「信頼」と長期志向が日本型経営の大きな特徴であるといえよう。

しかしこうした信頼取引は,グローバルな視点からみると不透明な取引とされ,アンフェアだとされる点に注意が必要である。情報化・グローバル化への急速な展開によって,欧米から入ってきた制度や法律の変化に,日本の経営者の意識の変化が追いつけず,多くの企業不祥事と呼ばれるような事件が起こっている。すなわち経営環境としての制度や法律が変化したにもかかわらず,企業文化の持つ自己保存の慣性が従来のやり方を墨守させ,これが明るみに出た時に企業不祥事となってしまうのである。

---

(45) 清水龍瑩[1993c]。

> **〈コラムⅣ-4　プリペイカードとクレジットカード〉**
>
> 　事前にチャージした額までしか使えないようなプリペイカードは，通常無記名であることが多く，もしカードを落としたら，拾った人がチャージされているまでの金額を使えてしまう。そうした意味で，これは現金取引の現代版である。銀行口座から直接引き落とす，デビットカードもこの現金取引の進化版であろう。
>
> 　一方，クレジットカードは，まず発行する時に審査がなされ，また使う時にもカードが有効かどうか通常オンラインでチェックされる。その上で事前に設定された上限額までを自由に利用することができ，支払は翌月等にまとめて銀行口座から引き落とされることになる。すなわち信用取引である。
>
> 　ちなみにクレジットカードで銀行引き落としができない状況が起こると，ブラックリストに載り，その後クレジットカードの使用ができなくなったり，限度額が引き下げられたり，他の会社でも新規の発行ができなくなったりする。信用が得られなくなるのである。

◆ 家 の 論 理

　集団主義的な日本において，文明開化と共に欧米の技術や制度が導入され，大企業が成立していった背景には，血縁以外の者も信頼して家族の一員としていくという，家の論理があったと考えられている。

　様々な国において，組織の中で親族や血縁の人間を重用する考えがあり，一般にネポティズムと呼ばれ，例えば中国や韓国といった国では，企業組織の運営においてもこうした考えが根強いといわれている。日本では同じ儒教の考えがあるが，血縁を超えて，非血縁の者でも能力のあるものは重用される。親族，血縁のみを重視するという考えは少ない。

　三戸［1991］は，日本の企業は契約的側面を持つと同時に，より以上，所属的性格を強固に持っており，欧米の企業は所属的性格がなくはないが，圧倒的に契約に基づいて企業組織が形成され存続しているとして，個人と企業との間の契約を重視する欧米企業と，個人と企業との間の全人格的所属関係を重視する日本企業との組織の違いを明確にしている。そして日本の家の特徴は，中国

や韓国と異なり，血縁を超え，非血縁をどこまでも家族の一員に迎えることであり，この血縁の枠を超えて**家**という組織体の維持繁栄をはかる組織原理が，そのまま前近代から近代へ，前資本制から資本制への移行にもかかわらず，日本の家の論理の連続性を可能にした。すなわち非血縁の者まで家族の一員に組み入れる日本の家の論理が，日本企業を近代的・資本制的な企業に発展させた大きな要因だと説明しているのである。

◆ プロテスタンティズム

　一方，個人主義的な欧米において，近代化と共に資本主義制度に基づく大企業が出現したのは，宗教改革後のプロテスタントの考え方にその起源があると考えられている。社会学者**ウェーバー**［1989］は，プロテスタント，特にカルヴァン派の人々は，俗世間で働くことはそのまま神の栄光を増すことだと考えており，カトリックにおけるような修道院の禁欲生活だけが神の栄光を増すものではないと主張する。選ばれたキリスト教徒が生存しているのは，それぞれの持ち場にあって神の戒めを実行し，それによって現世において神の栄光を増すためであり，このプロテスタンティズムの信念が近代の資本主義発展のベースになったというのである。

◆ 社 会 資 本

　近代化以前は，信頼の原単位である血縁集団の中でしか行なわれていなかった経済活動が，産業革命以後，工業生産等の発達により大規模化を要求されるが，こうした家の論理やプロテスタンティズムの考えによって，血縁を超えて人を信頼することが可能となり，近代的で大規模な企業組織というものが日本や欧米において発達することになる。

　こうした血縁を超えて人を信頼し，家族を超えた規模の様々な組織を形成することのできる社会を，社会学では**社会資本**（Social Capital）が存在している社会であるという[46]。社会資本とは，社会的ネットワークにおける人間関係のことを指し，社会の信頼関係，ネットワーク関係といった人間の協調行動が

活発化することで，社会の効率性を高めることができるという考え方が元になっている。

日本においては儒教の伝統による集団主義と歴史的な家の論理による社会資本が，欧米においてはキリスト教の伝統による個人主義とプロテスタンティズムによる社会資本が，それぞれ資本主義社会に適合的な近代大企業組織を生み出すことになるのである。

◆ 和 魂 洋 才

日本は地政学的にみて，先進国である大陸の東の端に位置する島国であり，有史以来，それら先進国の文物をいち早く取り入れて，それをまねてその優れた文物によって軍事力，経済力を維持しようという考えが強かった。その中で日本人の考え方，すなわち和魂を守りながら，海外の文物，すなわち洋才を導入するという，和魂洋才による日本型の**ハイブリッド**（雑種）の作り方が培われていった。

例えば，なぜアメリカで考え出された品質管理が日本で TQC を生み，これがアメリカに渡ると TQM となる，というような変化が起こるのであろうか[47]。それは変化の速度の差の原理でも述べたように，新しい制度は形式的には簡単に国を超えて移転することが可能だが，実際にはそれを受け入れる人々の無意識の価値観がなかなか変わらない。そこで実態に合った受け入れ方が工夫され，新しい雑種，ハイブリッド[48]が生まれるのである。

人々の無意識の価値観というレベルでみると集団主義的な日本と個人主義的な欧米というように，大きな差があり，同じ品質管理のための活動を行なうといっても，その実行の仕方はそれぞれ異なる。それぞれの価値観に合った，実効性のある実現方法を工夫していく中で，それぞれ異なった方向に創造性が発揮されるのである。

---

(46) フクヤマ［1996］。
(47) 第IV部 1-3 参照。
(48) 藤森三男ほか［1997］。

2-3　企業成長と組織構造

ここまで組織について情報という側面と，日本における特徴についてみてきたが，次に，企業成長と共に起こる組織の変化について，時間軸の観点からみてみたい[49]。企業家が新しい企業を創業し，企業成長と共に製品やサービスの産出量が多くなってくると，それに従ってこれを支える組織の規模もまた拡大していく。そしてそこでは，それぞれの規模や成長段階にふさわしい，様々な**組織構造**が選択されていくのである。

◆ 革新と展開

Greiner [1972] は，組織成長には一つの方向があり，しかもその成長過程では**革新段階**と**展開段階**とが交互に現れると主張する（図表IV-2）。ここで革新段階とは今までの経営の仕方がいきづまり，大きな変革を必要とする時期であり，展開段階とはある危機を乗り切った企業がその後大きな経営上の問題もなく静かに発展する段階である。

彼は組織の具体的な成長段階として，5つの局面（Phase）を考えた。まず第1段階の非公式（Informal）組織の段階では，企業の創業者は企業家精神に富み，管理の仕事を相対的に重視せず，新製品の開発，販売に力を入れる。また従業員間のコミュニケーションは，インフォーマルな形で激しく行なわれる。

しかしそのうち従業員数が増大してくるとリーダーシップに危機が現れ，さらに大量生産，販売のための新しい経営技術，会計システムが必要になり，それらを支える新しい組織構造が必要となる。ここで革新が起き，第2段階の中央集権的職能別（Central and Functional）組織の段階に入る。ここでは製造，販売，管理といった経営の各機能に応じて組織を編成する，いわゆる**職能別組織**が導入され，営業，製造などの諸活動が分化され専門化される。

---

[49] 第II部 4-2 参照。

図表Ⅳ-2 組織の展開と革新

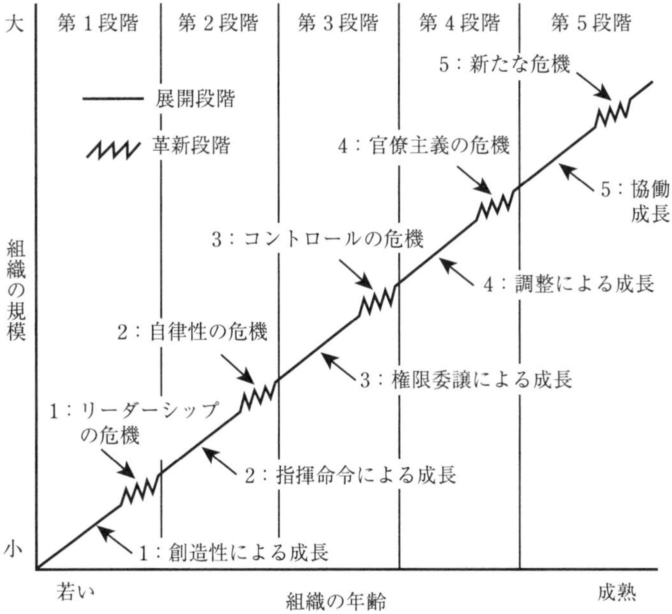

```
大　│第1段階│第2段階│第3段階│第4段階│第5段階
    │       │       │       │       │5：新たな危機
    │── 展開段階                     │
    │〰〰 革新段階        │4：官僚主義の危機
    │                              │5：協働による成長
組織 │              3：コントロールの危機
の　 │                    │4：調整による成長
規模 │       2：自律性の危機
    │              │3：権限委譲による成長
    │1：リーダーシップの危機
    │       │2：指揮命令による成長
    │
小　 │1：創造性による成長
    └─────────────────────────────
    若い          組織の年齢          成熟
```

出所：Greiner［1972］p. 41より筆者作成。

　一方管理の階層がふえるに従って，コミュニケーションは公式的になり，下位管理者はトップよりも市場・技術についての知識を多く持つようになり，単なる管理者ではなく独立の意思決定権限を求めるようになる。そこで革新が起き，第3段階の分権的地域的（Decentralized and Geographical）組織の段階に入る。ここではより多くの責任が工場長，営業所長といった下位管理者に与えられ，トップは例外原則による管理だけに集中する。そしてトップから現場へのコミュニケーションは少なくなる。

　しかしその結果，独立的な管理者はますます権限を強め，トップのコントロールに危機が生まれてくる。ここで革新が起き，第4段階のライン─スタッフと製品別グループ（Line-Staff and Product Groups）組織に入る。この段階では製品グループごとに製造から営業までを統合したいわゆる**事業部制組織**が導

入され，各グループ（事業部）は投資センターとして取り扱われ，投下資本利益率等が資金配分の基準となる。また本社には強力な多数のスタッフが集められ，全社的な統制，監査の計画を立てる。

しかしそのうちに企業規模が大きくなり，またその組織構造が固まってくると，ライン―スタッフ間の不信感，本社と現場との不信感が増大し，危機を迎える。そこで新たな革新が起き，第5段階のマトリックス・チーム（Matrix Team）組織に入る。この段階ではチームで問題解決することが中心となる。そしてここで設置されたプロジェクト・チームやタスクフォースには異なった部門の人々が集められ，学際的（Inter-disciplinary）なチームが作られる。一方本社スタッフは減少させられ，その機能は各チームの相談相手になることが中心となる。また単純化された公式組織間において，相互のコンフリクトを除くために部長会談等が頻繁に開かれる。しかしこのように柔軟性を持った組織もチームワークの緊張感の増大や，たえず革新的な解決案を要求する圧力のため従業員の満足が得られなくなり，新しい危機を迎えることになるのである。

すべての企業が成長と共にこのような発展段階を踏むわけではないが，グレイナーの示した組織の成長段階は，経営管理における問題と解決のプロセスを示す一つのモデルであると考えられる。

◆ 非公式組織

一般に組織といった場合，通常は**公式（フォーマル）組織**を示していることが多い。組織とは(1)共通目的，(2)貢献意欲，(3)コミュニケーションの3つの要素が存在している人間の集まりのことをいう[50]。公式組織における組織メンバーは，職務を決められ，権限も決められ，それ相応の責任を負わされる。権限や責任が決められるわけであるから，自分よりも大きな権限を持つ上司から命令を受けなければならない。そしてこの命令を受けて職務を遂行すれば，その結果を上司に報告しなければならない。このように公式組織においては，職

---

(50) バーナード［1968］p. 86。

務・権限・責任の関係が明確にされ，組織メンバーは上司と部下の関係を中心に，その生活を送ることになる。

しかし公式組織の裏側には，同時に**非公式（インフォーマル）組織**というものが存在する。組織メンバーは，職務・権限・責任の関係をベースにした人間関係の中だけで組織生活を送るわけではない。同時に，お茶を飲む，一緒に何らかの遊びをする，酒を飲むといった，職務・権限・責任の関係とは離れた人間関係の中においても組織生活を送っている。この人間関係にはコミュニケーションや協働意欲という要素はあっても，特別の共通目的があるわけではない。このような職務・権限・責任の関係とは別個の関係をベースにしてできあがった人の集まりを非公式組織という。

このように非公式組織とは[51]，公式組織以外の各人間の相互作用の総体であり，外形的には，一般に人間関係と呼ばれている仕事外の人間の相互接触作用であり，内面的には，共通の理念・価値・信条，すなわち企業文化によって結ばれている連帯的結合関係なのである。こうした非公式組織は，公式組織が明確に成立する前から存在するために，グレイナーは，組織の最初の段階として挙げているが，企業が成長し組織が大きくなり公式組織としての組織構造が明確になっていっても，決してなくなるものではなく，大企業においても公式組織と同時に非公式組織が存在し，企業の存続に影響を与えているのである。

◆ 職能別組織

職能別組織とは，安定して成長している企業で，複雑な職務を研究開発，製造，販売，財務管理などの職能ごとに専門化，標準化して，これを効率よく処理しようとする組織である[52]。職能別組織は，効率性を高めるために最も有効な組織である（図表IV-3）。

しかし専門化，標準化しすぎると，いわゆるセクショナリズムが起きて部門間の調整が難しくなったり[53]，また人々の同じ仕事に固執するクセが強くな

---

(51) 森本三男［1998］p. 21。
(52) 清水龍瑩［1975］pp. 109-112。

図表Ⅳ-3　職能別組織

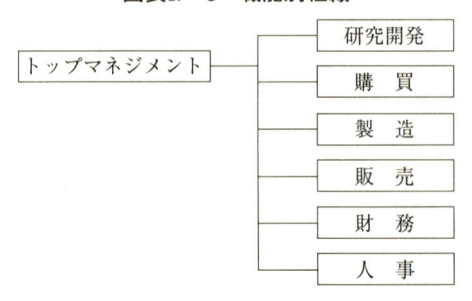

```
                    ┌─ 研究開発
                    ├─ 購　買
トップマネジメント ─┼─ 製　造
                    ├─ 販　売
                    ├─ 財　務
                    └─ 人　事
```

ったりして，創造性が発揮されなくなり，組織の有効性が達成できなくなる。これは企業文化の視点でいえば，一つの企業文化の下に，各職能別に異なった複数の下位文化ができてしまうことである。例えば研究開発部門の人が，なんでこんなに技術的に優れた製品をつくっているのに，売ってくれないのだろうと思い，販売部門の人が，なんでもっと売れるような製品を開発してくれないのだろうと思っていては，結局どちらからも販売不振を乗り切る案は出ず，せっかく優れた技術力や販売力を持っていても，これが生かされないのである。

また組織の中心的課題である専門化，標準化は，分掌規定による権限の明確化，予算作成プロセスの明文化などに現れてくる。しかし，業務を標準化しコンピュータ化していくことは，業務の手順ややり方を固定化してしまうので，環境が変化する中では組織の有効性が損なわれる危険性がある。

そこでその標準化，規準化を推し進めながら各々の構成メンバーに創造性を発揮させるために，部門間のコミュニケーションの増大，大幅な権限の委譲，公正な人事評価が必要である。また上下のコミュニケーションの増大は人々に自己の職務を複眼でみる態度を身に付けさせ，能力開発，創造性の発揮に結び付いていく。一般に職能別組織をそのままにして，各部門のコミュニケーションを増大させるために，各部門を横断する各種委員会やプロジェクト・チームなどの一時的な組織や，あるいはまた企業内外から情報を収集・分析し，その

---

(53)　McLaren [1982] pp. 123-127。

結果から各部門に助言するスタッフ組織，定期的に行なわれるジョブ・ローテーションなどの制度が必要である（コラムIV-5）。

〈コラムIV-5　機械的組織と有機的組織〉

ウェーバー［1989］は，近代化と共に新しく工業化された世界における究極的な組織形態は**官僚制組織**であり，そこでは人間性の喪失が起こるのではないかと考えた。官僚制組織は，定型的課業の安定した確実な遂行に適合した，不確実性排除型の組織であり[54]，効率性を重視した組織である。しかしこの型の組織では，近年のような大きな環境変化に対応することができない。官僚制組織では，環境変化に応じて素早く組織を変化させ，有効性を達成することが難しいのである。

バーンズ＝ストーカー［1961］は，組織には**機械的システム**（Mechanistic System）と**有機的システム**（Organic System）の2つのタイプがあると考えた。機械的システムは，職務やコミュニケーションの仕組みを厳格に規定し，活動の定常化を意図する剛構造の組織であり，いわゆる官僚制組織はこの機械的システムの組織であるといえる。これに対して，有機的システムは，目標は明確にするが，目標達成過程の自由裁量を許容し，活動に弾力性を与える柔構造の組織である。

こうした環境が異なると有効な組織構造も変わってくるという組織の理論は，**コンティンジェンシー（条件適応）理論**と呼ばれている。組織構造が有効であるかどうかは，環境によって条件付けられるというのである。このコンティンジェンシー理論には，環境に適応すればよいという受動的な姿勢に対して批判があるが，有効な組織構造が一つではないということを示したことで，その後の研究の発展に大きく寄与したのである。

◆ 事業部制と子会社

事業部制組織とは，企業規模が大きくなり組織が硬直化し，環境変化に対応しにくくなってきた時，その経営を製品別，地域別などの基準で分割して，より小さな単位で環境変化に適応することで，企業全体としての有効性を高めていこうとする組織である[55]（図表IV-4，コラムIV-6）。

---

(54)　森本三男［1998］p. 180。

図表Ⅳ-4　事業部制組織

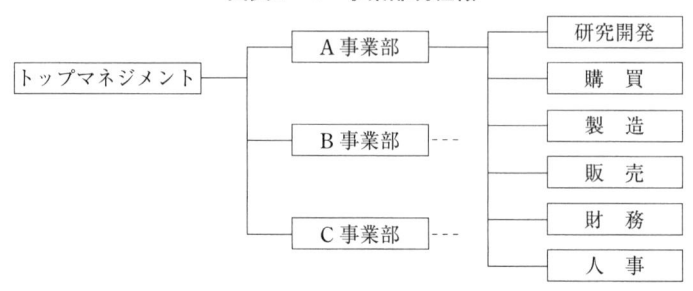

```
                    ┌── A事業部 ──┬── 研究開発
                    │             ├── 購　買
トップマネジメント ──┼── B事業部 ---├── 製　造
                    │             ├── 販　売
                    └── C事業部 ---├── 財　務
                                  └── 人　事
```

　機能的には，一定の資金枠の中で自ら目標を立て生産販売を行なう独立採算型のものから，一定の資金枠を与えられると共に目標も本社から与えられ，それに従って生産販売を行なう利益責任型のものまで様々な方法がある。本来，アメリカで発生した事業部制組織は独立採算型を中心とするが，日本ではその機能が大きく制約されたものが多く，真に独立採算を必要とする場合は，子会社として分離されるケースが多い。我が国企業では，企業の中の人々に集団責任の観念が強く，個人で独立した責任をとることを忌避する雰囲気があり，さらに重要なことは，大卒者の採用，金融機関からの資金の借り入れはすべて本社管理部門が行なうという慣習があって，米国のように子会社に近い独立採算型の事業部制はとりにくいからである。

　子会社の分離・設立は，環境変化に対応して日本の企業がリスクの高い新しい事業分野に多角化していく時に，多く用いられる方策である。日本では危険の多い多角化戦略を行なう時，事業部制をとるより，まず子会社の分離，設立を行なう場合が多い。そしてその新事業がある程度軌道に乗ってくると，本社組織の一事業部として吸収する。現実に環境変化の激しい時は，事業部よりも，この子会社分離の方が有効性を高めることができるからである。

　このような場合の子会社には，本社組織から通常，若い優秀なスタッフが出向させられる。そして事業部にいた時よりも大きな責任，権限が与えられ，し

---

(55)　清水龍瑩［1975］pp. 107-109。

かもその事業の成功，不成功はその出向社員にとって社内評価の大きな分岐点となるため，希望と危機感から大きく創造性を発揮するのである。

> 〈コラムIV-6 SBU〉
> 　前述のフォードは，T型フォードという低価格の単一機種で，それまで自動車を買えなかった層に対してモータリゼーションと共に大衆車市場を立ち上げていったが，これに対抗するゼネラルモーターズは，消費者の嗜好の多様化に合わせて複数のブランドを展開し，やがてフォードを上回るような企業になっていく。そしてゼネラルモーターズの経営者であったスローンJr.［1967］は，1920年代初めに事業部制を導入して，会社を5つの自動車部門と3つの部品部門の計8部門に編成し成功を収めることになる[56]。
> 　この事業部制の考えが発展し，後に **SBU**（Strategic Business Unit：戦略事業単位）と呼ばれるようになる。SBUという形で最初に導入した会社は，エジソンが設立した後のGEである[57]。GEが1970年代に組織変革に取り組んだ際，それまであった170余りの製造部門を43のSBUに整理し，それぞれにSBU長を置いた。本社は170ではなく，43の部門について戦略を考えればよいことになる。そしてこのSBUを対象とする資源配分の評価・検討・計画手法としてボストン・コンサルティング・グループが開発したのが，PPMなのである[58]。

◆ プロジェクト・チームとマトリックス組織

　プロジェクト・チームとは[59]，企業が急激な環境変化に対処するため，従来の職能別，事業部制における縦割り部門組織の枠を超えて，必要な人材を集めて問題解決にあたる組織をいう。プロジェクト・チームには，新製品開発，大規模投資，原価引き下げなどのためのものがあり，これらの目的が達成されると，通常，解散する。しかしこれが解散せず，多数並列的に存続し，しかもそのメンバーが出身ライン部門との関係を持ち続ける場合，**マトリックス組織**

---

(56) クレイナー［2000］pp. 70-76。
(57) ロスチャイルド［2007］。
(58) 第III部 4-1 参照。
(59) 清水龍瑩［1975］pp. 100-107。

図表Ⅳ-5　マトリックス組織

```
トップマネジメント
    │
    ├──────── A事業部  B事業部  C事業部
    ├─ 研究開発
    ├─ 購　買
    ├─ 製　造
    ├─ 販　売
    ├─ 財　務
    └─ 人　事
```

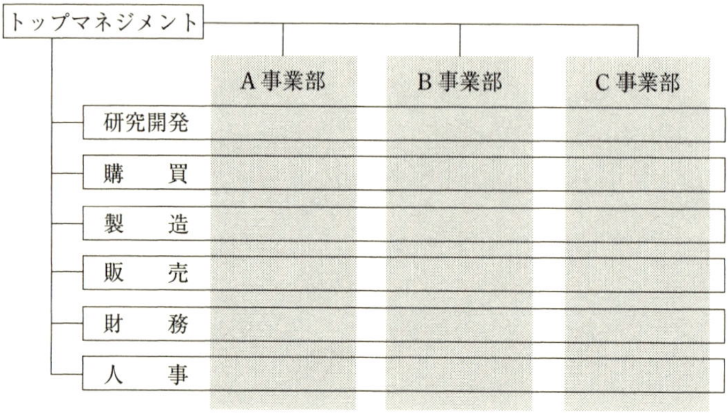

となる（図表Ⅳ-5）。マトリックス組織では，従来の命令統一性の原則，ヒエラルキー原則などは意識的に破られる。このメンバーは，例えばA事業部のマーケティング担当者であると同時に，ラインの販売促進部のメンバーでもある。

　プロジェクト・チームでは，一人のプロジェクト・マネジャーの下に，複数のスペシャリスト（専門家）が参加してチームが作られる。これらのスペシャリストは，一般には，技術開発部，営業部，製造部などの職能別組織からプロジェクト・マネジャーがスカウトしてくる。そのスカウトには，それらスペシャリストの上司の承諾が前提となる。これは多くのプロジェクト・チームが一時的な組織であり，チーム解散後，それらスペシャリストが不利な扱いを受けないためである。

　そうしたスペシャリストが異なったタイプの組織から選ばれ，そこで情報の新結合が起こると，より革新的なイノベーションが期待できる。そのためには，企業文化として健全な下位文化を持つことが必要となる。せっかく集められたスペシャリストが皆同じ考え方しかできないのであれば，逆に情報の新結合が期待できないのである。機能別に下位文化が発達し部門間の壁が高くなること自体は良いことではないが，異なった下位文化を持つ事業部門を複数持ち，こ

れを超えたプロジェクト・チームを編成，運営することに成功すれば，より革新的な新製品が生まれる可能性が高まるのである[60]。

2-4　新しい組織形態

◆ フラット化組織

　従来のような安定した環境下では，組織は素早い意思決定よりも確実な行動と結果を求め，組織として確実にアウトプットの出る，前述のような組織構造が求められてきた。しかし現在のように複雑で変化の激しい環境変化にさらされている企業は，意思決定のスピードを最も重視する。一瞬の意思決定の遅れが企業の勝敗を分けることもある。このような状況下では，従来組織のように情報が階層を上下することで意思決定がなされるのでは間に合わない。現場組織の自律化が求められるのである。今日，こうした自律的行動が組織運営において可能になってきた理由の一つは，情報通信技術の発展である。これによって情報の流通コストが低くなり，多くの人が同じ情報を同時に知ることができ，トップマネジメントだけが重要でタイムリーな情報を持つとは限らない状況が起こってきたのである[61]。

　従来の組織は分権と階層を前提とした仕組みを持っていたが，個人あるいは下位組織の自律的行動を前提とした場合には，階層による情報の吸い上げと伝達は必要なくなる。したがって階層を重ねる必要がなくなり，組織の中間部分が不要になり，組織がより水平化した，フラット化組織になるのである[62]。そこでは企業全体の方向性を組織メンバーや下位組織に伝え理解させ，自己決定することが可能な環境づくりが必要であり，そのためにはトップの持つ価値観や信念を企業文化として従業員に浸透させ，組織内に信頼関係を構築していくことが重要となる（コラムIV-7）。

---

(60)　河野豊弘ほか［1999］pp. 78-79。
(61)　高木晴夫［2005］p. 55。
(62)　横田絵理［1998］，第III部1-4参照。

> **〈コラムIV-7　アメーバ経営〉**
>
> 　大企業の組織そのものを，もっと細い単位に分けて管理していこうとするアイディアが，京セラの**アメーバ経営**である[63]。アメーバ経営では，企業の人員を6から7人の小集団（アメーバ）に組織し，このアメーバごとに時間当たりの採算（（売上－経費）÷労働時間）を算出して，その最大化をはかる。そして目標値を月次，年次で策定し，労働時間短縮や売上増加策を実行に移し，達成を目指すのである。このアメーバ経営の目指すものは，市場に直結した部門別採算制度の確立や，経営者意識を持つ人材の育成，全員参加経営の実現である。

◆ ネットワーク組織

　複数の独立した企業や組織が情報ネットワークでつながっているような形の組織を，ネットワーク組織という[64]。フラット化組織は一つの組織において，その組織内でメンバーや下位組織の自律的行動が求められていた。ネットワーク組織では，複数の組織がそれぞれビジネスを実行するためにネットワークによって連携している。そしてビジネスが終了し，新しいビジネスを開始すると，その連携も新しいものになる。また連携自身もたいへん緩やかである。組織全体，つまりビジネス全体に関与している他の組織との関係は，市場原理による契約に基づくものである。各組織のメンバーは他の組織メンバーの強みと弱みを把握し，協働してビジネスを遂行するかどうかを決定することになる。

　さらに，このようなネットワーク組織によってお互いが継続的に一つのビジネスを行なっていくためには，市場原理だけではなく信頼関係が重要となる。フラット化組織においても一つの組織の中での信頼関係が重要となるが，ネットワーク組織のような独立した組織と組織の関係であっても，お互いの信頼がビジネス継続のための重要なファクターとなるのである（コラムIV-8）。

---

(63)　稲盛和夫［2006］。
(64)　高木晴夫［2005］pp. 57-58。

〈コラムⅣ-8 フランチャイズ〉

　小売業や外食産業といったサービス業を中心に，広い地域に同じブランドで店舗をチェーン展開する手法として，**フランチャイズ**（Franchise：FC）と呼ばれるビジネスモデルがある。これはブランドや商品，サービスなどを持つフランチャイザー（本部）が，これを営業して本部に一定のロイヤリティを払うフランチャイジー（加盟店）を募集する形でチェーンを展開していく方法である。もちろん同じ業態でも，直営店としてチェーンを展開している企業も多い。

　FCの場合，フランチャイジーが一つの経営単位となり，独立性を持つことで，各加盟店の経営者が創造性を発揮し，経営の改善をはかっていくことが可能となるメリットがある。一方，特に全国に展開する大規模なチェーンのような場合，直営店の方が統一したキャンペーンを打ったり，全体としての政策を打ったりしやすいというメリットもある。それぞれブランドや地域，顧客の特性に応じて，FCによってネットワーク組織にすることにより個々の店の自律性，創造性の発揮を促すか，それとも直営店，すなわち自社組織の中での発展を目指すかという，組織構造の選択が異なってくるのである。

3　組織の活性化

　ここまで企業成長に伴う組織の時間軸での変化について，主に組織構造の面からみてきた。実はその規模や組織構造だけではなく，組織構成員によって共有された基本的価値観や行動パターンである企業文化もまた時間と共に変化し，経営者が何もしなければ，組織は必ず**硬直化**していく。この硬直化の方向を打ち破ることが組織の活性化であり，そのために様々な組織の活性化方策が必要となってくるのである。

3-1　活性化とは

◆ 企業文化の成長段階

　企業の成長と共に発展していく企業文化の成長段階として，(1)**創出期**，(2)**成長期**，(3)**成熟期**の3つの段階を考えることができる[65]。

　創出期は，創業者によって経営がなされている時期であり，企業文化の主な原動力は創業者および創業者が抱く基本的価値観である。そしてこれを植えつけられた企業文化が成功を得られた場合には，この文化はその組織に特有な能力やアイデンティティの基礎となり，グループを結束させる糊（のり）となる。この時期において企業文化はいまだ不明確であり，その確立が最も大きな問題となる。またこの時期におけるトップの問題は，創業者が経営戦略に熱中するあまり，企業文化を育て上げていくことをおろそかにして，場当たり的な経営戦略の変更を行なうと，持続力のある企業文化が育っていかず，次の企業成長を支えるための企業文化を確立することができなくなってしまう点である。

---

(65)　佐藤 和 [2009] pp. 47-49。

成長期では，創業者はもはや中核的な地位を占めなくなり，企業の組織自体が確立されて，成長を通じて長期の維持発展をはからなければならなくなっている。そして企業文化の重要な要素は既に様々な制度として明文化され，意識して文化を構築，統合，保存しようという必要性も少なくなり，企業文化は当たり前のもの，無意識のものとしてメンバーに共有されている。一方，組織の成長によって新たな下位文化が出現したり，創業者の持っていた中核的な価値観が失われて，企業文化が弱くなってきたりすることも考えられる。しかし全般的にこの時期においては企業文化が確立され，その機能が良い面を中心に発揮されている。この成長期には事業の拡大に伴って新しい経営戦略が必要となるが，これは必ずしも現有の企業文化と適合するとは限らない。こうした場合長期的な視野に立ち，経営戦略か企業文化のどちらかを修正することにより融合をはかっていく必要がある。

　成熟期には，環境変化に伴い企業文化の重要な部分が不適合を起こして革新への障害となり，またその企業が長期にわたる成功の歴史を持っている場合，これがメンバーの自尊心の源となり，企業文化を改めようという力に対して自己防衛的になってくる。すなわち同じことを繰り返していた方が楽なため，これを続けていくうちに従来のやり方だけが学習され，これと異なった考えを受け入れなくなってしまうのである。本来経営者は努力してこの段階に陥らないようにしなければならないが，この段階に陥ってしまった場合には，企業文化はその逆機能を発揮してしまうので，適切な改革が必要とされる。この成熟期には経営戦略と企業文化の全面的な手直しが必要となるが，そうした状況では得てして問題から目をそむけて解決を先延ばしにしようとする傾向がみられる。その場合，経営者がその持てる能力を最大限に発揮して，経営戦略と企業文化を抜本的に見直し，これらを変革させていかなくてはならないのである。

◆ 経 営 理 念

　この企業文化の成長段階を，経営理念との関係でみてみよう。経営者が将来構想の構築の際に策定する経営理念を実効性のあるものとするためには，その

経営理念が，経営者個人の哲学と企業文化との交わる部分（積集合）となるようにしなければならない[66]。企業文化の創出期には，創業者社長の哲学，考え方に賛同して集まってきた人々がそのまわりに企業文化を作っていったので，経営理念はそのまま経営者の哲学と一致し，たいへん明確である。したがって，一般的にいって創業者社長は強力なリーダーシップを発揮している場合が多い。一方，企業文化の成長期にある二代目社長の哲学は，父親ないし先代の経営者時代の企業文化と異なる場合が多い。したがって，二代目社長の経営理念は不明確になりがちである。この場合多くの二代目社長は，自らの哲学の方向に歴史的な企業文化を少しずつ変えていこうとする。しかし，二代目社長で自らの哲学を明確に打ち出せず，創業者時代の旧い企業文化を引きずって失敗している例も数多くある。一般に創業者時代の企業文化に順応，適応してあまり大きな波風を立てないよりも，自らの哲学を明示し，やや強引と思われる方法でも旧い企業文化を変えていく二代目社長の企業の方が，業績が良いようである（第Ⅱ部1‐2）。

◆ 組 織 学 習

こうした企業文化の成長段階の背後には，ヒトと組織の学習メカニズムがある。Argyris & Schon［1978］は，学習のプロセスを個人と企業の両側から考え，2つの基本組織モデルを考案した[67]。

一つ目のモデルは，人間は個人の向上心と希望に合わせて世界を操り形づくろうとする，という前提に基づいたものである。このモデル1では，経営者は個人の目標を確立することに集中し，懸念や意見の相違を口にしない。すべての人が従順に頭を下げ，沈黙を続けるよう仕向けることが求められ，そこでは防御が主要な活動である。このモデル1の組織は，組織の誤りが発見され修正されても，組織が現在の方針を実行し既存の目的を達成しようとするような，**シングル・ループ学習**によって特徴付けられる。すなわち自分自身の中でより

---

(66) 清水龍瑩［1995b］pp. 124-126, 第Ⅱ部3‐1参照。
(67) クレイナー［2000］pp. 281-282。

効率的なやり方を学習し，経験と共に企業の文化が形成されていくのである。

それとは対照的にモデル2の組織では，基礎を成している規範や方針，目標の修正を伴う方法で，組織の誤りが発見され修正される状態である**ダブル・ループ学習**によって特徴付けられる。そこでは経営者は情報によって動き，問題を議論し，変化に対応し，また変化するための準備ができているのである。すなわちモデル2の組織では，他者から学び，学習と理解の好循環が生まれるのである（コラムIV-9）。

そしてほとんどの組織では，シングル・ループ学習はうまく行なえても，ダブル・ループ学習において非常に苦労する。なぜなら，企業文化のところでみたように，同じことを繰り返していると楽になり，その枠組みや目標自体を疑わなくなってしまうからである。さらに経営環境をみるフィルターや色眼鏡である企業文化に自己保存の慣性が働き，経営者が放っておけばシングル・ループの学習しか行なわれないのである。

そこで必要となるのが，経営者が意図してダブル・ループの学習を起こし，また組織自らがダブル・ループの学習を習慣として持つような，従来の枠組みを常に疑い，壊していける，不確実な行動に対してリスクをとることができるような企業文化を創り上げることである。すなわち革新志向の企業文化[68]を創り上げていくことが求められているのである。

〈コラムIV-9　シングル・ループ学習とダブル・ループ学習〉

　Argyris & Schonはこの2つの学習メカニズムを説明するために，空調における温度調整（サーモスタット）を例に挙げている。例えば暖房機がある温度に設定されているとしよう。機械がより高い温度を観測すると，暖房は止まり，より低い温度が観測されると，暖房が再開する。これがシングル・ループ学習である。

　しかし暖房機自身は，なぜその温度に設定されているかについて関知してない。例えばそこにいる人が快適に感じる温度や温室で植物が育つのに最適な温度等に，暖房機の設定温度自体を調節することが，ダブル・ループ学習なのである（図表IV-6）。

---

(68)　横尾陽道［2004］。

228 IV 組織とヒトの管理

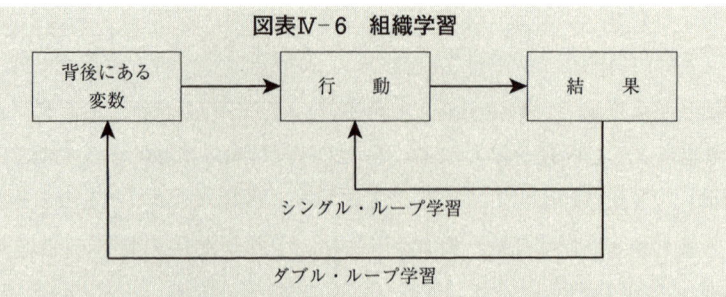

図表Ⅳ-6　組織学習

```
┌──────────┐      ┌──────────┐      ┌──────────┐
│ 背後にある │ ───→ │  行  動  │ ───→ │  結  果  │
│  変  数   │      │          │      │          │
└──────────┘      └──────────┘      └──────────┘
     ↑                  ↑                  │
     │                  └──────────────────┤
     │                   シングル・ループ学習
     └──────────────────────────────────────┘
                ダブル・ループ学習
```

出所：Argyris［1992］p. 8 より筆者作成。

　予算がないから，コストダウンしかない，というのは前者であり，予算案そのものを考え直すのが後者である。ネズミが迷路をより短時間で通り抜けていくのが前者，迷路の外に近道があるのかと考えるのが後者である。
　伝統的なサーカスでどうやって観客を増やしていこうかというのが前者であり，動物のショーをやめればコストが劇的に下がるので，人間だけのショーにしよう，さらにスターがやるのではなく，代役がきくように厚化粧させよう，価格もむしろ上げて大人を顧客に据えよう，と考えていくのが後者なのである。

◆ 企業の活性化と組織の活性化

　企業の（内部）**組織の活性化**とは，組織構成員間のコミュニケーションがよくなり，たえず情報が更新・拡大され，その一人ひとりが挑戦意欲を持ち，やる気をみなぎらせている状態をいう[69]。一方，**企業の活性化**とは，トップ→経営戦略→組織→製品・サービス→市場環境→成果→企業文化→トップ→…という全経営過程に好循環が起き，新製品・新事業がたえず開発され，売上が伸び，利益が出て，人々が挑戦意欲を燃やし，やる気をみなぎらせ，あらゆる局面で創造性が発揮され，企業全体に活力がみなぎっている状態である[70]。企業が活性化していればいかなる環境変化にも対応できる。組織の活性化は，ヒトの面だけの活性化であるが，企業の活性化は，企業のあらゆる面を含んだ活

---

[69]　清水龍瑩［1990］p. 83。
[70]　第Ⅰ部3-1参照。

性化である。

　企業の(1)**積極的な製品戦略**と，(2)**組織活性化の方策**とは，企業活性化のための，経営者にとってコントローラブルな最も有効な2つの手段である。ただ企業経営の軸は製品戦略であり，組織はそれに沿って構築されるものであるから，手段としては，**製品戦略が主**であり，**組織活性化策は副**である。

　積極的な製品戦略と組織活性化の方策とは相互作用する。どちらかが成功し，それらの間に局所的好循環が起きると，人々は創造性を発揮し，それが企業成長の核となる。新製品の開発は人々に発想の転換を要求し，その発想の転換はさらに人々の能力開発を促し，人々にやる気を起こさせ，創造性を発揮させ，それがさらに新しい新製品・新事業開発を促すのである。

◆ 製品戦略に対応した組織活性化の3つの方策

　企業が実際にとる組織活性化の方策は，直面している外部環境に対応した製品戦略によって3つに大別される（図表Ⅳ-7）。

　主力製品が産業構造的な環境変化に適合し，企業が順調に成長している場合，企業文化は成長期にあり，まだ逆機能を果たしていないと考えられるので，成熟期に陥らないような方策が重要となる。そのため積極的な新製品開発と，安定製品のたえざるコスト削減という両面作戦がとられる。技術面では研究開発の強化，市場面では販売促進の強化がはかられる。そこでは新製品開発のためのプロジェクト・チームの設置，新しい製品別・地域別事業部の新設などによる組織のフラット化や，中間管理者の意識改革，減点主義から加点主義への考え方の転換による人事評価制度の改革などが組織活性化のために行なわれる。

図表Ⅳ-7　組織活性化の3つの方策

	企業成長が順調	企業成長が停滞
主力製品が産業構造的な環境変化に適応	挑戦意欲の向上	意識改革
主力製品が産業構造的な環境変化に不適応	──	専門知識の再構築

人々の**挑戦意欲の向上**がその主目的となる。

　主力製品は産業構造的な環境変化に適合しているが，その企業の対応のまずさから企業成長が停滞している場合は，企業文化が成長期から成熟期に入り，環境変化との間にギャップが生じ，逆機能を果たしている状態である。すなわち企業内にいわゆる官僚制ができあがり新しい事態に対処し得ない，あるいは従来の大量生産の成功や技術至上主義の成功から，市場軽視の傾向が生まれ，新しいニーズに対応できないような場合である。このような時，まずは改良製品・安定製品のコスト削減と，販売強化の戦略がとられる。経営者自ら陣頭に立って顧客に接するなど，従業員全員が販売促進に力を入れる。そしてさらに組織活性化の方策として，このままではいけないのだという従業員全体の危機感の醸成，経営者の現場まわり，それら一連の方策による企業文化変革が行われる。ここでは従業員全体の**意識改革**が活性化策の中心となる。

　主力製品が産業構造的な環境変化に適合し得ず，企業成長が停滞する場合，新しい事業開発・多角化などの戦略と同時に，安定製品の大幅なコスト削減戦略がとられる。将来，利益が得られるだろう分野で，しかも技術的か市場的に自社に競争優位がみられる分野ならどこへでも出ていく。しかも一方では主力製品の需要のあるあいだは，従来のノウハウをフルに利用して，できる限りの技術改良，品質向上，コスト削減戦略を遂行して，利益を出し続けようとする。そして長期的には大きく事業転換をする。本当の意味での**リストラクチャリング**（事業構造の再構築）戦略である。このリストラクチャリングを行なうために，スペシャリスト・エキスパートの教育・訓練，中途採用，各種能力開発，新規事業部門の設置など，知識を深化させる方策がとられる。ここでは**専門知識の再構築**による対応力の向上が組織活性化策の中心となる。

　ちなみにマスコミでいうところの「リストラ」という言葉は，事業再編のためにもっぱら人員削減，首切りをすることを指して使われる傾向にあるが，経営学でいうリストラクチャリングとは，新規事業分野に進出すると共に主力製品の事業分野をだんだんと移動させ，企業全体としての事業構造を中長期的に転換していくことであるので，注意が必要である。

それでは次節以降で3つの組織活性化方策をそれぞれ詳しくみていこう。

3-2　挑戦意欲の向上

　主力製品が環境変化に適合し企業が順調に成長している場合は，組織は自動的に活性化されることが多い。すなわち，たえざる新製品開発→現場の人々の発想転換の必要性増大→発想の転換を続けていくことによる能力開発→さらなる新製品開発→…という好循環によって，組織の活性化が自動的に行なわれやすいのである。しかしこれをさらに効果的に行なうために，組織のフラット化・分権化などの組織改革，中間管理者の意識改革，加点主義への人事評価制度の改革などの諸方策がとられる。

◆　**組織制度改革**
　どんなに優れた組織制度も長い時間がたつと必ず硬直化する。これは根本的には人間の持つ学習能力による。同じ仕事を続けていると，慣れてきて楽になり，その仕事を変えたくなくなる性向による。したがってどんな組織でもそれを活性化させ，柔軟にしておくには，ある時間が経過したら意識的に改革する必要がある。すなわち企業文化が成長期から成熟期に移行しないようにたえず努力していく必要があるのである。特にその主力製品が環境変化に適合していて，特別，新製品・新事業を開発しなくても企業が順調に成長している時にこそである。
　組織制度改革の基本的な目的は，制度的には組織内のコミュニケーションを増大させることであり，個々の構成員に対しては挑戦意欲を起こさせ，創造性を発揮させることである。一般的には組織をフラット化し，上下のコミュニケーションを密にすること，中間管理者に「外の空気」をあて，意思決定に責任を持たせることが必要である。
　たとえこうした学習過程に基づく硬直化が少ない企業でも，現在のようにあまりにも激しく変化する環境の下で長期に維持発展していくためには，いかな

る企業もその組織制度を環境変化に合わせて改革し、その有効性を高めていかなければならない。ただし、環境変化に対応するための組織制度改革の方法には、一定のパターンがあるわけではない。

また組織のフラット化だけでは企業の経営努力が分散化し、逆に組織全体の有効性が低下する可能性がある。そこで本社に統括本部を設けたり、機能別の委員会を作ったりして、この分権化された組織をいわゆる「横串刺し」によって統合しようという考えもある。多くの企業では事業部制にして独自性・トータル性で挑戦意欲を高めると同時に、横串刺しによって全体のコミュニケーションを盛んにし、活性化させ、組織全体の有効性を高めようとしているのである。

◆ **中間管理者の意識改革**

一般に大企業では、新しい改革に対して**中間管理者**が最も抵抗する傾向がある。新卒採用中心の日本企業では、中間管理者は大学を卒業して10数年間、営々と努力してその地位に昇ってきた。経営管理のノウハウも身に付け、やっと一安心というところで、今までのやり方を変えられてはかなわない。さらに業務的決定や日常の管理の仕事に追われて、トップマネジメントほど外の空気にふれることもなく、環境の大きな変化を考えるクセもない。

ICT化が進めば、中間管理職はいらないとする意見もあるが、現実問題として大企業には多くの中間管理者がおり、トップと一般従業員との間でコミュニケーションをはかり、業務的意思決定、日常的管理、動機付けなどの重要な仕事を遂行している。大企業で最も保守化しやすい中間管理者を活性化させることが、組織活性化のキーポイントの一つであり、それを成功させるためには、トップによる直接的研修、教育が不可欠であり、さらに挑戦意欲を向上させるためには、トップの全面バックアップによって中間管理者の自己実現欲求を満足させることが必要なのである。

◆ 減点主義から加点主義へ

　現代大企業の経営者は，人間の評価について減点主義から**加点主義**へ考えを大きく転換してきている[71]。減点主義とは，失敗すればその分だけ評価を減ずる，新しいことをせず失敗しないことをよしとする風潮である。歴史の古い会社，規模の大きな会社，安定製品の多い会社でこの風潮が起きやすい。従来のように製品ライフサイクルの長い安定製品の大量生産・大量販売の効率性を目指す時代には，この考えは通用した。

　しかし現在のような個性化・多様化の時代には，製品ライフサイクルは短くなり，たえず新製品・新事業の開発が求められるようになり，この考えは通用しなくなってきた。加点主義は失敗しても責めない。むしろ失敗してもいいから新しいことに挑戦するよう奨励する。この新しい人間評価の考えで，組織を活性化しようとする経営がふえてきている。

3-3　意識改革

　企業の主力製品は産業構造的には環境変化に適合しているが，その企業の何らかの対応のまずさから成長が停滞している場合，その組織を活性化させるためには，経営者はまず従業員全体に危機感を持たせ，それと同時に経営理念・経営目標を明確にし，さらに現場をまわって意識改革を起こさせる必要がある。すなわち企業文化が成熟期に入ってしまっている企業は，その変革を通じて経営戦略と企業文化の方向性を一致させていかなければならないのである。

◆ 危　機　感

　停滞している企業の組織を活性化させるためには，まず従業員に**危機感**を持たせる必要があり，それにはまず経営者が，このままではいけないという危機感を持たなければならない[72]。人間は危機感を全く持たないと新しいものへ

---

(71)　清水龍瑩［1990］p. 90，第Ⅰ部1-2参照。
(72)　清水龍瑩［1990］pp. 100-106。

の挑戦意欲を失うが，逆に危機感を持ちすぎると，いじけて挑戦意欲をなくしてしまう。また国営企業や独占企業がどこでも効率が悪いのは，倒産という心配がなく危機感がないからである。逆に資本主義社会の効率が良い最大の理由は，自由競争と，そこから生じる危機感である。

　一般に，企業の中にいる中間管理者以下の従業員は，たとえ会社が危機的状況にあっても，何とかなると思って危機感を持たない。現実に外の空気に触れないことにもよるが，意識的にそれに触れないようにする雰囲気があるからである。特に労働組合の強いところではそうである。外の空気に触れる機会の多い経営者が自ら危機感を持たなければならない。

　現在の経営者が持つべき危機感は，将来の不確実な環境の下で，企業が維持発展し得るかという危機感である。この意識は経営者の将来を見通す洞察力と表裏一体となっている[73]。優秀な経営者ならば，この不確実な大変革時代に生き残るために，当然その洞察力を深め，その危機意識を強めているはずである。この危機意識は，変化に対応できない自己の能力不足であったり，あるいは先進的であろうとするために生じる危機意識であったりするかもしれない。いずれにしてもこの危機感こそが，組織の自己変革に求められるエネルギー源となる。

◆ 経営理念・経営目標の明確化

　経営理念とは，社長の哲学と，企業の過去の歴史から来る企業文化とから作られる企業経営についての哲学である。これは社長の危機感をバネにして明確になる。**経営目標**はその経営理念から導かれた，現在から将来への具体的な指標である[74]。組織の活性化を行ない，企業文化を変革していくためには，経営者は従業員に危機感を持たせると同時に，この経営理念・経営目標を明確にして，新しい方向を指し示さなければならない。経営理念・経営目標が，人々の挑戦意欲を一つの方向に導いていくためには，単純明快で，しかも人々から

---

(73)　第II部 4 - 2 参照。
(74)　第II部 3 - 1 参照。

共感を得られやすいものでなければならない。経営理念・経営目標は経営者によって高く掲げられるものであり，遠くから従業員に眺められるものであるから，単純，明解でなければ理解され得ない。

また経営理念・経営目標が組織の活性化を促すためには，組織構成員，特に若い人々から共感を受けなければならない。若い人々の新しい発想が組織を若返らせるからである。一般に，最近の若者は，面白くて，自分の能力開発につながる仕事には熱中する。面白くてお金が入ればなお望ましい。そのお金でもっと面白いことができるからである。また彼らは，現在の受験競争を戦い抜いてきたため，能力がないと，いかにみじめな目にあうかを深く体験している。仕事が面白くても，能力開発や能力向上に結び付かないものには共鳴しない。

経営理念・経営目標が，人々に挑戦意欲を持たせていくためには，その中に経営者の深い洞察力，深遠な哲学，高い品性が体現されており，しかもそれが不透明な将来を的確に見据えたものでなければならない。そしてその経営理念・経営目標によって企業を新しい方向にリードしていこうとする経営者の強い信念が必要である。

経営者の高い知性と論理性・先見性に根ざした経営理念・経営目標は，より的確に将来を見通している場合が多い。社長の危機感が，その知性，論理性・先見性を高め，その結晶した経営理念・経営目標は，単純であっても将来を的確に明示し人々を新しい方向へリードしていく効果があるのである。

◆ 現場歩き

経営者は，経営理念・経営目標の明確化によって企業の進むべき方向を高く示すと同時に，**現場歩き**（Management by Wandering）によって，経営理念・経営目標の底にある自らの哲学や考え方を，従業員の心の中にしみこませなければならない[75]。現場歩きはインフォーマル・コミュニケーションの一つの手段である。一般に人間は論理的記憶よりも非論理的記憶の方が忘れにくい。

---

(75) 第II部3-1参照。

したがって顔をみながら話す，情緒を入れながら話すなど，不定型，非公式的，非論理的情報の方が，定型，公式的，論理的情報より，相手に伝わりやすい。中小企業でまわりの従業員といつも腹を割って話をして，大企業にまで育て上げた創業者社長は，この現場まわりによるコミュニケーションがうまい。天下り型社長，生え抜き型社長，二代目社長はそのような手法は苦手である。

　経営者が，自らの気持ちを従業員に伝えるには，始めに相手のバカさ加減に耐えること，次に自分のバカさ加減に耐えること，最後には自分が本当にバカになることが必要である。従業員からみれば，経営者は雲の上の存在である。自分たちの心のヒダと経営者の心のヒダとは違っていて，異質なものだと思い込んでいる。経営者はまず自分が従業員と全く同じ人間であることを納得させる必要がある。

　経営者は，一般従業員と比べて情報量が圧倒的に多く，会社に対する責任も心構えも大きく違っている。たとえ自分が下から上がってきてその地位についたとしても，古い過去のことは忘れている。従業員のいうことを全く意外と思うことが多い。特に若い人のいうことをバカなことと思いやすい。まずこれに耐えなければならない。自分の方が間違っているのではないかとまず謙虚に考え直す。次に従業員とのインフォーマルな話し合いの中で自分を飾らないこと，自分の本当の気持ちをいうこと，自分のバカさ加減に耐えること，である。さらに，自分のバカさ加減自体を忘れてしまうこと，すなわち本当のことをいおうと努力しないでも，本当の姿，自分の姿が出てくるようにすること，これが本当にバカになることである。

　こうすることによって従業員は，経営者も自分たちと全く同じ人間であると思うようになり，自由に話をするようになる。その話の中に，従業員の心の底，心のヒダに隠れていたもの，さらにそれらの変化を見出すことができる。これによって社会の人々全体の考え方における変化の方向性や，当該企業の問題点を知ることができるのである。

◆ 企業文化変革の方策

企業文化変革とは，従業員が従来と大きく異なった新しい価値観，考え方を持つようになることである。上述の一連の危機感，経営理念・経営目標の明確化，現場歩きなどの経営者による組織活性化の方策は，人々の心のヒダに直接作用し，企業文化の変革をもたらすことを目標としている。人々の気持ちの中に意識の変化が起これば，人々は新しい目・複眼の目で企業内外の環境変化をみるようになる。そしてさらに新しい危機感が現れ，新しい経営目標の意味がよくわかるようになる。社長の現場歩きに対しても新しい発言をするようになり，さらに変革が進む。ここに一つの局所的好循環過程が生まれてくる。これがまず第一歩である。

これら一連の企業文化変革のための方策は，成長が停滞しているすべての企業が活用できる常套手段である。しかしこのような意識改革のための常套手段を使っても，なかなか思うように成果があがらないことも多い。そのような場合，差し迫った危機を乗り越えるために，企業はこの常套手段以外の，さしあたり利用できる方策は何でも活用しなければならなくなる。企業文化変革のためには，経営者は実行が容易で，人々の心に届く方策は何でも活用する。例えば意識に変化を起こすためには，仕事をスピードアップすることや，オフィスのカベを取り払って情報交換，情報共有，情報修正を促進させることなども重要である。

この他にも企業文化変革とそれによる組織活性化のための方策はいろいろあるが，それらに共通していることは，これらを強力に推し進めようとする社長自身の強い意欲がその裏にあることである。この意欲がなければどんな方策も有効に作用しない。

3-4 専門知識の再構築

企業の主力製品が産業構造的な環境変化に適合し得ず，企業成長が停滞している場合[76]，まず長期的な事業転換・リストラクチャリングの方向を考えな

ければならない。いくらかでも売れているうちに品質改善と大幅なコスト削減によってその主力製品を延命させ利益を上げ，その利益を，将来主力製品になるであろう新事業開発・多角化に投資しなければならない。

一方，このリストラクチャリングを行なうためには，スペシャリスト・エキスパートの教育・訓練，中途採用者の積極採用，分社化などの諸方策をとり，それによって人間能力の開発⇄自信の獲得，という双方向の局所的好循環を生み，専門知識を再構築して組織を活性化させる必要がある。

◆ **スペシャリスト・エキスパートの教育・訓練**

現在，日本の大企業では人間は余っているが，能力のある人材は不足している。今日の情報革新の急激な進展によって企業内の仕事の内容・仕組みが大きく変わり，それに対応し得る人材がどの企業でも不足している。そこで日本企業の産業構造変化に対応するための教育・訓練は，短期的需要変動に対応する多能工化のような教育ではなく，従業員能力を真に向上させるような**スペシャリスト・エキスパート**（専門家）教育にウエイトを移していく傾向がある。

本来教育には，人間の能力を引き出すという意味合いがあるが，今までに蓄積されてきた深い知識や見方の上に，さらに新たな知識や見方を重ね合わせるような柔軟な態度や能力を引き出すのが，この新しいスペシャリスト・エキスパート教育である。その上で，一つの専門を突っ込むと同時に，さらに複眼を持ち，自らをも客観的にみられるようなスペシャリスト・エキスパートの教育が重要になってきているのである。

◆ **中途採用による環境適応**

中途採用の目的は，急成長部門，新規事業部門への人材の補充と，新しい血による組織の活性化である。これまでも急成長する中堅企業では，その人材不足，特に中間管理者の不足のため中途採用が多かった。しかし最近では大企業

---

(76) 清水龍瑩 [1990] pp. 111-120。

においても中途採用がふえてきている。採用する企業の方も，30歳未満ならば新規学卒で入ってきた者と差をつけない処遇をするようになってきたし，中途採用に応募する者も，大学を卒業してさしあたり一流企業に入社し，そこで取引先との付き合いを通じて相手会社の良否をみる目を育て，それから自分に適した会社を選ぼうとする風潮が出てきたからである。

現在のような環境激変の時代には，まず(1)情報を収集する，次に(2)その情報を持っている人間をスカウトする，さらに(3)その人間のいる組織をM&Aで獲得するか戦略的な提携を結ぶ，という3段階の戦略があり，多くの企業がこの第2段階目の手段として中途採用を行ない始めているのである。

◆ 新規事業部門の設置

新規事業部門は，たとえ現在それが小さな部門であっても，企業の将来の命運を左右する部門である以上，それを担う人間は(1)能力的に最優秀な人間であり，(2)まわりから常に支援される人柄の良い人物でなければならない。能力的に最優秀とは，その新規事業分野について，技術的・市場的に相当専門知識があり，さらにそれを今後大きく膨らませていく力ないしキャパシティ（潜在能力）があることである。まわりに支援される人柄とは，新規事業部門の内部ばかりでなく，その企業のトップ，同僚，部下から深く信頼され，新規事業部門に配属された後も，情報が外部から得られ，また資金的援助が得られ，人々をリードしていけるような人間である。このような人間の配置によって，その部門の発展の可能性が大きくなり，企業全体の環境変化に対する対応力が向上する。

新規事業分野というのは本来，本業から脱出するための重要な突破口であるはずなのに，歴史のある大企業ほど本流中心主義の意識が強いため新しい分野を低くみる風潮があり，従来は二流の人物を出す傾向があった。産業構造的に自社の主力製品が適合せず，事業転換が不可欠のような場合でも，新部門には必ず不必要な二流の人間を出してくる。経営者はこの意識を改革するために，最優秀で若い人材をそこへ送り込むように強制力を発揮し，さらにそこで苦労

した人間を高く評価するという，強い経営態度をとる必要がある。これが新規事業分野進出による事業分野転換成功の秘訣である。

一方，事業転換するために，産業構造の変化に適応し得ない部門，人員過剰になった部門を子会社として分離・独立させる場合も多い。従来これは切り捨てのための過渡的措置として考えられていた。しかし現在の大企業は，これを教育の場として積極的に活用している。すなわちそこに出向させることによって，危機感，責任感を持つようにさせ，独自の意思決定能力を向上させようとする。そしてその不適応な部門の中で発想の転換を起こさせ，その部門を新しく甦らせるのである。

◆ 知識の深化

以上のように，企業の主力製品が産業構造的に環境変化に適応できず，企業成長が停滞する場合には，新しい事業転換の方向を積極的に考え追求しなければならないから，単に挑戦意欲を植え付け，意識変革を行なっただけでは不十分である。新しい事業分野についての深い知識を植え付け，**知識の深化**をさせていかなければならない。新しい進出分野を担当する人間はまずその分野のエキスパートにならなければならない。Simon[1985]は，エキスパートになるには5万語の専門記憶と10年の経験が必要であるといっている。直接的な教育・訓練の他に，責任を持って進出部門を担当させ，意思決定権限を委譲していくOJT[77]によっても知識深化の教育を進める。知識の教育が短期的にできないときは，中途採用によって外部から知識を導入する。さらに重要なことは，新規事業部門を担当する人間に，たえず知識を吸収し，深化し得る，能力的にも人柄的にも最優秀な人材をあて，その人材を中心にして，新規事業部門の環境適応力を高めていく必要がある。事業転換のためには，人々の広い意味での知識深化教育こそがあらゆる面で必要となるのである。

---

(77) 第Ⅳ部 4-1 参照。

4 ヒトの管理

　企業経営において最も重要な経営資源の一つであるヒトの管理は，ホーソン実験[78]以降発展した人間関係論にルーツを持つ，人的資源管理論（HRM：Human Resource Management）と呼ばれる別の研究領域となっているので，本書では組織活性化との関連から，従業員の能力開発と動機付け，および人事評価についてみてみたい。

4-1　能力開発

◆　能力とその開発

　能力開発は，現実の職務遂行における能力発揮のダイナミックな流れの中で，促進される[79]。すなわちこのダイナミズムによって，初めて**能力開発⇄能力発揮**の循環が生まれ，能力開発の活性化が企業成長の原動力となる。従業員は自らの能力を発揮して職務を遂行し，成果を上げ，それが公正に評価されると自信がつき，さらなる能力開発の基礎になる心的条件が充実する。すなわち挑戦意欲の向上，協調性，情緒安定性の向上，洞察力・問題発見能力などの心的条件の充実が生まれ，そして広義の能力が大いに開発されるのである。

　日本企業における従業員能力開発の方策の中核には，能力を発揮して職務を遂行し，成果を上げ，それを上司・周囲から評価されて自信を得，洞察力・協調性を向上させ，新しい意欲を燃えさせるという **OJT**（On the Job Training：職場における教育研修）の方向がある。日本型経営では長期雇用を前提とするため，この OJT による経験学習が最も重視される。そしてより効果的に OJT

---

(78)　第IV部 4-2 参照。
(79)　清水龍瑩［1998b］pp. 64-74。

を行なうための方策として，ジョブ・ローテーション（計画的配置転換）を行なうことが挙げられる。

また企業成長→能力開発→成果→評価→能力開発→能力発揮→企業成長という，能力開発の好循環パターンを重視し，企業そのものの高成長の維持という方法で自動的に能力開発を行なっている企業もある。急成長している企業では，特別に現場による学習，研修所による学習をさせなくても，将来に希望が持てるような状況に持っていけば，自然に能力開発，特に能力の中の意欲は向上するものと考えられる。

◆ 能力開発の循環プロセス

能力開発の循環プロセスでは，まず現在持っている能力で職務遂行に着手する。次に職務をより良く遂行するために人々は能力を発揮する。より良く遂行するために人々は創造性を発揮するから，OJT による能力開発が行なわれることになる。そのより良い職務遂行によってより良い成果が生まれ，これが高く評価されると，人々は自信を増大させる。この評価では社長が現場歩きをして，僅かな改善運動にも声をかけてやったり，研究者の研究発表会には必ず出席して，直接評価をしたり，その結果を公表したりする。そうすると従業員の自信をより効果的に向上させられる。人間は自信が増大すると思考幅が広がり，先がみえるようになり，さらに問題発見能力の向上，協調性の向上，挑戦意欲の向上など，能力発揮の基礎条件が大きく改善される。これを「能力を開発する能力」の向上と呼ぶことができる。そしてこれが充実すれば狭義の能力はますます活性化し，新しい職務に対して積極的に着手しようとするのである。

◆ Off-JT

また一方，現場経験を補足するため，多くの企業は能力開発のための研修，いわゆる **Off-JT**（Off the Job Training：職場を離れての教育研修）にも力を入れている。現在の情報化，グローバル化時代には，必要な知識量が加速的に増大するため，現場経験のOJTだけでは追いつかないからである。そしてOff-

JTでも単に知識を習得させるのではなく，訓練を受ける訓練や，学び方を学ぶことを中心にしている。研修だけですべての知識を教えることはできないので，問題を自ら発見し解決する訓練をして，新しい状況に挑戦し得る能力をつけていくのである。

さらに企業は各種能力開発制度を充実させて，変化に追いつこうとする。個人の適性や希望を考慮しながら研修やジョブ・ローテーションを行なう**キャリア開発プラン**（CDP：Career Development Plan）や，能力開発と業績評価を連動させる**目標管理制度**（MBO：Management By Objectives）[80] などの充実にも力を入れている。

4-2 動機付け

いくら人に能力があっても，その能力が発揮されなくては組織としての成果は出ない。人が持つ能力を自ら発揮するようにすることを，心理学の言葉で**動機付け**という（コラムIV-10）。

> 〈コラムIV-10 ホーソン実験〉
> 　人本主義と呼ばれる日本の企業経営において，ヒトという経営資源の重要性はいうまでもないが，欧米においてこのヒトという経営資源の重要性に気付くことになったのが，いわゆる**ホーソン実験**と呼ばれる研究[81] である。
> 　1924年―1933年の9年間にわたって，メイヨーとレスリスバーガーは，ウェスタン・エレクトリック社のホーソン工場で，電気部品製造作業者の生産性向上を規定する要因を探るための実験を行なった。いろいろと作業環境を変化させて生産性を測定したが，生産性は時間と共に増加していくだけで，作業方法や材料の変更，疲労，作業室の温度，睡眠時間，天候といった実験に用いた原因変数との間に統計的に有意な関係はみられなかった。結局，実験に参加する，あるいは測定されている，すなわち自分が関心を寄せられている，という心理的な側面によって生産性の向上が達成されていたのである。

---

(80)　第IV部 4 - 4 参照。
(81)　クレイナー［2000］pp. 82-87。

> その後メイヨーらは、職場における社会的状態や、リーダーシップ・スタイル、監督者や同僚から受ける関心こそが重要であると主張し、人間を動機付けるのは、賃金や労働条件ではなく、人間の持つ意識や感情、社会的欲求の充足であるとして、人間関係論を展開することになるのである。

◆ **従業員モラール**

モラール（Morale）[82]とは、従業員の**やる気**と**帰属意識**との合成である[83]。この考えは、人々が企業を、生産の場であると同時に従業員にとっての生活の場であると考えていることに起因する。

従業員がある特定の仕事、例えば技術研究に積極的なやる気を持っていても、その企業に対する帰属意識が希薄であれば他者からの誘いに乗ってすぐ離職してしまう可能性がある。したがってモラールは高いとはいえない。また、その企業が生活の場として十分に満足感をもたらし、従業員の帰属意識が高くても、その微温的な雰囲気が積極的なやる気をなくさせるとしたら、その従業員のモラールは高いとはいえない。

やる気と帰属意識の合成であるモラールを高めておけば、企業が苦境に立った時、従業員が離職を考えるよりも、その一体感から危機感を持って創造性を発揮し企業の再建を考えようとする。したがって、モラールは長期的に企業業績の向上に貢献するのである（コラムIV-11）。

> **〈コラムIV-11 ハーズバーグの衛生理論〉**
> ハーズバーグ［1966］は、200名の技師、会計士の面接から職務満足の実態を分析した。そして不満要因は本質的に環境を表していて、主として職務不満を防止する役目をし、積極的職務態度にほとんど効果をもたらさないので、それを**衛生要因**と呼んだ。一方、満足要因は、**動機付け要因**と名付けられた。満足をもたらした諸要因（達成、承認、仕事そのもの、責任、および昇進）は職務不満にはほとんど貢献しない。これと逆に不満要因（会社の政策

---

[82] 倫理や道徳観を意味するモラル（Moral）とは異なる単語であるので、注意が必要である。
[83] 清水龍瑩［1984］p. 156、第I部1-1参照。

> と経営，監督，対人関係，作業条件，および給与）は職務満足には貢献しないことを実証した。そして「衛生的」環境は職務不満を防止する。しかしこのような環境は，不満の欠如からなる最小限の適応の域を超えて個人を引き上げることはできない。積極的な「幸福」には，何らかの精神的成長を遂げることが要求されるように思われる，と結論付けている。
>
> 人間の動機付けを考える時，職場の環境とか賃金の高さなどの物的要因は，これを改善して，たとえそれが人々の不満を解消したとしても，積極的な満足の増大には結び付かないため，それらの要因は衛生要因である。真の動機付け要因は，人々の人間的欲求を満たすものであり，これこそが積極的な行動に結び付くのである。ほめる，承認する，責任を果たす，などの要因がそれであり，これらを動機付け要因と呼ぶのである。

◆ **ほめる哲学**

　動機付けの方策にはいろいろあるが，どんな状況の下でも有効な方策は「ほめる」ことである。すなわち経営者は，組織を活性化させるために，常に従業員に対して**ほめる哲学**を持つ必要がある。**マズロー**の欲求5段階説[84]の生理的欲求，安全欲求，帰属欲求，尊敬欲求，自己実現欲求のうちの，後半の，帰属，尊敬，自己実現の欲求は，まわりにほめられた時，最も大きく満たされる。**ハーズバーグ**の衛生理論でも，給与，作業条件などの衛生要因は，それが満たされると不満は減ずるが，積極的な動機付けにはならない。達成，承認という，ほめられることによって初めて動機付け要因が満足される。

　ほめる哲学も，社長がほめることが最も効果的である。そしてそのほめたことを社内外に公表することは，従業員の動機付けにさらに大きな効果がある。ほめるのも簡単にはできない。上司はどなりたくても我慢してほめる。まず歯を食いしばってほめる。次に顔をひきつらせてほめる。たいへんな努力が必要である。この努力のできない人は，人の上には立てない。

　ただ，一部のほめられた人間だけがモラールアップして，他の人間がモラールダウンしては，組織の活性化としては意味がない。そこで経営者が組織活性

---

(84) 第Ⅰ部2-2参照。

化のために従業員をほめる場合には，**平均的な人間がちょっと良いことをしたらほめる**ことを原則とする。経営者は組織の中の，全員のモラールアップを考える必要がある。いつも金賞，銀賞をとるような人々をほめても意味がない。むしろ逆効果である。その人たちはほめられ慣れていてほとんど感激しない。そしてほめられない人はまたかと思って気分を悪くし，組織全体がモラールダウンする。ふだん，あまりほめられていないような人間なら，経営者にちょっとでもほめられれば，非常に感激する。「ちょっと良いこと」の内容は何でもいい。人々のモラールアップこそが重要である。

マネジメントとは，「ヒトさまに働いていただく」ことであり，みんなが良い気分にならなければ意味がないのである。

4-3 能力開発のための人事評価

日本人にとっては，自分がまわりからどのように評価されているかが，一生の最大の関心事の一つである。自分の勤勉さがまわりから高く評価されると，一生懸命働く。一生懸命働くと高く評価される。**勤勉⇔評価**の相互作用で日本人はますます勤勉に働くようになる。一方企業は常に利潤を追求している。その利潤の源泉は企業構成員の創造性の発揮にある。したがって優れた企業とは，極論すれば人々に創造性を発揮させ続ける人事評価システムそのものであると考えられる。

◆ 人事評価と能力開発との関連

現在の激変する情報化時代における日本企業の**人事評価**とは，「給与査定，配置・昇進，能力開発のために，従業員の能力や勤務業績を，職務との関係で判定すること」と定義できる。

企業の利潤の源泉は，中にいる人間の創造性の発揮にある。企業が長期に維持発展していくためには，社長から一般従業員に至るまで，一人ひとりが自らの能力をベースにして創造性を発揮し，利潤に貢献しなければならない。現在

の情報化時代には経済環境はたえず大きく変化するから，中にいる人々は，従来の安定期のように過去の自分の既存の能力だけに頼るわけにはいかず，環境変化に適応し得るようにたえず能力を開発していかなければならない。人事評価もたえず自ら能力を開発し続ける人を高く評価し，さらにそれを評価することによって人々の能力開発を推進する必要がある。

例えば社長が変化する環境に適応する幅広い，柔軟な発想をする能力を評価していると，従業員も自らそのような能力を開発することになる。現在の人事評価は単に給与査定，配置・昇進ばかりでなく，この従業員の能力開発までも目的としているのである。

◆ 人事評価と公正性

組織の活性化のためには，**公正な人事評価**が不可欠である[85]。日本の経営者にインタビューをして，従業員の動機付けの方法について尋ねると，ほとんどがこの人事評価制度の充実をいう。上下のコミュニケーションの活発化，自己実現欲求の充足，満足要因の充実など，いわゆる欧米の動機付け理論に対応した発言はほとんどない。ただ人事評価によって動機付けるには公正性が大前提になると強調する。

それでは人事の公正性とはどういうことであろうか。公正というのは，心理学でいうパーソナリティとか，知能指数とか，学生時代の学業成績などを客観的・数値的に表示し，それだけを独立させて評価することではない。企業内での公正というのは，経営との関連で考えなければならない。

しかし日本では，職務というものが欧米のように固定的ではなく，担当者によって少しずつ変わってくる点に注意が必要である。欧米では各人の職務がマニュアルで明確に決まっていて，他人の仕事に手を出さないのが普通である。例えば流れ作業でその中の一つの工程を受け持つ旋盤工が休んでしまうと，他の作業は全部ストップしてしまう。ホワイトカラーの事務職でも，ある担当者

---

(85) 清水龍瑩［1999］pp. 321-323。

がバカンスで休むと，その人が担当している仕事に対して外からいくら連絡しても仕事はできない。日本では，隣の旋盤工がその間代わりの仕事をする。あるいは事務でも，完全とはいかないまでも隣の人が電話をとり，できる限り外部からの仕事を取り次ぎ代替する。このような役割行動，のりしろ行動が，日本企業の効率を向上させているのである。

ところがこれが公正な人事評価を行なう際に問題点となる。欧米のように職務が明確であれば，評価も特定の職務が実現できたかどうかで行なえば，公正性は保たれる。しかし日本のように職務が不明確な場合，ある組織で上がった成果が誰のおかげなのかがわかりにくく，そこで公正な評価のために様々な工夫が必要となるのである。

◆ 具体的な評価の仕方

人事評価の評価基準および評価方法は，給与査定，配置・昇進，能力開発などの評価目的によってだけでなく，職位，職種，評価時期などの客観的条件からみて当然異なっている。さらにそれらは経営者の考え方，哲学，歴史的な企業文化などによっても異なってくる。このことは，それらの評価方法や評価要素が全く異質なものになるという意味ではなく，複数の評価方法や評価要素の中でのウエイトが異なるという意味である。あらゆる企業で共通した，最適な人事評価などといったものは存在しないのである。

◆ 職位，職種による違い

企業内外の客観的条件のうち，評価方法や評価基準を大きく変えるものをいくつかみてみよう[86]。まず**職位**，例えば一般従業員，課長・部長，子会社の社長の差をみてみよう。一般従業員に対するごく一般的な評価では，本人の直属上司とその上の直属上司の二人と横から人事部が評価する。二人の直属上司は，本人をよく知っているからという理由で評価する。人事部は企業全体から

---

(86) 清水龍瑩 [1990] pp. 5-6 & p. 95。

のバランスをとるという理由から評価に参画する。人事部スタッフは長期的，継続的視野を持つためという理由から評価に参画する。そのため人事部のスタッフは，他の部門のスタッフよりも，そのローテーションは5～10年と長かった。しかし最近，その継続的視野が逆に組織硬直性の原因となるため，そのローテーション期間が短くなってきている。

　課長・部長の評価方法も一般的にはこのような方法をとる。しかしその評価基準は異なる。課長の昇進基準として，(1)企画力・創造力，(2)専門知識・技術，(3)業績がそれぞれ1，2，3位であるのに対し，部長は(1)洞察力・先見性，(2)企画力・創造力，(3)業績の順となり，部長には専門知識・技術はほとんど要求されていない。

　子会社の社長としては，ロマンを持つこと，事業を自らやりたいという強い意欲などが評価基準になる。子会社の社長は，社長である以上，高い理想が不可欠であり，それまでの課長・部長など中間管理者の延長線上にはないような評価要素が必要になる。

　また**職種**という客観条件からも評価基準は異なってくる。例えば研究者は一般に独創性が評価基準になっている。

◆　経営者の考え方，企業文化による違い

　経営者の考え方によっても全く異なった評価が行なわれることがある。例えばある経営者は，縁故採用をやった方が家族的経営ができるから良いといい，逆にある経営者はそのような考えは不公正を引き起こすから，絶対に縁故者を入れないという。

　さらにいわゆる「組織の三菱」「人の三井」といった**企業文化**は人事評価の面でも表れ，三菱商事では年功序列の傾向が強く，個人を売り込む人間はあまり評価されず，三井物産ではバイタリティ，管理能力のある人間が高く評価される傾向があるという。

　このように，職位，職種，経営者の考え方，企業文化などによって人事評価の基準は異なっている。いつでもどこでも最適な評価基準といったものは存在

しないのである。

4-4　日本企業の人事評価の大きな流れ

　日本企業の人事評価には大きな特徴がある。企業を取り巻く経済環境が，安定期，変動期，大変革期，不況期と変わるに従って，人事評価の考え方が，年功主義，能力主義，能力開発主義，成果主義と表向きは変わるが，その底にはいつも**能力主義**の考えが伏流水のように流れている（図表Ⅳ-8）。そして現在の情報化，グローバル化が進む大変革期には，能力開発主義に加えて，強い挑戦意欲が高く評価されるようになってきた[87]。

◆ 能力主義的評価の歴史

　日本における人事評価の能力主義の考えは，明治以降の所産ではない。安土桃山時代，戦国時代から**能力主義**が明らかに表面に現れていた。敵の首をいくつとってきたから領地をどのくらいやる，といった経済合理性が貫かれ，武士の能力はその戦闘能力によって評価されていた。いつも勝ちそうな方に味方し，いつでも寝返ってしまう。二君にまみえず，といった武士道はなかった。ところが江戸時代になって平和になると，武士は官僚に変わり，戦闘能力で評価されなくなった。その管理能力，あるいは専門能力で評価されることになった。しかも平和な鎖国が続くと，すなわち安定期になると同じ仕事が繰り返されるから，**年功**がそのまま能力を表すようになる。例えば刀鍛冶の技術も，商人の

図表Ⅳ-8　人事評価の大きな流れ

経済環境	安定期	変動期	大変革期	不況期
人事評価基準	年功主義	能力主義	能力開発主義	成果主義
評価の基本的考え方		能　力　主　義		

出所：清水龍瑩［1995b］p.11より筆者作成。

---

(87)　清水龍瑩［1995b］pp. 11-56。

売買技術も同じような商品を扱うため，年功のある人間が自然優れた技術を持つようになる。近江商人の上り制度では，一人前の番頭になるためには，13歳の丁稚から実に20年同じ仕事の修業を積まなければならなかった。

しかし江戸時代中期になり銅精錬などの技術革新が起こると，年功主義では人事評価できなくなってきた。住友の大坂（今の大阪）の銅吹所では，新しい技術職人を評価する時，銅の精錬能力で評価せざるを得ない。鉄の精錬の年功では評価できない。変動期における**能力主義**評価である。

さらに幕末，明治時代の大変革期になると，将来何が起こるかわからなくなる。技術革新，社会変革，産業革命など予測がつかない。そこで何が起きてもそれに対処し得る能力が必要になる。自らの能力を開発する能力が重視される。これが大変革期における**能力開発主義**である。

しかしこの能力開発主義は，本来長期的視点に立った人事評価である。明治維新，あるいはバブル崩壊後のような未曾有の大不況の時は，長期的に役立つような潜在能力をつけるという余裕はない。そこで企業業績の向上に直結する**成果主義**の考えが出てくる。

このようにみてくると，これら年功主義，能力主義，能力開発主義，成果主義の考えは，経済環境変化に対応するための，能力主義に対する基本的考え方の具体的な発現であることがよくわかる。能力主義こそ日本の人事評価の基本なのである。

◆ 年 功 主 義

年功主義の人事評価基準は，経済環境が安定し，企業の製品ライフサイクルが非常に長い時期に適用される。製品・サービスが安定していれば，長らく同じ仕事をしている人の方が，入社したばかりの人よりも生産効率が高い。したがって企業の中で求められる能力は，年功主義の基準で評価される能力と一致する。これは，現場の作業能力ばかりでなく，いわゆるテクニカル・スキル（熟練），ヒューマン・スキル（人間関係能力），概念的な管理能力（カッツ[1982]）についても妥当する。すなわち，安定した製品・サービスを生産して

いる企業では，上司，同僚とうまく接するためのヒューマン・スキル，すなわち人間関係の技能も，組織の運営を全体的な関連から洞察し，論理的に考えていく能力も，先輩社員の方が新入社員よりもうまく発揮できる。

　人間は同じ仕事を続けていると，学習過程によって，その熟練度は向上する。一方，その熟練が向上すると，その仕事を続けることが楽になり，新しい仕事をしたくなくなる。これがその人の能力の硬直性，ひいては企業文化の硬直性を引き起こす。しかし技術革新も市場の激変もないような安定した環境では，少々の硬直性が起きても，人々の熟練度が向上しシングル・ループの学習が進み，効率が上がった方が良い。そこでは年功が人事評価の基準となるのである。

◆ 能 力 主 義

　市場構造の変化，技術革新がたえず起こる経済環境の変動期には，企業の提供する製品・サービスのライフサイクルは短くなる。先輩が長い時間かけて学習した熟練は，新しい製品やサービスの製造工程，営業業務では役に立たなくなる。そのような定型化された習熟ではなく，新しく現れてくる仕事に適応した新しい能力が必要になる。これが変動期において人事評価基準として能力主義が強調される理由である[88]。

　1980年代前半までは，硬直化した年功主義を打破するために能力主義が強調されてきた。そしてその能力の具体的な表現として資格が重視され，**職能資格制度**が広く導入された。そこでは係長，課長といった職位とは別に何々1級といった職能資格が設定され，決められた要件を満たすと上の職能資格に進むことができ，これに従って賃金等が決まるのである。

◆ 能力開発主義と成果主義

　しかし1986—1991年のバブル期・バブル崩壊後の大変革期には，たえざる能

---

[88]　なおここで能力主義とは，能力が発揮された結果としての業績，あるいは成果ではなく，それを生み出すことができるであろう力としての能力を評価する，という考えである点に注意が必要である。

力開発を伴う能力主義，すなわち**能力開発主義**が強調されるようになった。情報化時代にはICTの発展によって，経済環境がたえず激変する。単に変化に受動的に対応するだけでは不十分である。積極的に変化に挑戦する意欲，能力が重要になる。

　一方，経済環境の変動期には，能力開発の可能性を伴った潜在能力が重要だといっても，長期の厳しい不況期にはそんなことはいっていられない。とりあえず業績を上げなければならない。企業成長が停滞し活力がなくなると，企業の全経営過程が悪循環に陥る恐れがある。つい1990年代初めまで能力開発主義を主張していた経営者は，バブル崩壊後の長引く不況の中で，**成果主義**を急に主張し出した。

　1990年代に入ると，日本経済は長期のデフレ状況に陥った。経済状況が好転しない上に，企業内条件は過剰雇用と高賃金という2大問題に直面することとなった。各企業は，まず新規雇用の停止や「リストラ」を行なうことで過剰雇用問題に着手し，その後，90年代の後半ごろから2000年過ぎにかけて，高賃金を是正するために，成果主義による人事評価を導入し始めた。この成果主義は，業績や成果が数値で客観的に表現できる社長とかバイヤーなどの職種では適用しやすいが，いわゆる間接部門の職種，前述の「のりしろ」の役割を果たす職種の人々には適用が難しい。そのため，評価は一層厳格化，複雑化し，同時に個々の人々の処遇の格差は一層拡大することとなった。

◆　新たな評価制度

　成果主義の評価が難しい研究開発，総務，人事，経理，企画などの職種では，**目標管理制度**が活用されている。目標管理は，バーナード[89]がいう「経営学の基本は，組織の目的と個人の目的を合致させることだ」という考えに符合する。目標管理では，まず従業員一人ひとりが上司と話し合って目標を設定し，一定期間その目標の達成に向かって努力する。そしてその話し合いの時に示さ

---

[89]　第Ⅳ部1-1参照。

れる従業員の目標が個人の目標であり，上司の示す目標が組織の目標である。現実には業績評価を長期的にするため，目標達成期間を1～3年にしたり，年俸制にしたり，さらに敗者復活制度まで考える。

　またこの時期，個々の人々の仕事の内容や，人々に求められる要素は大きく変化し始めた。即ち，ルーチンな業務から創造的な業務や革新的な業務へそのウエイトが移行していったのである。そのような業務を成果主義によって評価することは，外部環境の変化がそれほど激しくない時期に確立した従来の日本型経営の特徴である「職務範囲の不明確さ」や「情意考課による人事評価」にはそぐわず，その結果，処遇の格差や評価の公平性の面などで問題を引き起こすこととなった[90]。

　このような既存の人事評価制度が内包する問題点や限界を克服するために，その後，多くの企業で新たな評価制度が導入された[91]。例えば，評価基準の公開や評価結果のフィードバック，上司だけでなく自分自身が評価に参加する自己評価制度，上司だけでなく同僚・部下までも評価に加わる多面評価（360度評価），高業績者に共通する行動特性を抽出して評価尺度に用いる行動評価などである。このような新たな評価手法が導入されたにもかかわらず，成果主義人事評価が評価自体だけではなく，業務効率の向上や動機付けの面でも十分な効果を上げていないことが問題なのである[92]。

◆ **大変革期における挑戦意欲**

　現在の大変革期は，情報化・グローバル化がそのベースにあるため，その能力開発主義は，新しいことへの**挑戦意欲**を強く求めるようになってきた。すなわち最近の人事評価の大きな流れとして，新しいことへの挑戦意欲を高く評価する傾向が出てきた。これは，切羽詰まって姑息な手段で結果として成果を上げても，長期的な意味での企業成長に貢献しないという考え方である。むしろ

---

(90)　太田　肇 [2008]，大藪　毅 [2009]。
(91)　太田　肇 [2008] pp. 44-46。
(92)　中村圭介 [2006] pp. 18-21，高橋伸夫 [2004]。

潜在能力こそが真の意味の評価要素だと考えている。

　新しいことへの挑戦意欲を評価する例として，キヤノンにおける評価の考え方が挙げられる。キヤノンの賀来龍三郎社長は[93]，「評価の仕方は新しいことを一生懸命やって成功したのは A，失敗したのは B，何もしないでうまくいったのは C とする」といい，新しいことへの挑戦を高く評価する。

　新しいことをして失敗したら B，何もしないでうまくいったら C というのは，成果主義からみれば間違っている。何もしないでうまくいったのだから，成果からみれば当然 B になるはずである。一方成果からみれば，失敗したのは C であるはずである。どうしてこのような逆転が起きたのか。それは情報化時代だからである。ここで B という人は，結果として失敗したが，失敗する過程で，失敗しまいとしてあらゆる情報を集め，対処策を試行してみたと思う。次の大きな環境変化が起きた時には，何とか対応できるであろう。一方，C という人は差し当たり成果を上げたが，新しい情報を全く集めていないので，次の環境変化が起きた時，大きな失敗を冒す可能性がある。このように，失敗の効用を重視し，人事評価に応用する企業は数多い[94]。

　新しい能力開発に結び付かない成果主義は，現在の情報化時代にはやはり評価されない。現在の大変革期には，新しいことへ挑戦する意欲・能力が人事評価の中核的評価となるのである。

---

(93)　清水龍瑩［1992］pp. 234-229．
(94)　例えば，トヨタ自動車（『日経ビジネス』2002年12月9日号），バンダイ（『日経ビジネス』2011年2月7日号）など。

V　これからの企業

　第V部では本書のまとめとして，これからの企業の姿を考えるうえで，良い企業とは何かを確認しよう。第I部の最後で良い企業の基準としての社会性を，従来の収益性・成長性基準に続く第3の基準として紹介したが，ここではそれらの歴史的な流れと現在の企業経営にとっての意義を確認する。

　社会性を表わし，現代の企業経営でも注目されているCSRはCorporate Social Responsibilityの頭文字であり，そのまま訳せば「企業の社会的責任」となる。しかし社会的責任という言葉は日本でも1960—70年代の高度成長期のころから使われており，その意味するところは，現在のCSRとかなり異なっている。その変遷を歴史的に確認していく作業は社会性の重要性を理解する上で欠かせない。第V部前半ではこの問題を扱おう。

　また，社会性が企業経営に与える影響を実際のデータに基づいて検証することも重要性理解を促進する。第V部後半では社会性と企業業績との関係（CSP-CFP関係，Corporate Social Performance vs. Corporate Financial Performance）の実証分析例を取り上げる。さらに社会性の一つである従業員に対する責任としての雇用問題を取り上げ，第I部で解説した終身雇用とCFP関係の実証分析例も解説する。

1　良い企業とは

　良い企業とは，**長期の維持発展**という企業目的を達成できている企業である。企業規模が小さい場合は，多くの利益を上げる高い**収益性**により自らを**維持**し，売上高・総資産・従業員数といった規模を拡大して高い**成長性**を達成して**発展**すれば十分と考えられる。しかし規模が大きくなると企業の影響力は社会全体，地球全体に及ぶようになり，自分だけが儲かっていて伸びているだけでは不十分と考えられるようになる。第Ⅰ部の最後で良い企業の第3基準としての**社会性**を紹介したが，ここで再びこの問題を考えてみよう。

1-1　社会的責任，フィランソロピー，CSR

　第Ⅰ部で（狭義の）社会的責任と（広義の）CSRの違いを検討したが，歴史を振り返ってみると企業の社会性に関して3回の大きなうねりのあることがわかる。ここでは収益性・成長性に対して第3基準の社会性がどのような関係になっているかを明らかにするため，その歴史を確認する。

◆ 社会的責任ブーム

　3回の大きなうねりの最初は1960—70年代の**社会的責任ブーム**である。これは日本の高度成長期が最高潮に達し「いざなぎ景気」が1965年11月から1970年7月までの57ヶ月間を記録し，戦後長い間，最長といわれてきた好景気の時代だ。同時に公害問題が深刻化し，欧米企業に追いつけ追い越せという目標達成のための成長至上主義に初めてストップがかかり，大企業の行動にも初めて批判が現れた時代でもある。社会的責任がクローズアップされ，各企業は経営行動基準を設定するなど，その対処策に追われた。しかしその後日本経済はオイ

ルショックに見舞われ、日本企業は減量経営に乗り出し、いつのまにか社会的責任ブームは終わりを告げてしまった。

◆ フィランソロピー・ブーム

2回目のうねりは1980—90年代初めの**フィランソロピー・ブーム**である。「バブル景気」といわれた好景気が1986年12月から1991年2月までの51ヶ月間続き、株価が上昇し、地価が上昇し、日本が世界一の債権国になった時代だ。ここでも好景気に際して大企業は儲け過ぎなのではないか、企業は豊かになるが社員は豊かにならない、という大企業批判が続出し、企業はもっと社会貢献すべき、文化支援すべき、という議論になった。企業の社会貢献を意味するフィランソロピー、文化支援を意味するメセナなどの用語がクローズアップされ、多くの企業が「社会貢献推進部」「企業文化部」「企業市民室」などを設置し、また利益の1％を寄付しようという1％クラブ、メセナ協議会なども設立された。しかしバブル崩壊後は、日本企業に余裕がなくなり、フィランソロピー・ブームも終わりを告げてしまった。

◆ CSR ブーム

3回目のうねりが21世紀に入ってからの「いざなみ景気」と**CSRブーム**である。好景気は2002年2月から2008年2月までの73ヶ月間続き、記録上は戦後最長となった（コラムV‐1）。大企業の社会的影響力の大きさから、再び企業の社会的責任が注目を浴び、様々なステークホルダー[1]に対する責任としてCSRという言葉がクローズアップ。地球環境全体への影響力も重要な問題となり、環境会計、環境経営、サステナビリティ、トリプル・ボトムライン[2]という用語も一般的になった。また好景気前の失われた10年といわれた不況時

---

(1) ステークホルダー（stakeholder）は企業の利害関係者を意味する。詳しくは第Ⅰ部2‐2参照。
(2) bottom line は直訳すれば最下行で、ここでは企業の損益計算書の最下行、すなわち最終損益を意味する。その triple といった場合は経済的側面だけでなく、社会的側面、環境的側面も加えて企業活動を評価する、という意味。

には株主に対するリターンが不十分となり，多くの企業不祥事の続発により企業倫理，日本的経営再構築，コーポレート・ガバナンス，株主価値という用語も一般的になった[3]。

さて，これら3回のうねりのうち，最初の2回は非常に似た現象である。すなわち，

① 一方に57ヶ月継続した「いざなぎ景気」とそれに匹敵する51ヶ月の「バブル景気」
② もう一方に儲け過ぎなどの大企業批判
③ それに対処する形での社会的責任，社会貢献・フィランソロピー活動
④ そして好景気終了によるブーム終了

という共通点がみられる。3回目のCSRブームも，最初は不況によるコーポレート・ガナバンス，企業倫理という問題からのスタートであったが，好景気がおとずれ，それに対する企業への多くの批判と期待の下，CSR活動，環境経営活動，サステナビリティ活動などの興隆という途中まではそっくりな現象であった。ただ一つ異なるのは，好景気の終了後もCSRブームは終了していない，という点である。

〈コラムV-1　好景気の判定〉

景気は上り坂の拡張期間と下り坂の後退期間で一つの山を構成し，山の繰り返しを景気循環と呼ぶ。社会的責任ブームの「いざなぎ景気」は第6循環（戦後6個目の山）の前半上り坂にあたり，フィランソロピー・ブームの「バブル景気」は第11循環の，CSRブームの「いざなみ景気」は第14循環の前半上り坂である。これらは内閣府の景気動向指数研究会で事後的に決められる[4]。また景気の名前は通称で，「いざなぎ景気」と「バブル景気」に関してはある程度，世の中で認知された言葉であるものの，「いざなみ景気」に関しては，その長さがそれまでの記録であった"いざなぎ"を抜くために"いざなみ"と呼ばれることもあるが，実はGDP成長率などは「バブル景

---

(3) 第Ⅰ部2-2および3-2参照。
(4) 景気動向指数研究会 http://www.esri.cao.go.jp/jp/stat/di/111019hiduke.html（2012. 2.12.)

> 気」よりも低く，感覚的に低空飛行であったため，あまり使われていない通称である。

1-2　企業のための社会性

　CSRブームを迎えている現代の企業にとって社会性の問題は無視できない存在であり，重要な要因となってきているからこそ好景気終了にもかかわらず，ブームは終了していない。あるいは，一過性のブームという言葉が不適当なら，今後CSRは，ブームとは関係なく重視されていくといい換えてもよい。しかしCSRの社会性は従来の社会的責任とは異なり，収益性・成長性といった企業経営の根幹に関わる問題を多く含んでいる。本節では収益性・成長性との関係を考慮し，社会性をどのように捉えるべきかを検討しよう。

◆ 制約条件としての社会性だった社会的責任ブーム

　古くから企業の目的は利益を上げること，すなわち収益性向上といわれてきた。第Ⅰ部で説明したように，いろいろな企業の目的は考えられるものの，この収益性が企業にとって重要であることは論を俟たない。例えばよくいわれるように，アメリカの企業は株主の株価上昇・配当金増額という要求に答えるため，この収益性を最重視してきた。ROI[5]によるチェックがその顕著な例である。ところが日本企業はこの短期の収益性を犠牲にしても，シェア拡大を目指してきた。これは収益性重視の経営に対して成長性重視の経営といえる。両者の関係は究極の企業目的を長期の維持発展と考えることにより説明できた。すなわち上位の目的が長期の維持発展であり，その手段となるのが利潤の最大化であり，そのための収益性・成長性であった。収益性と成長性の関係については，収益性が短期的目標，成長性が中長期的目標といえる。これがアメリカ企

---

(5)　Return On Investmentの頭文字。投下資本利益率と訳し，どのくらい投資し，どのくらい儲かったかを表す指標。

業のモノの見方は短期的といわれるゆえんである。これに対して，当面の利益を我慢して，設備投資・研究開発などに資金を回し，企業の成長をはかり，中長期的に収益を拡大していくというのが成長性重視の経営である。

社会的責任ブームまでの経営の考え方では，このような長期の維持発展─収益性・成長性という目標に対して社会性（ここでは社会的責任）はさらに下位の目標に位置付けられてきた。すなわち企業が社会的責任を果たすことはより上位の目標である収益性・成長性を達成するために必要な制約条件と考えられてきた。これは前述の如く，1970年ごろの社会的責任ブームに多くの企業が批判対策をしたが，不況になり批判がなくなるとともにその対処も下火になった，という事実からもわかる。

◆ 企業のロジックとは無関係の社会性であったフィランソロピー・ブーム

これに対して**フィランソロピー・ブーム**の社会性は収益性・成長性といった企業の目標とは無関係のところで論じられてきた。例えば企業フィランソロピーは企業の社会貢献という意味に捉えることができるが，その内容は企業本来の利益追求活動を離れて，または本業と関係のない分野で，社会のために支援を行なうこと，といわれていた。また，メセナ活動は，企業による見返りのない純粋な文化支援とされていた。さらに前述のごとく，社会貢献活動やメセナ

図表Ⅴ-1　収益性・成長性と社会性の関係

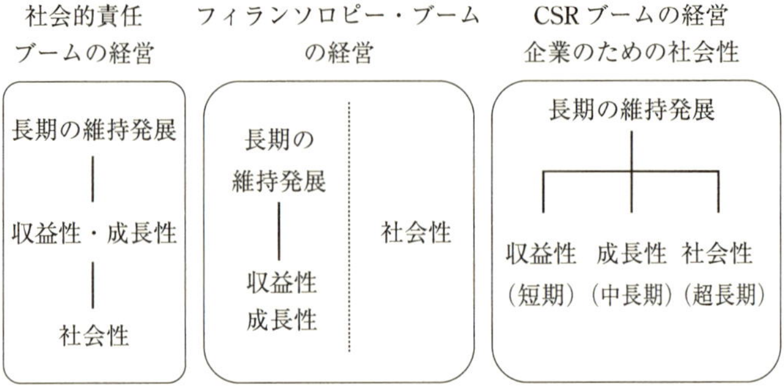

社会的責任 ブームの経営	フィランソロピー・ブーム の経営	CSRブームの経営 企業のための社会性
長期の維持発展 ｜ 収益性・成長性 ｜ 社会性	長期の 維持発展　　　社会性 ｜ 収益性 成長性	長期の維持発展 ／　｜　＼ 収益性　成長性　社会性 （短期）（中長期）（超長期）

活動は陰徳として世に明らかにすべきでないという考え方もあった。収益性・成長性と社会性の関係をまとめると，社会的責任ブームにおける社会性は収益性・成長性という目標に対して制約条件であり，フィランソロピー・ブームにおける社会性は収益性・成長性とは無関係であった，となる。(図表Ⅴ-1の「社会的責任ブームの経営」，「フィランソロピー・ブームの経営」参照)

◆ CSRブームと企業のための社会性

社会的責任ブームとフィランソロピー・ブームという2回のブームの興隆と消滅の繰り返しを確認したが，このような社会性に対する認識の低さと，現代企業にとっての社会性の重要性を考え合せると，どちらのブームにおける社会性の考え方も好ましくない。現代企業は社会性をどのように捉えるべきなのだろうか。

企業の社会性は社会のためだけではなく，企業のための社会性でもあり，下位の手段としてではなく，企業にとっての上位の目標として考える必要がある。CSRブーム以降，好景気終了後もCSRが重視されていることはその重要性を裏付けているが，その理由を確認しておこう。

◆ アメリカ企業にとっての社会性の考え方

まず「**良き企業市民**」という言葉が早くから定着してきたアメリカの社会貢献の歴史状況からみてみよう[6]。アメリカ企業の社会活動は企業のロジックとできるだけ矛盾のない形で，いい換えれば企業の利益と直接結び付く形で始まった。しかし1953年，企業フィランソロピー史において時代を画するといわれる裁判が起きた。ミシン会社 A. P. スミス社のプリンストン大学への寄付1,500ドルをめぐって企業行為としての妥当性が同社株主との間で争われたのである。ニュージャージーの裁判所の判決は，"企業も「良き企業市民」としての義務があるから，寄付は社会的責任を果たしていくことで企業の長期的利

---

(6) 以下のアメリカの状況については，電通総研[1991] pp. 65-107および，島田晴雄編[1993] pp. 155-191を参考にした。

益につながるから妥当"というものであり，企業にとっての直接の利益のみが許される社会貢献から，「良き企業市民」としての社会貢献の時代が始まった。しかしながらここで重要なことは，直接の利益ではないが長期的な利益は考慮されているという点である。この点を最も顕著に表している考え方に「**見識ある自己利益・啓発された自己利益**（Enlightened Self-interest）」がある。これは，社会貢献は企業活動をより円滑に行なうための社会システムへの投資であり，企業は自由経済を保証する社会制度の強化を行なうためにフィランソロピーに参加する，という考え方だ。実際，アメリカ企業は，本社も支店もなくビジネス上重要な地域でもないところには決して寄付をしないといわれている。

◆ 欧州企業にとっての社会性の考え方

　一方，欧州においては前述のサステナビリティ，トリプル・ボトムライン，という考え方とともに，**ビジネス・ケース**という考え方がある。これはCSRつまり社会性の追求が将来の利益を生む，ビジネス上の利益につながる，という考え方だ。経済同友会が欧州調査で行なったヒアリングでは，CSRを「将来の利益を生み出すための投資である」と明確に位置付けている企業関係者，研究者が大半であったという[7]。

◆ 単なる理想論で片付けてはならないCSR

　日本における企業の社会性は，前述のように社会的責任ブームにおいては制約条件的な扱いであり，フィランソロピー・ブームの時には陰徳などといった利他的な要素が強調され，その活動が企業から独立し，収益性から離れることが良いことだという議論が目立っていた。しかし欧米では企業フィランソロピーを企業のロジックから逸脱させることは，単なる理想主義の域を出ないことだという認識が強かったので，社会貢献活動，そして近年ではCSR活動に関して企業のロジックとの関連が多く論じられてきた[8]。

---

(7) 経済同友会編［2003］pp. 36-37。
(8) 詳しくは岡本大輔・梅津光弘［2006］pp. 33-35。

◆ 日本の経営者も同意見

　一方，フィランソロピー・ブームのころの日本の経営者の意見を集めると，実は同様な意見を持っている人も多かったことがわかる。例えば，キヤノンの賀来氏によれば，企業は，(1)企業のことだけを考える純資本主義的企業，(2)労使が一体となって企業の繁栄だけを考える運命共同体的企業，(3)自分の所属する地域社会や国に対する責任を果たす社会的責任遂行企業，(4)世界の人類に尽くす世界人類共生企業，という進化を遂げるという。この議論はいかにも企業の収益性・成長性とは別に社会性を考えるという，フィランソロピー・ブームの意見の代表のように思えるが，賀来氏は「これは企業の成果の分配に関して，経営者だけがとるのか，従業員にも分配するのか，あるいはステークホルダー，さらには世界との共生にまで視野を広げるのか，という問題であり，十分な分配をするために，最大限の利益をあげることが不可欠なのは言うまでもない。」としている[9]。資生堂の福原氏は見返りなき文化支援という考え方について「最終的には何等かの意味でいつかは企業に返ってくる物であるべきであり，全く見返りにつながらないことをやるのは長続きしない。」と述べている[10]。信越化学工業の金川氏は「会社が健全に利益を上げていなければ何もできない。税金も納められないし社会貢献もやれない。経済単位として失格の企業が福祉だメセナだといってもはじまらない。」と述べている[11]。任天堂の山内氏は「企業は社会奉仕のために存在しているのではない。きちんと利益を上げてしかるべき報酬を従業員にあげるのが第一。」としている[12]。アサヒビールの樋口氏は「企業の社会貢献やフィランソロピーは社長の道楽や会社のアクセサリーなどではなく，企業がバイタリティーを持つための資源そのものである。」

---

(9)　清水龍瑩［1992］pp. 234-242。なお，筆者の1人は同インタビューに同席している。また氏の世界人類共生企業の考え方は，その後，長くキヤノン社内に受け継がれ，現在もキヤノンの企業理念として採用されている。http://web.canon.jp/about/philosophy/ (2012. 2. 12.) 第II部3-1参照。
(10)　福原義春［1992］p. 218。
(11)　『日経ビジネス』1992年8月17日号。
(12)　『日経ビジネス』1992年6月1日号。

と述べている[13]。サントリーの佐治氏は，メセナや社会貢献に対して「文化，文化といっても，利益を上げなかったらいかん。我々が文化活動に熱心なのはサントリーに対する消費者の好感度を高めたいという狙いが元にあるから。回り回って利益になる。それがなければ企業の文化活動は成り立たない。純粋な文化支援には必ず裏がある。」と述べている[14]。

◆ 社会的責任ブームとフィランソロピー・ブームの社会性の考え方は非現実的

　欧米の状況からも，実際の日本の経営者の意見からも，フィランソロピー・ブームの見返りなき社会貢献，マネジメントの論理から切り離された社会性という考え方は非現実的であることがわかる。純粋に利他的に行動する企業があったとしても，その企業の行動は株主を始め，従業員ほかすべての利害関係者から賛同を得ることはできない。その結果，その企業は本業から利益を得ることができなくなり，収益性が低下し，成長性も低下し，長期の維持発展という目標も達成できなくなる。企業が存続しなければ社会性に関する活動も当然ながら続けられない。したがって企業が純粋に利他的な行動をすることは，その利他的な行動の受益者を含めて，すべての利害関係者にマイナスということになってしまうのである。さらに社会的責任ブームの経営の考え方のように，社会性を収益性・成長性という目標の手段と考えることにも無理がある。そのような考え方では，不況になった時に社会性・社会貢献という意識がなくなってしまう。せっかくの社会貢献も偽善的または，場当たり的，思い付きといった悪いイメージになり[15]，とても社会性とはいえなくなってしまう。

◆ 企業のための社会性と捉えるべき

　広く社会に貢献し，世界に受け入れられるためには，社会性をより上位の目

---

[13]　『日本経済新聞』1992年2月27日。
[14]　『日本経済新聞』1992年8月22日。
[15]　嶋口充輝［1992］p. 54。

標と考え，収益性・成長性といった目標と一貫性を持った戦略的なものとして考え，CSR活動を行なっていく必要があろう。したがって現代の企業に求められる社会性は，収益性・成長性と同じレベルの目標に位置付けられるべきである。すなわち企業の目標と社会性との関係は図表V-1の「CSRブームの経営 企業のための社会性」のようになることが望ましい。ここで企業の究極の目的を長期の維持発展とするのは従来通りである。その手段としての下位目標が収益性，成長性，社会性となる。社会性は，収益性，成長性の下位目標・サブ目標・手段ではなく，同じレベルの目標になっているところがポイントだ。お互いの関係は，短期的目標として収益性，中長期的目標として成長性，超長期的目標として社会性となる。したがって，1年以内程度の短期目標，せいぜい5年程度までの中長期目標に比べて，超長期目標のウエイトは低くなる。ただし，あくまでも，下位目標ではなく，対等であることが重要である。もう少し具体的にいえば，今，CSR活動に一定額の予算を組み，積極的に活動している企業があったとして，その企業が減益，または営業赤字に直面したとする。その時，真っ先にそれをやめてしまう，というのでは社会性とはいえない。それでは余裕がある時の偽善的行為にすぎない。単なる減益の時はもちろんのこと，営業赤字でも経常で黒字であるならば，苦しくてもCSR活動は続けねばならない。しかし，もしも経常赤字にまでなったとすれば，その時は活動縮小もやむを得ないであろう。そこが，超長期的目標のウエイトの低さである。

　社会性が収益性・成長性より下位の目標とみられていたり，別物として考えられていたのは，企業の社会性が収益性・成長性を損ない，利害関係者の利益にならない，と考えられていたからだ。しかし実際には，長期的なイメージ向上，それによる取引関係の良好化，優秀な人材の確保など，様々なメリットが考えられる。そしてこれは株主の意向に反しているわけでもない。株主にとっては企業が長期的に維持発展してくれれば，キャピタルゲイン，インカムゲインともに増加する。企業は社会性の追求に際して，本業と関係なく社会のために尽くす，などと偽善的なことをいう必要はないし，陰徳といってその活動を隠す必要もない[16]。欧州のビジネス・ケースのように，企業は社会性の追求

に際して，それが自社のためになる，自社のために必要である，ということに照れる必要はない。東日本大震災が起きた時，非常に多くの企業が製品・サービスの無償提供，義援金寄付などの活動を積極的に行なった。もちろんこれは尊敬すべき行為である。しかしその際，自社の収益性・成長性を一切考えずにその行動を最優先する，と考える経営者はいなかったであろう。もしそのような行動に出れば，時を待たずして自らが倒産してしまう。倒産は多くのステークホルダーに迷惑をかけるだけでなく，その際に目指していた救援・復興活動もストップしてしまうことになる。社会性を重視した活動を行なう際，CSR活動を行なう際，収益性・成長性といった企業本来のロジックをも意識した，企業本来の活動を行なうことに全く問題はない。企業の社会性を意識的に前面に出しながらも，あくまでも戦略の一環として社会性活動を行なっていくべきなのである。

---

(16) もともとは陰徳陽報という四字熟語で「人知れず善行を積めば必ず良い報いとなって現われてくる」という意味であり「陰徳あれば陽報あり」と読む。

2 社会性に関する実証研究

　良い企業の条件として，収益性・成長性に加えて社会性が重要になってきていると書いた。しかし社会性を追求した場合，収益性・成長性にマイナスの影響があるという指摘も多いことは事実である。実際はどうなのであろうか。最終章である本章では，現実のデータを用いてその検証を行なった実証研究例を紹介する。

2-1　社会性と財務業績

　かつては，本業に集中し，株主から投資してもらった資金を有効に使い，良い製品・サービスを世の中に提供することが，企業の最大の社会的責任である，という主張もあった。しかし，CSRが注目される近年，企業にとっての社会との接点，社会的責任，社会性の重要性はますます注目されるようになってきており，以前のようにその重要性を否定する議論はほとんどみられなくなってきた。ところが，実際に社会性を重視する経営を行なうと企業にどのような影響が生まれるのか，もっとはっきりいえば，社会性は本当に企業にとってプラスなのか否か，というCSP-CFP関係（Corporate Social Performance vs. Corporate Financial Performance）に関しては，特に日本において実証研究が不足している[17]。短期的な収益性・中長期的な成長性に対して，社会性は超長期的という性質を持っているが故，データを収集することは困難を極めることが

---

(17)　世界的には，多くの実証研究があり，収益性・成長性と社会性は①プラスの関係にある，②マイナスの関係にある，③特に関係はない，など様々な結論が報告されているが，近年では①を支持する研究が多くなってきている。詳しくは岡本大輔・梅津光弘［2006］およびOkamoto［2009］参照。

実証研究不足の最大の理由である。以下では,筆者の1人が行なった日本企業を対象とする実証研究を紹介しよう。

◆ 社会性の高い企業は収益性・成長性も高い

最初の実証研究は,まず社会性を計測し,従来の企業評価基準であった収益性と成長性との関係をみてみよう,というものであった。データには1995年に慶應義塾大学商学部の十川廣國研究室で行なわれたアンケート調査を用い[18],サンプルは東証製造業(有効回答252社),分析手法はQAQF(定性要因の定量分析法)と相関分析法であった[19]。

その結果を要約すると,財務業績(収益性+成長性)と社会性の間には大きな相関があるということが判明した。つまり,財務業績の高い企業は社会性も高いというわけである。もしそうだとすると,企業評価基準として収益性・成長性という従来の基準に社会性を加えても関係ない,ということになってしまう。そこでこの関係をもう少し詳しくみるため,次の4分類が考案された。

TypeⅠ:財務業績,社会性ともに高い企業
TypeⅡ:財務業績,社会性ともに低い企業
TypeⅢ:財務業績のみ高い企業
TypeⅣ:社会性のみ高い企業

財務業績と社会性の相関が高いので,TypeⅠとTypeⅡの企業が多いことになる。しかし実際には,TypeⅢ企業もTypeⅣ企業も存在する(図表Ⅴ-2)。TypeⅢ企業は,社会性は低いが財務業績は高い企業であり,これらはまだ社会性に目がいかない企業であると予想される。一般に,財務業績が悪いのに社会性を意識する企業は想定しにくいので,社会性と財務業績との高い相関関係は「高業績→高社会性」という因果関係から始まると考えられる。しか

---

(18) 十川廣國ほか[1995]pp. 119-121。
(19) 社会性変数は,上記アンケートの中から,従業員関連,地域関連,社会一般関連,環境関連の項目を数値化。収益性は売上高経常利益率,成長性は4年間移動平均売上高伸び率。詳しくは岡本大輔・梅津光弘[2006]pp. 82-93。QAQFについては巻末APPENDIX参照。

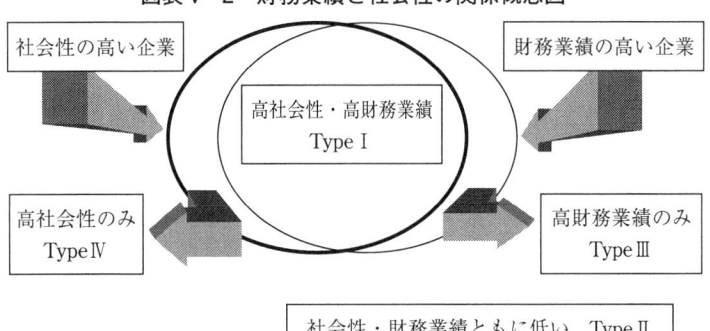

図表V-2　財務業績と社会性の関係概念図

```
社会性の高い企業                    財務業績の高い企業
          ↘                        ↙
            ┌─────────────────┐
            │ 高社会性・高財務業績 │
            │     Type I       │
            └─────────────────┘
          ↗                        ↖
高社会性のみ                        高財務業績のみ
  Type IV                            Type III

        社会性・財務業績ともに低い　Type II
```

し現代企業にとって社会性は不可欠なので，いつまでも低社会性では業績も低下してしまう。つまり「低社会性→低業績」となる。逆にいえば，高社会性は将来の高業績の条件ともいえ「高社会性→高業績」という関係も想定でき，これが「高業績→高社会性→高業績」という好循環を生み出していく。この好循環を生み出せなければ，「低業績→低社会性→低業績」という悪循環に陥る可能性も，Type III企業は持っている。Type III企業は，従来の収益性，成長性という基準だけでみれば当然良い企業なので，社会性基準を導入する意義の一つは，Type I企業とType III企業を見分けることであり，両者の区別の提唱である。ここで，次の実証研究に向けて，2つの仮説が考えられる。

仮説1　〈業績維持仮説〉

　　　　高業績企業同士において，

　　　　高社会性 Type I 企業が高業績を維持する確率は，

　　　　低社会性 Type III 企業に比べて高い

仮説2　〈業績悪化仮説〉

　　　　高業績企業同士において，

　　　　高社会性 Type I 企業が業績を悪化させる確率は，

　　　　低社会性 Type III 企業に比べて低い

　Type IV企業は，社会性は高いが財務業績の低い企業で，もともと業績が悪

いのに社会性だけが高いというケースは想定しにくいので，フィランソロピー・ブーム等で社会性を高めたが，その後財務業績が悪化した企業と考えられる。社会性は高いので好循環に乗れれば業績も回復するかもしれないが，超長期的という社会性の性質からして，そう楽観的には考えられない。しかし，Type II 企業，つまり，財務業績も社会性も低い企業に比べれば，低業績が低社会性を生み，低業績が続くという悪循環になる確率は低く，超長期とはいえ，業績回復の確率も Type IV の方が高いといえる。すなわち，社会性を企業評価基準とする意義は，Type II と Type IV の区別にもある。そこでさらに2つの仮説が追加される。

仮説3 〈業績回復仮説〉

　　　低業績企業同士において，

　　　高社会性 Type IV 企業が業績を回復する確率は，

　　　低社会性 Type II 企業に比べて高い

仮説4 〈業績低迷仮説〉

　　　低業績企業同士において，

　　　高社会性 Type IV 企業が業績低迷を続ける確率は，

　　　低社会性 Type II 企業に比べて低い

◆ 高財務業績への必要条件としての社会性

　次の実証研究では，前述の仮説の検証を試みた。これは最初の1995年のデータ（財務データは1994年3月期）に，2004年3月期の財務データを追加し，Type I～Type IV 企業の10年後を追跡調査しようというものであった。ここで財務業績および社会性の"高い""低い"の基準として，サンプル内におけるそれぞれの得点が上位1/3にある企業，下位1/3にある企業とし，真ん中の1/3の企業はサンプルから除いた。

　その結果，図表V-3のような業績変化がみられた。高財務業績でしかも社会性も高かった Type I 企業のうち，10年後も高業績維持ができた企業は47％あったが，高財務業績ではあるが社会性は低かった Type III 企業では35％しか

図表V-3 高業績企業の10年後の業績変化

凡例: ■高業績維持 ■やや悪化 ■業績悪化

	高業績維持	やや悪化	業績悪化
TypeⅠ（高社会性）	47%	37%	17%
TypeⅢ（低社会性）	35%	30%	35%

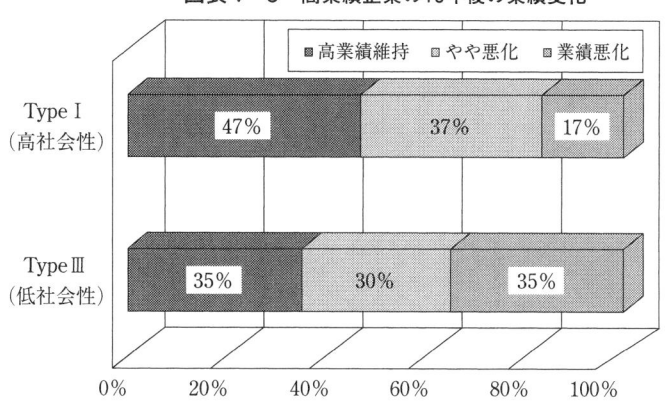

図表V-4 低業績企業の10年後の業績変化

凡例: ■高業績回復 ■やや回復 ■業績低迷

	高業績回復	やや回復	業績低迷
TypeⅣ（高社会性）	33%	38%	29%
TypeⅡ（低社会性）	11%	34%	54%

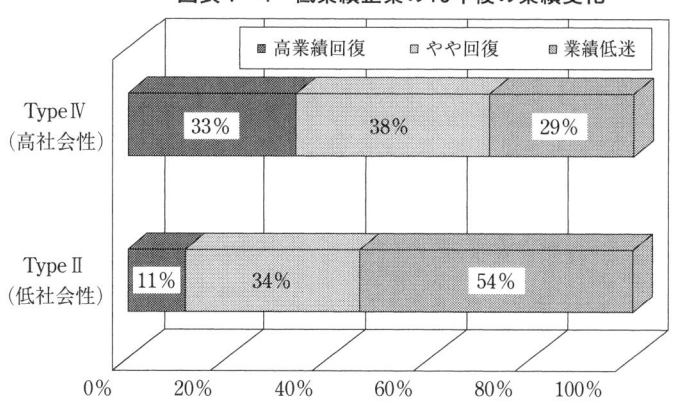

なかった。また，これらのうち10年後に業績が悪化してしまった企業は，TypeⅠで17%であったのに対して，TypeⅢでは35%もあった。これらの高業績企業の業績変化から，仮説1〈業績維持仮説〉と仮説2〈業績悪化仮説〉を支持する傾向が観察されているといえる。

一方，低財務業績だが社会性は高かったTypeⅣ企業のうち，10年後には高業績へ回復できた企業は33%あったが，低財務業績で社会性も低かったTypeⅡ企業では11%しかなかった（図表V-4）。また，これらのうち10年後にも業

績低迷していた企業は，Type II で54％であったのに対して，Type IV では29％しかなかった。これらの低業績企業の業績変化から，仮説 3 〈業績回復仮説〉と仮説 4 〈業績悪化仮説〉を支持する傾向が観察されているといえる。

　これらは単に多い少ないという傾向値なので，改めて統計的検定を行なった結果，図表 V-5 の結果を得た[20]。まず比率の大小関係のみをみると，24通りすべて仮説どおりとなっており，全般的には仮説と実態は符合していると考えられる。ただし比率の差の検定を行なった結果では，仮説 1 〈業績維持仮説〉は 6 通りのうち 1 回しか有意にならず，この関係に関してははっきりしたことはいえない，という結果になった。仮説 2 〈業績悪化仮説〉は 6 通りのうち 3 回が統計的に有意となり，ほぼこの関係が確認できたといえる。さらに仮説 3 〈業績回復仮説〉と仮説 4 〈業績低迷仮説〉に関しては 6 通りのうち，それぞれ 5 回と 4 回が統計的に有意であり，仮説採択，という結果である。

　仮説 2 〈業績悪化仮説〉は財務業績・社会性共に高い Type I 企業が財務業績を悪化させる確率は，財務業績は高いが社会性は低い Type III 企業のその確率よりも低いというものであった。この関係がほぼ確認されたことにより，社会性の低い企業は現代の社会からの要請に的確に応えることができず，結局企業業績も悪化させてしまうので，社会性は高業績維持に必要である，ということがいえる。逆に仮説 1 〈業績維持仮説〉はその Type I 企業が高財務業績を維持する確率は，Type III 企業のその確率よりも高いということであったが，あまりはっきりした関係は確認されなかった。高社会性だけでの高業績維持は難しく，高業績維持には社会性以外のほかの要因が大きな影響を及ぼすのであろう，と考えられる。仮説 3 〈業績回復仮説〉は，財務業績は低いが社会性は高い Type IV 企業が高財務業績へ回復する確率は，財務業績・社会性共に低い Type II のその確率よりも高い，というものであり，仮説 4 〈業績低迷仮説〉

---

(20) 検定に際しては，"高い" "低い" の基準として，上位下位 1/3 に加え，上位下位 1/2.5 と上位下位 1/3.5 も設定し，さらに，10年後だけでなく，5 年後の1999年 3 月期のデータも使用した。したがって検定は，仮説が 4 つ，検証時が 5 年後と10年後の 2 つ，上位下位の基準が 3 つで，都合24通りとなった。詳しくは岡本大輔・梅津光弘［2006］pp. 102-105。

図表V-5 分析結果一覧

【仮説1～4、1999（5年後）& 2004（10年後）】

仮説	検証年	基準	x_1	x_2	n_1	n_2	$\hat{p}$	$\hat{p}_1$	$\hat{p}_2$	$\hat{p}_1-\hat{p}_2$	z	大小関係	検定	有意確率
1 業績維持仮説	1999	1/2.5	20	19	35	36	0.549	0.571	0.528	0.044	0.370	○	×	35.60
		1/3	19	10	29	21	0.580	0.655	0.476	0.179	1.266	○	×	10.28
		1/3.5	13	7	21	15	0.556	0.619	0.467	0.152	0.907	○	×	18.19
	2004	1/2.5	19	10	36	34	0.414	0.528	0.294	0.234	1.984	○	○	2.37
		1/3	14	7	30	20	0.420	0.467	0.350	0.117	0.819	○	×	20.64
		1/3.5	10	5	22	15	0.405	0.455	0.333	0.121	0.737	○	×	23.05
2 業績悪化仮説	1999	1/2.5	14	5	36	35	0.268	0.389	0.143	0.246	2.341	○	○	0.99
		1/3	5	2	21	29	0.140	0.238	0.069	0.169	1.701	○	○	4.49
		1/3.5	2	2	15	21	0.111	0.133	0.095	0.038	0.359	○	×	35.94
	2004	1/2.5	16	9	34	36	0.357	0.471	0.250	0.221	1.925	○	○	2.71
		1/3	7	8	20	30	0.240	0.350	0.167	0.183	1.484	○	×	6.85
		1/3.5	3	3	15	22	0.162	0.200	0.136	0.064	0.516	○	×	30.31
3 業績回復仮説	1999	1/2.5	9	11	35	48	0.241	0.257	0.229	0.028	0.294	○	×	38.44
		1/3	5	1	21	35	0.107	0.238	0.029	0.210	2.454	○	○	0.70
		1/3.5	4	1	16	28	0.114	0.250	0.036	0.214	2.154	○	○	1.56
	2004	1/2.5	17	13	35	47	0.366	0.486	0.277	0.209	1.945	○	○	2.59
		1/3	7	4	21	35	0.196	0.333	0.114	0.219	1.997	○	○	2.29
		1/3.5	5	2	16	29	0.156	0.313	0.069	0.244	2.158	○	○	1.55
4 業績低迷仮説	1999	1/2.5	27	17	48	35	0.530	0.563	0.486	0.077	0.692	○	×	24.44
		1/3	19	5	35	21	0.429	0.543	0.238	0.305	2.231	○	○	1.30
		1/3.5	15	4	28	16	0.432	0.536	0.250	0.286	1.841	○	○	3.29
	2004	1/2.5	26	10	47	35	0.439	0.553	0.286	0.267	2.414	○	○	0.79
		1/3	19	6	35	21	0.446	0.543	0.286	0.257	1.874	○	○	3.05
		1/3.5	12	4	29	16	0.356	0.414	0.250	0.356	1.099	○	×	13.59

はそのType IV企業が財務業績低迷を続ける確率は，Type II企業のその確率よりも低い，というものであった。これらの関係が確認されたことにより，業績の悪い企業が業績回復をしていく時，社会性が必要であり，社会性が低いと業績低迷の確率は高くなる，といえる。全体的にみて，社会性は高業績にとっての十分条件とはいえないが，少なくとも必要条件ではある，と考えられるという結論を得た。

2-2　雇用と財務業績

◆ 終身雇用制は崩壊していない

　CSRが重視される現在，**雇用維持**は企業に最も近いステークホルダーである従業員に対する社会的責任であり，企業経営に重要な社会性の一つと考えられ，「経営者の最大の務め」と考える社長も多い。例えば，日本電産の永守社長は「雇用の維持が大前提，絶対に人を切らん，雇用が最大の社会貢献，雇用は天守閣」と述べており[21]，キヤノンの御手洗会長は「雇用安定を最重要の課題と考える」と経団連と連合の会合で述べている[22]。第Ⅰ部でも紹介したように，かつて日本的経営三種の神器の一つといわれた終身雇用制度は崩壊し，終焉した，と多くの報道がなされている。しかし歴史を振り返ってみると，過去に何度も終身雇用崩壊が叫ばれている。古くは1973年と1979年のオイルショック，1985年の円高，そして1991年のバブル崩壊後に，終身雇用終焉といわれた。逆にいえば，それぞれの段階で終身雇用制度は終焉していなかったともいえる。既に示した我々の調査によれば，終身雇用維持派の企業は，維持にこだわらない企業よりも多い[23]。はたして，終身雇用は企業経営にどのような影響を与えているのであろうか。ここでは終身雇用と財務業績の関係を分析した実証研究例を紹介しよう。

---

(21)　『日経ビジネス』2009年10月26日号，2010年5月17日号。
(22)　『日本経済新聞』2010年1月27日。
(23)　第Ⅰ部図Ⅰ-1参照。

◆ 終身雇用という"概念"

　終身雇用は「企業が正規従業員を新卒採用した場合，特別の事情がない限り定年年齢に到達するまで安定的に長期継続して雇用していこうとする"慣行"」[24]である。つまり，終身雇用制度といわれるが，制度ではなく雇用慣行であり，法律ではなく，文書化された制度でもない。既に指摘したようにデメリットもあるものの多くのメリットもあり，「企業と従業員の長期に安定した雇用関係とそれが生み出す従業員のパフォーマンス」が終身雇用という"概念"の本質と考えられる[25]。そこでこの実証研究で検証されるのは「長期雇用は，終身雇用という"概念"が合わせ持つ，高い従業員のパフォーマンスの発揮を促し，高財務業績につながる」という仮説である。第Ⅰ部で紹介した筆者らのアンケート調査を用い，財務データとの関連をみるが，アンケートでは，終身雇用を維持するか否かの意思を尋ねているだけであり，その際には結果変数としての高い従業員のパフォーマンスの発揮をも含む，終身雇用の"概念"は説明されていない。したがって，単に終身雇用制維持という意思決定，つまり長期雇用という意思決定が収益性・成長性といった財務業績に対してどのような影響を及ぼすのか，を検証することになる。また年功序列制との関係も勘案し，能力主義的な評価方法との組み合わせが，財務業績にどのような影響を及ぼすのか，という関係をも検証する。用いられる手法は QAQF である。

◆ 終身雇用維持派の財務業績は高い

　図表Ⅴ-6 は，2007年の終身雇用アンケートデータと2009年の財務業績の関係を示している。アンケートデータでは第Ⅰ部で示したように6段階の選択肢であったが，サンプル数の関係で4グループ（1，2，3，4＋5＋6）にグループ分けし，それぞれのグループ内で，財務業績[26]の平均値を計算し比較し

---

[24]　日本生産性本部生産性研究所［1994］p. 3.
[25]　詳しくは，岡本大輔［2010］pp. 17-22。
[26]　財務業績の定義は次のとおりである。収益性［売上高経常利益率を 0 ― 5 に基準化］，成長性［4 年間移動平均売上高伸率を 0 ― 5 に基準化］，財務業績［収益性＋成長性］。

278 V　これからの企業

図表Ⅴ-6　終身雇用維持2007と財務業績2009

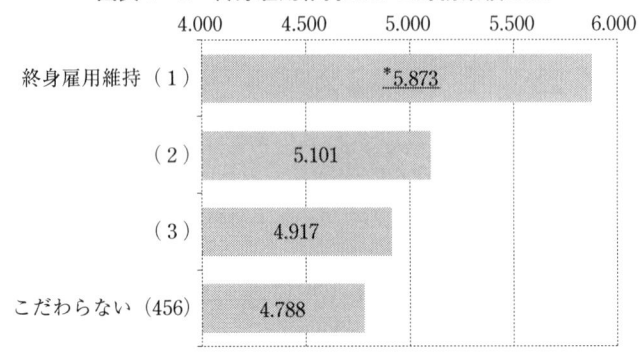

終身雇用維持（1）	*5.873
（2）	5.101
（3）	4.917
こだわらない（456）	4.788

注：アンダーラインは最大値を，*は有意水準5％で統計的に有意な差があることを示している。

図表Ⅴ-7　終身雇用維持と財務業績 2009

	2000 全企業	2004 全企業	2005 全企業	2007 全企業	2008 全企業
終身雇用維持（1）	5.056	5.211	*5.063	*5.873	5.043
（2）	5.222	5.129	5.052	5.101	4.803
（3）	5.023	4.788	4.487	4.917	5.020
こだわらない（456）	4.779	4.903	4.752	4.788	5.374

		能力主義	能力主義	能力主義	能力主義
終身雇用維持（1）		5.502	5.581	5.603	5.444
（2）		5.061	5.787	5.219	4.890
（3）		4.466	4.740	5.141	5.216
こだわらない（456）		4.913	4.358	5.036	5.112

注：アンダーラインは最大値を，*は有意水準5％で統計的に有意な差があることを示している。

たものである。2007年に「終身雇用維持」と回答した企業の2009年における財務業績平均値が最も高く，その差は有意水準5％で統計的に有意である。すなわち終身雇用維持という意思決定が2年後の自社の財務業績に対して有意にプラスに貢献していることがわかる。図表Ⅴ-7の上段には，2000，2004，2005，2007，2008の終身雇用アンケートデータと2009年の財務業績の関係が示されて

いる[27]。5調査のうち3調査（2004，2005，2007）で最も強く「終身雇用維持」を掲げる企業の2009年財務業績が最高となっている。さらに図表V‐6の棒グラフでも示した2007に加えて2005も統計的に有意である。2000年調査でも全体的には「終身雇用維持」が財務業績のプラスに貢献している。また，2008年調査では「こだわらない」企業の業績が最大になっているものの，統計的には有意ではなく，「終身雇用維持」企業の業績もそれに次いで2番目に高くなっている。

◆ 終身雇用＋能力主義で高業績

　終身雇用のデメリットと指摘されるものの中には，勤続年数・年功による評価の妥当性，中高年のポスト不足など，終身雇用・長期雇用においても調整可能なデメリットも存在する。特に年功制に関しては，雇用の問題とは切り離して議論すべき，という意見も多い。実際，終身雇用は維持するが，年功序列制は維持しない，という企業も多い[28]。そこで，そのような企業に限定して，上記と同じ財務業績との関係をみたものが図表V‐7の下段である[29]。サンプル数が少なくなってしまうため，有意な差は出ていないが，データのとれる4調査のうち3調査（2004，2007，2008）で，最も強く終身雇用維持を掲げる企業の2009年財務業績が最高となっており，2005年調査でも僅差で2番目に高い財務業績となっている。

◆ さらなる研究の必要性

　終身雇用・長期雇用・雇用維持などの社会性やCSRの重要性は，理屈上は

---

(27)　1995年，1998年は旧通産省が調査主体であったため，原データは利用不能であった。
(28)　例えば，労働政策研究・研修機構［2007］pp. 78-95。
(29)　同じアンケート内の次の質問において，4－6と回答した企業のみを集計。「貴社の組織を全体としてみたときに，同業他社と比べてどの様な組織的な特徴（組織文化）が存在しますか。以下の各項目について，左右のキーワードを両端とするそれぞれの特徴のうち，貴社に最も近いと思われる番号1つに○印を付けてください。」
　　　　　　　年功主義的　1－2－3－4－5－6　能力主義的

明らかであり，現場の経営者の意見を聞いても，できれば雇用は維持したい，という人が圧倒的に多い。また，景気が回復した時に勢いよく飛び出せるよう，正社員の雇用はできるだけ守りたいと考える経営者も多い。しかしながら短期的にはコスト増になってしまうと考えれば，なかなか実行できないことも多い。経済同友会の報告書でも「現実にCSRがどのように企業の業績に結び付くかについて，その因果関係を実証するのは，なかなか難しい。よく「ニワトリか卵か」といわれるように，業績が良いからCSRを積極的に推進できるのか，あるいはCSRを積極的に推進しているから業績が良いのかを判断するには，未だ材料が十分に揃っていないのが現状である。」「CSRが「良い」ことは誰もが認識していることであるが，具体的な利益に結び付くというインセンティブがなければ，その取り組みはなかなか進展していかない。」としている[30]。第Ⅴ部ではCSP-CFP関係の分析と終身雇用とCFP関係の分析を紹介した。まだまだ実証研究不足は解消されず，今後も多くの分析が期待されるところである[31]。

---

(30) 経済同友会［2003］p. 38。
(31) さらに深く学びたい人は，慶應義塾経営力評価グループが『三田商学研究』に連載・発表している岡本大輔・古川靖洋・佐藤 和ほか「続・総合経営力指標―コーポレートガバナンス・マネジメント全般と企業業績―」を参照されたい。また，経営戦略やそれを支える組織能力にかかわる実証研究については，『社会イノベーション研究』や『三田商学研究』に連載・発表している十川廣國・馬場杉夫ほかによる論文・資料ならびに，『専修経営学論集』に連載している馬場杉夫「戦略経営に関する実例研究」を参照されたい。

REFERENCES

アーカー，D. A.『戦略市場経営』ダイヤモンド社，1986
青井倫一監修・大和総研経営戦略研究所編著『ガイダンスコーポレートガバナンス』中央経済社，2009
青木幹喜『エンパワーメント経営』中央経済社，2006
アッターバック，J. M.『イノベーション・ダイナミクス』有斐閣，1998
アベグレン，J. C.『日本の経営』ダイヤモンド社，1958
アベグレン，J. C.『日本の経営―新訳版―』日本経済新聞社，2004
アベグレン，J. C.『新・日本の経営』日本経済新聞社，2004
アンゾフ，H. I.『企業戦略論』産業能率短期大学出版部，1969
アンドリュース，K. R.『経営幹部の全社戦略―全社最適像の構築・実現を求めて―』産業能率大学出版部，1991（原典となる *The concept of corporate strategy* の初版は1971）
石倉洋子『戦略シフト』東洋経済新報社，2009
伊丹敬之『経営の未来を見誤るな―デジタル人本主義への道―』日本経済新聞社，2000
稲上　毅・連合総合生活開発研究所編著『現代日本のコーポレート・ガバナンス』東洋経済新報社，2000
稲盛和夫『アメーバ経営』日本経済新聞社，2006
ウェーバー，M.『プロテスタンティズムの倫理と資本主義の精神』岩波書店，1989
ウェルチ，J.『ウィニング 勝利の経営』日本経済新聞社，2005
榎本　悟「グローバル戦略と組織」十川廣國編著［2006］pp. 173-189
太田　肇『日本的人事管理論』中央経済社，2008
大藪　毅『長期雇用制組織の研究』中央経済社，2009
岡本大輔『企業評価の視点と手法』中央経済社，1996
岡本大輔「終身雇用制：再考」『三田商学研究』53-3，2010, pp. 13-32
岡本大輔・古川靖洋・大柳康司・安　國煥・関口了祐・陶　臻彦「コーポレートガバナンスと企業業績」『三田商学研究』44-4，2001, pp. 223-254
岡本大輔・古川靖洋・佐藤　和・梅津光弘・山田敏之・大柳康司「続・総合経営力指標―コーポレートガバナンス・マネジメント全般と企業業績2004―(1) & (2)―」『三田商学研究』47-6，2005, pp. 99-120, & 48-2，2005, pp. 157-175
岡本大輔・古川靖洋・佐藤　和・梅津光弘・安　國煥・山田敏之・大柳康司「続・総合経営力指標―コーポレートガバナンス・マネジメント全般と企業業績2005―(1) & (2)―」『三田商学研究』49-1，2006, pp. 121-144, & 49-3，2006, pp. 99-114
岡本大輔・梅津光弘『企業評価＋企業倫理　CSRへのアプローチ』慶應義塾大学出版会，2006
岡本大輔・古川靖洋・佐藤　和・梅津光弘・安　國煥・山田敏之・大柳康司「続・総合経営力指標―コーポレートガバナンス・マネジメント全般と企業業績2007―」『三田商学研究』51-3，2008, pp. 91-121
岡本大輔・古川靖洋・佐藤　和・安　國煥・山田敏之「続・総合経営力指標―コーポレートガバナンス・マネジメント全般と企業業績2008―」『三田商学研究』52-4，2009, pp.

77-98

岡本大輔・古川靖洋・佐藤　和・梅津光弘・安　國煥・山田敏之「続・総合経営力指標―コーポレートガバナンス・マネジメント全般と企業業績2009―」『三田商学研究』53- 5，2010，pp. 43-63

岡本大輔・古川靖洋・佐藤　和・梅津光弘・山田敏之・篠原欣貴「続・総合経営力指標―コーポレートガバナンス・マネジメント全般と企業業績2010―」『三田商学研究』54- 6，2012，pp. 87-113

オルコット，G.『外資が変える日本的経営』日本経済新聞出版社，2010

海道ノブチカ「監査役会の権限と共同決定―ゲルムの実証分析を中心として―」『商学論究』55- 3，2008，pp. 1-27

海道ノブチカ「「企業と社会」とコーポレート・ガバナンス」海道ノブチカほか［2009］pp. 1-8

海道ノブチカ「取締役会の権限と意思決定過程―ゲルムの実証分析を中心として―」『商学論究』58- 3，2011，pp. 1-15

海道ノブチカ・風間信隆編著『コーポレート・ガバナンスと経営学』ミネルヴァ書房，2009

風間信隆「21世紀のコーポレート・ガバナンスの課題と展望」海道ノブチカほか［2009］pp. 223-240

カッツ，R. L.「スキル・アプローチによる優秀な管理者への道」『ダイヤモンド・ハーバード・ビジネス』June，1982，pp. 75-91

金井壽宏『変革型ミドルの探求』白桃書房，1991

神田秀樹『会社法―第13版―』弘文堂，2011

菊澤研宗『組織の経済学入門』有斐閣，2006

グラント，R. M.『グラント現代戦略分析』中央経済社，2008

クラーク，K. B.・藤本隆宏『製品開発力』ダイヤモンド社，1993

クレイナー，S.『マネジメントの世紀 1901～2000』東洋経済新報社，2000

クレイナー，S.『マネジャーのための経営思想ハンドブック』ピアソン・エデュケーション，2002

経営能力開発センター編『経営学の基本―第三版―』中央経済社，2009

慶應戦略経営研究グループ『「組織力」の経営』中央経済社，2002

経済産業省経済産業政策局産業人材政策室『総合経営力指標―定性要因による企業評価の試み・平成12年度版―（製造業編）（小売業編）』財務省印刷局，2002

経済同友会編『「市場の進化」と社会的責任経営―企業の信頼構築と持続的な価値創造に向けて（第15回企業白書）―』経済同友会，2003

ケネディ，A. A.『株主資本主義の誤算』ダイヤモンド社，2002

ゲマワット，P.『コークの味は国ごとに違うべきか』文藝春秋，2009

河野豊弘『現代の経営戦略―企業文化と戦略の適合―』ダイヤモンド社，1985

河野豊弘・クレグ，S. R.『経営戦略と企業文化』白桃書房，1999

コッター，P.『リーダーシップ論』ダイヤモンド社，1999

コトラー，P.『マーケティング・エッセンシャルズ』東海大学出版会，1986

コリンズ，J. C.・ポラス，J. I.『ビジョナリーカンパニー』日経BP，1995

コリンズ，J. C.『ビジョナリーカンパニー―③―衰退の五段階―』日経BP，2010

サイアート, R.・マーチ, J.『企業の行動理論』ダイヤモンド社, 1967
サイモン, H. A.『経営行動』ダイヤモンド社, 1965
佐久間信夫・田中信弘編著『現代 CSR 経営要論』創成社, 2011
佐藤　和『日本型企業文化論』慶應義塾大学出版会, 2009
嶋口充輝「企業の社会的責任とそのかかわり方」『組織科学』26-1, 1992, pp. 44-55
島田晴雄編著『開花するフィランソロピー』TBS ブリタニカ, 1993
清水龍瑩『経営計画設定理論』中央経済社, 1966
清水龍瑩『製品計画の理論と手法』日本経済新聞社, 1971
清水龍瑩『実証研究・日本の経営』中央経済社, 1975
清水龍瑩『経営数学』慶應通信, 1976
清水龍瑩『経営計画入門』中央経済社, 1978
清水龍瑩『企業行動と成長要因の分析』有斐閣, 1979
清水龍瑩『企業成長の条件』日本総合研究所, 1981a
清水龍瑩『現代企業評価論』中央経済社, 1981b
清水龍瑩『経営者能力論』千倉書房, 1983
清水龍瑩『企業成長論―新しい経営学―』中央経済社, 1984
清水龍瑩『続・企業成長の条件』日本総合研究所, 1986a
清水龍瑩『中堅・中小企業成長論』千倉書房, 1986b
清水龍瑩『新・企業成長の条件』日本総研コンサルティング, 1989
清水龍瑩『大企業の活性化と経営者の役割』千倉書房, 1990
清水龍瑩「『信頼』Creditability 取引の哲学」『三田商学研究』34-1, 1991, pp. 5-28
清水龍瑩『大変革期における経営者の洞察力と意思決定―Ⅰ, Ⅱ, Ⅲ―』千倉書房, 1992
清水龍瑩『意思決定と洞察力』日本総合研究所, 1993a
清水龍瑩『日本企業の活性化・個性化―新しい経営学―』中央経済社, 1993b
清水龍瑩「日本型経営『信頼取引』とそのグローバル化」『組織科学』27-2, 1993c, pp.4-13
清水龍瑩『経営学』慶應通信, 1994a
清水龍瑩『ソファで読む経営哲学』慶應通信, 1994b
清水龍瑩『大変革期における経営者の洞察力と意思決定―Ⅳ―』千倉書房, 1994c
清水龍瑩『社長業の鉄則』日本経営合理化協会出版局, 1995a
清水龍瑩『能力開発のための人事評価』千倉書房, 1995b
清水龍瑩『中小企業のための社長業の条件』税務経理協会, 1997
清水龍瑩『―実証研究30年―日本型経営者と日本型経営』千倉書房, 1998a
清水龍瑩『大変革期における経営者の洞察力と意思決定―Ⅴ―』千倉書房, 1998b
清水龍瑩『社長のための経営学』千倉書房, 1999
清水龍瑩『社長のリーダーシップ』千倉書房, 2000
清水龍瑩・岡本大輔・海保英孝・古川靖洋・佐藤　和・出村　豊・伊藤善夫・馬場杉夫・清水　馨・山﨑秀雄・山田敏之・兼坂晃始「企業個性化度の測定」『三田商学研究』37-4, 1994, pp. 69-89
シュンペーター, J. A.『景気循環』有斐閣, 1939
小学館ランダムハウス英和大辞典編集委員会『小学館ランダムハウス英和大辞典』小学館, 1973

スローン Jr., A. P.『GM とともに』ダイヤモンド社, 1967
センゲ, P. M.『学習する組織』英治出版, 2011
関　満博『二代目経営塾』日経 BP 社, 2006
十川廣國『企業の再活性化とイノベーション』中央経済社, 1997
十川廣國『戦略経営のすすめ』中央経済社, 2000
十川廣國『新戦略経営・変わるミドルの役割』文眞堂, 2002
十川廣國『CSR の本質―企業と市場・社会―』中央経済社, 2005
十川廣國『マネジメント・イノベーション』中央経済社, 2009
十川廣國編著『経営組織論』中央経済社, 2006
十川廣國編著『経営戦略論』中央経済社, 2006
十川廣國, 青木幹喜, 神戸和雄, 遠藤健哉, 馬場杉夫, 清水　馨, 今野喜文, 山崎秀雄, 山田敏之, 坂本義和, 周　炫宗, 横尾陽道, 小沢一郎, 角田光弘, 永野寛子「イノベーションの源泉としての学習能力」『社会イノベーション研究』3-2, 2008, pp. 19-55
十川廣國, 青木幹喜, 神戸和雄, 遠藤健哉, 馬場杉夫, 清水　馨, 今野喜文, 山崎秀雄, 山田敏之, 坂本義和, 周　炫宗, 横尾陽道, 小沢一郎, 角田光弘, 永野寛子「マネジメント・イノベーションと組織能力の向上―新たな競争優位の構築を目指して―」『社会イノベーション研究』4-2, 2009a, pp. 1-25
十川廣國, 青木幹喜, 神戸和雄, 遠藤健哉, 清水　馨, 今野喜文, 山崎秀雄, 山田敏之, 坂本義和, 周　炫宗, 横尾陽道, 小沢一郎, 永野寛子「経営革新のプロセスとマネジメント要因」『三田商学研究』52-3, 2009b, pp. 61-73
十川廣國, 青木幹喜, 神戸和雄, 遠藤健哉, 馬場杉夫, 清水　馨, 今野喜文, 山崎秀雄, 山田敏之, 坂本義和, 周　炫宗, 横尾陽道, 小沢一郎, 永野寛子「製品イノベーションを誘導する組織プロセス」『社会イノベーション研究』5-2, 2010a, pp. 1-31
十川廣國, 青木幹喜, 神戸和雄, 遠藤健哉, 馬場杉夫, 清水　馨, 今野喜文, 山崎秀雄, 山田敏之, 坂本義和, 周　炫宗, 横尾陽道, 小沢一郎, 永野寛子「経営革新のプロセスとマネジメント要因に関するアンケート調査（2）」『三田商学研究』53-3, 2010b, pp. 59-71
十川廣國, 青木幹喜, 神戸和雄, 遠藤健哉, 馬場杉夫, 清水　馨, 今野喜文, 山崎秀雄, 山田敏之, 坂本義和, 周　炫宗, 横尾陽道, 小沢一郎「製品イノベーションのためのコラボレーション」『社会イノベーション研究』6-1・2号, 2011a, pp. 1-22
十川廣國, 青木幹喜, 神戸和雄, 遠藤健哉, 馬場杉夫, 清水　馨, 今野喜文, 山崎秀雄, 山田敏之, 坂本義和, 周　炫宗, 横尾陽道「経営革新のプロセスとマネジメント要因」に関するアンケート調査（3）」『三田商学研究』54-4, 2011b, pp. 65-81
十川廣國・今口忠政・青木幹喜・岡本大輔・神戸和雄・遠藤健哉・馬場杉夫・李　甲斗・黒川文子・韓　中和・清水　馨「「環境不測時代の経営」に関するアンケート調査」『三田商学研究』38-3, 1995, pp. 103-124
十川廣國, 今口忠政, 岡本大輔, 高橋美樹, 馬場杉夫, 今野喜文, 許　伸江, 横尾陽道「山口県発ベンチャー成長の事例研究」『三田商学研究』43-2, 2000, pp. 125-132
ソレンセン, C. E. ほか『フォード・その栄光と悲劇』産業能率短期大学出版部, 1968
ダートウゾス, M. L.・レスター, R. K.・ソロー, R. M.『Made in America』草思社, 1990
高木晴夫監修, 慶應義塾大学ビジネススクール編『組織マネジメント戦略』有斐閣, 2005

高橋伸夫『虚妄の成果主義』日経BP社，2004
チャンドラー，A. D.『経営戦略と組織』実業の日本社，1967（Chandler, A. D., *Strategy and Structure*, MIT Press, 1962）
中央三井信託銀行証券代行部編『有価証券報告書におけるコーポレート・ガバナンス体制開示事例集』商事法務，2010
通商産業省産業政策局企業行動課『新しい経営力指標―定性要因による企業評価の試み―』大蔵省印刷局，1975-1982
通商産業省産業政策局企業行動課『総合経営力指標―定性要因による企業評価の試み―（製造業編）（小売業編）』大蔵省印刷局，1983-1985
通商産業省産業政策局企業行動課『総合経営力指標―定性要因の定量的評価の試み―（製造業編）（小売業編）』大蔵省印刷局，1986-1997
テイラー，F. W.『科学的管理法』産業能率短期大学出版部，1969
電通総研編『企業の社会貢献』日本経済新聞社，1991
ドーア，R. P.『誰のための会社にするか』岩波書店，2006
東京証券取引所『東証上場会社 コーポレート・ガバナンス白書―2011―』東京証券取引所，2011
戸田正直『感情』東京大学出版会，1992
富永健一『経営と社会』ダイヤモンド社，1971
ドラッカー，P. F.『創造する経営者』ダイヤモンド社，1964
ドラッカー，P. F.「知識主導型社会におけるリーダーシップ」『ダイヤモンド・ハーバード・ビジネス』June-July, 1997, pp. 52-63
中北 徹・佐藤真良「エンロン，ワールドコム事件と企業統治」『ファイナンシャル・レビュー』December, 2003, pp. 8-33
中村圭介『成果主義の真実』東洋経済新報社，2006
西 剛広「取締役改革とコーポレート・ガバナンス」海道ノブチカほか [2009] pp. 48-71
日本生産性本部生産性研究所『終身雇用制度の将来予測調査報告書』日本生産性本部，1994
丹羽 清『技術経営論』東京大学出版会，2006
沼上 幹『経営戦略の思考法』日本経済新聞出版社，2009
ネイルバフ，B. J.・ブランデンバーガー，A. M.『コーペティション経営―ゲーム理論がビジネスを変える―』日本経済新聞社，1997
野中郁次郎・竹内弘高『知識創造企業』東洋経済新報社，1996
延岡健太郎『MOT［技術経営］入門』日本経済新聞社，2006
延岡健太郎『価値づくり経営の論理』日本経済新聞出版社，2011
バーゲルマン，R. A.『インテルの戦略』ダイヤモンド社，2006
ハーズバーグ，F.『仕事と人間性』東洋経済新報社，1966
バートレット，C. A.・ゴシャール，S.『地球市場時代の企業戦略』日本経済新聞社，1990
バーナード，C. I.『―新訳―経営者の役割』ダイヤモンド社，1968
バーニー，J. B.『企業戦略論―（上）（中）（下）―』ダイヤモンド社，2003
ハーバード・ビジネス・スクール『ケース・スタディ 日本企業事例集』ダイヤモンド社，2010
ハーバード・ビジネス・レビュー編『リーダーシップ』ダイヤモンド社，2002

バーリー，A. A.・ミーンズ，G. C.『近代株式会社と私有財産』文雅堂，1958
パウリ，G. A.『アップサイジングの時代がくる』朝日新聞社，2000
間　宏『日本的経営』日本経済新聞社，1971
バゼル，R. D.・ゲイル，B. T.『新・PIMSの戦略原則—業績に結びつく戦略要素の解明—』ダイヤモンド社，1988
馬場杉夫『個の主体性尊重のマネジメント』白桃書房，2005
平田光弘「日本企業の不祥事とコーポレート・ガバナンス」『経営論集』第57号，2002，pp. 1-15
ハメル，G.・プラハラード，C. K.『コア・コンピタンス経営』日本経済新聞社，1995
ピーターズ，T. J.・ウォーターマン，R.『エクセレント・カンパニー』講談社，1983
ヒット，M. A.・ホスキソン，R. E.・アイルランド，R. D.『戦略経営論』同友館，2010
ファヨール，H.『産業並びに一般の管理』ダイヤモンド社，1948
フィードラー，F. E.『新しい管理者像の探求』産業能率短期大学出版部，1970
フォン・ノイマン，J.・モルゲンシュテルン，O.『ゲームの理論と経済行動—Ⅰ，Ⅱ，Ⅲ—』筑摩書房，2009 (Von Neumann, J. & Morgenstern, O. *Theory of Games and Economic Behavior*, 3rd edition, Princeton University Press, 1953, 原典の初版は1944)
福澤諭吉『文明論之概略』岩波文庫，1931
フクシマ，G. S.「グローバル・スタンダードは和製英語だ」『諸君』30-10，1998，pp. 74-79
福原義春『多元価値経営の時代』東洋経済新報社，1992
フクヤマ，F.『「信」無くば立たず』三笠書房，1996
藤田　誠『スタンダード経営学』中央経済社，2011
藤本隆弘『能力構築競争』中公新書，2003
藤本隆弘・武石　彰・青島矢一編著『ビジネス・アーキテクチャ』有斐閣，2001
藤森三男・榊原貞雄・佐藤　和『ハイブリッド・キャピタリズム』慶應義塾大学出版会，1997
プラハラード，C. K.『ネクスト・マーケット—増補改訂版—』英治出版，2010
ブリッグス，J.・ピート，F. D.『バタフライパワー』ダイヤモンド社，2000
古川久敬『—新版—基軸づくり』日本能率協会マネジメントセンター，2003
古川靖洋「租税回避と企業の倫理的価値判断」『三田商学研究』34-6，1992，pp. 103-118
古川靖洋『創造的オフィス環境』千倉書房，2002
古川靖洋『情報社会の生産性向上要因』千倉書房，2006a
古川靖洋「企業の社会的責任と企業倫理」深山　明・海道ノブチカ編著『経営学の基礎—改訂版—』同文舘，2006b，pp. 267-282
古川靖洋「企業の社会的責任（CSR）と企業経営」深山　明・海道ノブチカ編著『基本経営学』同文舘，2010，pp. 223-236
ペイン，L. S.『バリューシフト—企業倫理の新時代—』毎日新聞社，2004
ヘンダーソン，B. D.『経営戦略の核心』ダイヤモンド，1981
ペンローズ，E.『企業成長の理論—第Ⅲ版—』ダイヤモンド，2010（原典となる *The Theory of the Growth of the Firm* の初版は1959）
ポーター，M. E.『競争の戦略』ダイヤモンド社，1982
ポーター，M. E.『競争優位の戦略』ダイヤモンド社，1985

ボストン・コンサルティング・グループ『企業成長の論理』東洋経済新報社，1970
マズロー，A. H.『完全なる経営』日本経済新聞社，2001
マッシー，J. L. 編著『エッセンス経営学』学習研究社，1983
三品和広『戦略不全の論理』東洋経済新報社，2004
三隅二不二『新しいリーダーシップ』ダイヤモンド社，1966
三戸　公『家の論理―1，2―』文眞堂，1991
ミルグロム，P.・ロバーツ，J.『組織の経済学』NTT 出版，1997
ミンツバーグ，H.『戦略計画―創造的破壊の時代―』産業能率大学出版部，1997
ミンツバーグ，H.・ランペル，J.・アルストランド，B.『戦略サファリ』東洋経済新報社，1999
森　一夫『日本の経営』日本経済新聞社，2004
盛田昭夫・下村満子・ラインゴールド，E. M.『MADE IN JAPAN』朝日新聞社，1987
森本三男『現代経営組織論』学文社，1998
山縣正幸「ドイツのコーポレート・ガバナンスの特徴と課題」海道ノブチカほか［2009］pp. 166-186
山崎秀雄「新事業・新製品開発の戦略と組織」十川廣國編著［2006］pp. 134-146
吉崎誠二『創業者を超える二代目経営者の成長ルール』同文館，2010
吉田和夫・大橋昭一編著『基本経営学用語辞典―四訂版―』同文館，2006
横尾陽道「企業文化と戦略経営の視点」『三田商学研究』47-4，2004，pp. 29-42
横田絵理『フラット化組織の管理と心理』慶應義塾大学出版会，1998
リッカート，R.『経営の行動科学―新しいマネジメントの探求―』ダイヤモンド社，1964
リッカート，R.『組織の行動科学―ヒューマン・オーガニゼーションの管理と価値―』ダイヤモンド社，1968
ルメルト，R. P.『多角化戦略と経済効果』東洋経済新報社，1977
労働政策研究・研修機構『日本の企業と雇用―長期雇用と成果主義のゆくえ―』労働政策研究研修機構，2007
ロスチャイルド，W. E.『GE 世界一強い会社の秘密』インデックス・コミュニケーションズ，2007

Abernathy, W. J. & Utterback, J. M., "Patterns of Industrial Innovation," *Technology Review*, 80-7, 1978, pp. 40-47
Argyris, C., *On Organizational Learning*, Blackwell Pub., 1992
Argyris, C. & Schon, D. A., *Organizational Learning*, Addison-Wesley, 1978
Arthur, W. B., "Competing Technologies, Increasing Returns, and Lock-in by Historical Events," *Economic Journal*, 99, 1989, pp. 116-131
Barney, J. B., "Firm resources and Sustained Competitive Advantage," *Journal of Management*, 17-1, 1991, pp. 99-120
Bass, B. M., *Leadership and performance beyond expectations*, Free Press, 1985
Burgelman, R. A., "Intraorganizational Ecology of Strategy Making and Organizational Adaptation: Theory and Field Research," *Organization Science*, 2-3, 1991, pp. 239-262
Burns, T. & Stalker, G. M., *The Management of Innovation*, Tavistock, 1961

REFERENCES

Greiner, L. E., "Evolution and Revolution as Organizations Grow," *Harvard Business Review*, July-Aug., 1972, pp.37-46

Hirschmann, W. B., "Profit from the learning curve," *Harvard Business Review*, Jan-Feb., 1964, pp. 125-139

McLaren, R. I., *Organizational Dilemmas*, John Wiley & Sons, 1982

Okamoto, D., "Social Relationship of a Firm and the CSP-CFP Relationship in Japan: Using Artificial Neural Networks," *Journal of Business Ethics*, 87-1, 2009, pp. 117-132

Pascale, R. T., "Perspectives on Strategy: The Real Story Behind Honda's Success," *California Management Review*, 26-3, 1984, pp. 47-72

Rumelt, R. P., "Diversification Strategy and Profitability," *Strategic Management Journal*, 3-4, 1982, pp.359-369

Shimizu, R., *Appraisal of Organization Effectiveness*, Keio Tsushin, 1978

Shimizu, R., *The Growth of Firms in Japan*, Keio Tsushin, 1980

Shimizu, R., *Corporate Growth in Japan*, Japan Research Institute, 1986a

Shimizu, R., *Top Management in Japanese Firms*, Chikura-Shobo, 1986b

Shimizu, R., *The Japanese Business Success Factors*, Chikura-Shobo, 1989

Shimizu, R., *Company Vitalization by Top Management in Japan*, Keio Tsushin, 1992

Shimizu, R., *Japanese Management Features*, Keio Tsushin, 1994

Simon, H. A., "We Know About the Creative Process," in Kuhn, R. L. ed., *Frontiers in Creative and Innovation Management*, Ballinger Pub., 1985, pp. 5-16

Vroom, V. H. & Yetton, P. W., *Leadership and Decision-Making*, University of Pittsburgh Press, 1973

Wernerfelt, B., "A Resource-base View of the Firm," *Strategic Management Journal*, 5-2, 1984, pp. 171-180

Willyard, C. H. & McClees, C. W., "Motorola's Technology Roadmapping Process," *Research Management*, Sep.-Oct., 1987, pp. 13-19

APPENDIX

QAQF（かくふ）（定性要因の定量分析法）[1]

慶應義塾大学経営力評価グループ（初代代表：故清水龍瑩慶應義塾大学名誉教授）開発の企業評価システム用分析法。Quantitative Analysis for Qualitative Factors の略で「かくふ」と発音する。数字に表わしにくい定性的データを定量的に分析する方法。旧通産省の『総合経営力指標』の分析手法として1974年以来四半世紀にわたって採用され，他にも旧日本開発銀行，旧日本長期信用銀行，国税庁，埼玉県庁，中部経済同友会，日経ビジネス誌，韓国生産性本部，（財）日本総合研究所，農村金融研究会，21世紀ホームセンター経営研究会などの調査で広く用いられている。以下，QAQF の各ステップを説明する。まず第 1 段階で QAQF 用のアンケートを作成する。ここではアイテムと呼ばれる各設問が調査対象項目であり，それぞれにカテゴリーと呼ばれる選択肢を設ける。例えば 3 年前に重視した経営目標というアイテムにおいて，図表 A-1 のような11のカテゴリーを設定する。次に図表 A-1 第 2 列のように一次集計が行なわれ，各アイテムの動向が捉えられる。第 2 段階の一次集計ではどのカテゴリーが多いかという動向はわかるが，多いことと良いことは別問題である。図表 A-1 では 3 年前に主力製品シェアの維持拡大や合理化省力化によるコスト低減を目指した企業が日本の製造業において多かったといえるが，それが望ましかったかどうかはわからない。そこで第 3 段階でその判断基準となる被説明変数を作成し D 値分析を行なう。被説明変数は連続変量であれば何でもかまわない。図表 A-1 では収益性（売上高経常利益率を基準化し±2.5σ に丸め， 0～5 点に評点化）と成長性（ 4 年間移動平均売上高伸率を収益性

図表 A-1　3 年前に重視した経営目標と現在の業績

【上場製造業200社】

	(%)	カテゴリー修正	業績	D 値
1. 新製品開発	16.7	→	5.225	0.904
2. 主力製品シェアの維持拡大	34.9	→	5.125	
3. 海外拠点増強	3.1	（削除）		
4. 合理化省力化コスト低減	21.4	→	4.592	
5. 従業員福祉増大	0.0	（削除）		
6. 経営多角化・事業転換	2.1	（削除）		
7. 自己資本（株主資本）の充実	3.6	┐		
8. 株主価値の増大	5.2	→	5.279	
9. 顧客満足（CS）の向上	9.9	→	＊5.496	
10. 環境への配慮	1.0	（削除）		
11. その他	2.1	（削除）		

出所：慶應 COE 調査2004より筆者作成。
　　下線は最大値，＊は有意水準 5 ％で統計的に有意であることを示す。

（1）　岡本大輔［1996］pp. 5-6．

同様評点化)の合計を業績と呼び，被説明変数としている。この基準とアイテムの関連をみるのが QAQF の中心となる D 値分析である。回答の少ないカテゴリーを削除または統合修正し，カテゴリーごとに被説明変数の平均値を計算する。各カテゴリーすべての組合せについて分散分析(平均値の差の有意性検定)を行ない，有意な差の最大値を当該アイテムの D 値とする。図表 A-1 では顧客満足(CS)の向上と合理化省力化コスト低減の組合せが統計的に有意な差のうち最大であり，D 値は 0.904 となる。数の上では少なかったが，顧客満足(CS)の向上，株主価値の増大，新製品開発などの経営目標を設定した企業は高業績であることがわかる。ここで D 値はそのアイテムの被説明変数に対する貢献度を示す。もし平均値の差が非常に小さく，統計的に有意でなければ，重視する経営目標として何を選ぼうが業績は変わらない，ということになるからである。また D 値の大きさからアイテム同士の貢献度比較も可能である。

なお，本文中に出てくる QAQF を用いた各種調査と参考文献との対応は以下のとおりである。
1974-1998：通産省調査…通商産業省産業政策局企業行動課［1975〜1997］, 経済産業省経済産業政策局産業人材政策室［2002］
2000：日本コーポレートガバナンスフォーラム調査…岡本大輔・古川靖洋ほか［2001］
2004-2007：慶應 COE 調査…岡本大輔・古川靖洋・佐藤 和ほか［2005-2008］
2008-2010：慶應 G-COE 調査(含非製造業)…岡本大輔・古川靖洋・佐藤 和ほか［2009-2012］

INDEX

Alphabet

ABC 評価　→評価
Aufsichtsrat ……………………………68
Board of Directors ……………………65
BOP ……………………………………153
CEO ……………………………………65
CFO ……………………………………65
COO ……………………………………65
CSP-CFP ………………………257, 269
CSR …………………47, 127, 259, 263
　────ブーム　→ブーム
DRAM …………………………………139
EMS ……………………………116, 168
GDP ………………………………1, 19
LBO ……………………………………152
M＆A　→買収
MBO（目標管理制度）　→目標
MBO（経営者による買収）……………152
OEM …………………………………198
Off-JT …………………………………242
OJT ……………………………………241
Our Credo ……………………………126
PDCA サイクル ………………141, 200
PDS サイクル …………………………141
PPM ……………………122, 158, 196, 219
QAQF ………58, 61, 73, 86, 270, 278, 289
QC サークル …………………………200
SBU ……………………………………219
SCP パラダイム ………………………163
SECI モデル …………………………206
SWOT 分析 ……………………121, 131
S 曲線 …………………………………176
TOB ……………………………………152
TQC ……………………………200, 211
TQM ……………………………200, 211
Vorstand ………………………………68
VRIO フレームワーク ………………178

あ

アージリス＝ショーン …………………226
相手の立場に立ってものを考える能力
　→能力
アウトソーシング ………………167, 198
新しい結合 ……………………………203
アベグレン ………………………………2
天下り ……………………………60, 61, 236
アメーバ経営　→経営
安全欲求　→欲求
アンゾフ ………………………………143
安定
　────期 …………………………105
　────成長期 ………………………147
アンドリュース ………………121, 131
暗黙知　→知

い

委員会
　────設置会社 ……………57, 60, 70
　監査──── …………………………60, 70
　指名──── …………………………60, 70
　報酬──── …………………………60, 70
家 ………………………………………209
維持 ……………………………………26
雇用──── 　→雇用
　長期の────発展　→長期
意識
　────改革 …………………230, 233
　帰属────　→帰属
　情報・カネ＞モノ＞ヒト＞ヒトの意識＞
　　法律・制度＞無────の価値観・文化
　　→情報
意思決定
　最高────機関 ……………………55, 64
　戦略的────　→戦略
　自らの危険負担の下で自主的に────し、

INDEX

製品・サービスを生産する，資本計算制度を持った，人間の組織体である →企業
一括交渉……………………………15
5つの競争要因　　→競争
イノベーション …………………168
　　ソーシャル・―― ……………157
　　プロセス・―― ………………173
　　プロダクト・―― ……………173
インカムゲイン　　→ゲイン
インタンジブルズ　　→タンジブルズ
インテグラル型 …………………194
陰徳陽報……………………49, 268
インパクト機能　　→機能
インフォーマル　　→公式

う

ウェーバー ………………………210

え

衛生要因　　→要因
営利企業　　→企業
エキスパート ……………136, 238, 240
エンロン事件　　→事件

お

応用研究　　→研究
オープンな根まわし　　→根まわし

か

海外
　　――市場への拡大　　→市場
　　――生産　　→生産
会社
　　狭義の―― ……………………36
　　子―― ……………………218, 240
　　広義の―― ……………………36
　　合資―― ………………………39
　　合同―― ………………………40
　　合名―― ………………………38
　　有限―― ………………………39

改善 ………………………………200
回転数 ……………………………187
開発
　　――研究　　→研究
　　技術――　　→技術
　　キャリア――プラン …………243
　　市場――戦略　　→戦略
　　主力製造設備の自社――・自社生産
　　　……………………………196
　　新規事業――　　→新規
　　製品――戦略　　→製品
　　能力――主義　　→主義
　　能力――の循環プロセス　　→能力
　　能力――⇄能力発揮　　→能力
価格競争　　→競争
科学的管理法　　→管理
学習 ………………………………141
　　――メカニズム ………………155
　　シングル・ループ―― ……226, 252
　　ダブル・ループ―― …………227
　　人の――効果 …………………145
革新
　　――推進戦略　　→戦略
　　――段階　　→段階
カシ・カリの論理の遂行…………85
風が吹けば桶屋が儲かる…………77
価値
　　――判断基準を提供 …………129
　　――連鎖 …………………123, 166
　　経済――　　→経済
　　情報・カネ＞モノ＞ヒト＞ヒトの意識＞
　　　法律・制度＞無意識の――観・文化
　　　→情報
　　倫理的――観　　→倫理的価値
　　倫理的――判断力　　→倫理的価値
活性化
　　企業（の）―― ……………43, 228
　　企業全体を―― ………………175
　　組織（の）―― ………………228
　　組織――の方策 ………………229
　　組織――策は副 ………………229

合併 …………………………………… 151
加点主義　　→主義
金（カネ）……………………………188, 191
　────＜情報＜信頼できる人間のネットワーク……………………………81, 190
　情報・────＞モノ＞ヒト＞ヒトの意識＞法律・制度＞無意識の価値観・文化　　→情報
　────のなる木 ………………………161
ガバナンス　　→コーポレート・ガバナンス
株式
　────会社 ………………………………40
　────持ち合い……………………………27
　────持ち合いの解消……………………29
株主……………………………………63, 116
　────重視経営……………………………29
　────の立場………………………………25
　シェアホルダー………………………………63
環境
　────経営 ……………………………53, 259
　────変化のスピードが速く，また不連続である ……………………………129
　────創造戦略　　→戦略
　────適応戦略　　→戦略
　経営戦略は企業の外部────や内部条件と整合的関係 …………………………113
　政治的経済的────の複雑多様化 …115
監査
　────委員会　　→委員会
　────役 …………………………………60
　────役会 ………………………………68
　────役設置会社 ……………………57, 60
カンバン方式 ……………………………173, 200
管理
　────者精神　　→精神
　科学的────法 ………………………193
　財務────……………………………90, 191
　執行────…………………………88, 185
　中間────者 …………………………232
　品質────…………………………199, 211

目標────制度　　→目標
官僚制組織　　→組織
関連型多角化　　→多角

き

機械的システム　　→システム
危機感 ……………………………………233
企業
　────家精神　　→精神
　────（の）活性化　　→活性化
　────自体の立場 ………………………26
　────全体を活性化　　→活性化
　────戦略　　→戦略
　────統治　　→コーポレート・ガバナンス
　────と組合の一体化　　→組合
　────内労働組合　　→労働
　────の基本的目的を実現するための具体的方策 ……………………………112
　────の境界 ……………………………169
　────の社会的責任　　→社会
　────の社会的責任の本質　　→社会
　────のための社会性　　→社会
　────の利潤の源泉は内部にいる人間の創造性の発揮　　→創造性
　────文化 …………44, 81, 203, 224, 249
　────文化変革 …………………………237
　営利────…………………………………35
　狭義の────………………………………36
　経営戦略は────の外部環境や内部条件と整合的関係　　→経営戦略
　公────…………………………………34
　広義の────………………………………36
　公私混合────……………………………35
　個人────…………………………………35
　私────…………………………………35
　集団────…………………………………35
出資者が"出資の範囲を超えてまで"────の債務返済を果たすべき責任　　→出資
出資者は自らの"出資額の範囲内"で

INDEX

─── の債務返済を果たす →出資
トランスナショナル ─── ……………155
日本 ─── の大規模化 ………………128
非営利 ─── ……………………………35
 (─── とは)自らの危険負担の下で自
  主的に意思決定し,製品・サービスを
  生産する,資本計算制度を持った,人
  間の組織体である………………21, 185
 良き ─── 市民 ………………………263
技術
 ─── 開発 ……………………………172
 ─── のロードマップ ………………177
 製造 ─── ……………………………172
 製品 ─── ……………………………172
稀少性 ……………………………………179
帰属
 ─── 意識 …………………………3, 244
 ─── 欲求 →欲求
基礎研究 →研究
機能
 ─── 戦略 →戦略
 インパクト ─── ……………………191
 逆 ─── …………………………203, 230
 共通尺度 ─── ………………………191
 整合性 ─── …………………………191
規模 ………………………………………212
 ─── の経済性 →経済
 日本企業の大 ─── 化 →企業
基本計画 …………………………………125
逆機能 →機能
客単価 ……………………………………187
キャピタルゲイン →ゲイン
キャリア開発プラン →開発
狭義
 ─── の会社 →会社
 ─── の企業 →企業
供給業者(売り手)の交渉力 …………133
競合他社の動向 …………………………114
競争
 ─── 業者間のポジション争い →ポ
  ジション

5つの ─── 要因 ……………………132
価格 ─── …………………………113, 160
共通尺度機能 →機能
局所的好循環 →好循環
勤勉⇔評価 →評価

く

組合
 企業と ─── の一体化 ………………15
 企業内労働 ─── →労働
グレイナー ………………………………212
クローズドな根まわし →根まわし
グローバル …………………………154, 208
 ─── スタンダード …………………29
 経済のボーダレス化と ─── 化 …115

け

経営 …………………………………………25
 ─── 計画 ……………………………113
 ─── 資源 ………………………22, 188
 ─── 者支配 →支配
 ─── 者の考え方 ……………………249
 ─── 者の哲学 →哲学
 ─── 人 …………………………………24
 ─── 戦略 ……………………………112
 ─── 戦略の階層性 …………………118
 ─── 戦略は企業の外部環境や内部条件
  と整合的関係 →環境
 ─── 方針 ……………………………126
 ─── 目標 ………………………81, 234
 ─── 理念 ………81, 112, 125, 225, 234
 アメーバ ─── ………………………222
 株主重視 ─── →株主
 環境 ─── →環境
 所有と ─── の分離 →所有
 全 ─── 過程の好循環 →好循環
 日本的 ─── …………………………2
計画 …………………………………136, 200
 ─── 化 ………………………………88
 ─── 的・分析的 ………………141, 182
経験曲線 …………………………………159

―――効果 ……………………196
経済
　―――価値 …………………179
　―――人 ……………………24
　―――のボーダレス化とグローバル化
　　→グローバル
　規模の―――性 ……………154
　政治的―――的環境の複雑多様化　→
　　環境
　範囲の――― ………………145
形式知　→知
ケイパビリティ ……………179, 181
経路依存性 ……………………148
ゲイン
　インカム――― …………28, 267
　キャピタル――― ………28, 267
決断力 …………………………97, 100
研究
　―――開発は製品戦略の柱　→製品
　応用――― …………………176
　開発――― …………………176
　基礎――― …………………175
見識ある自己利益・啓発された自己利益
　→利益
現地で生産　→生産
限定的合理性 ………………24, 140
減点主義　→主義
現場
　―――歩き ………79, 204, 235
　―――からの提案 …………123
　―――の判断 ………………141

こ

コア・コンピタンス …………181
公企業　→企業
広義
　―――の会社　→会社
　―――の企業　→企業
合資会社　→会社
公式（フォーマル）
　―――組織　→組織

―――的 …………………204, 236
　―――の決定 ………………87
　インフォーマル ………184, 205
　非―――組織　→組織
　非―――的 ……………205, 236
公私混合企業　→企業
好循環
　局所的――― ………………44
　全経営過程の――― ……43, 228
　短期的――― ………………44
　長期的――― ………………44
公正な人事評価　→評価
硬直化 …………………………224
合同会社　→会社
行動規範 ………………………126
購買動機 ………………………171
合名会社　→会社
効率性 …………………………186
高齢化 …………………………10
コーポレート・ガバナンス …51, 63
　アメリカ企業の――― ……65
　企業統治 ……………………63
　ドイツ企業の――― ………67
　日本企業の――― …………69
子会社　→会社
顧客
　―――（買い手）の交渉力 …133
　―――ニーズ ………………171
国内市場　→市場
個人
　―――企業　→企業
　―――の目的　→目的
コスト …………………………193
　―――リーダーシップ戦略　→戦略
個性化・多様化の時代 ………11
固定費 …………………………5
コミットメント ………………128
　社長の――― ………………149
コミュニケーションのベース …129
雇用
　―――維持 …………………276

終身───制 ……………………2, 208, 276
長期─── ……………………………149, 277
コリンズ＝ポラス ………………………128
コンカレント・モデル …………………174
コンティンジェンシー …………………217
コントロール ……………………141, 184
　───重視 …………………………135

さ

最高
　───意思決定機関　→意思決定
　───執行機関 ……………………55, 64
財務管理　→管理
サイモン ……………………24, 204, 240
サステナビリティ …………52, 259, 264
サプライチェーン ………………………133
差別化
　───戦略　→戦略
　製品の─── ……………………………172
三種の神器 …………………………………2
三方よし …………………………………126

し

シーズ主導型 ……………………170, 174
シェアホルダー　→株主
時間研究 …………………………………193
事業
　───戦略　→戦略
　───部制組織　→組織
　新規───開発　→新規
　新規───部門　→新規
　多角展開された───　→多角
資源 ………………………………………189
　───ベース理論 ……………………178
　───ポジション・バリヤー ………164
　経営───　→経営
事件
　エンロン─── ……………………31, 66
　ワールドコム─── ………………66, 67
自己
　───実現欲求　→欲求

───資本　→資本
見識ある───利益・啓発された───
　利益　→利益
私企業　→企業
市場
　───開発戦略　→戦略
　───細分化 …………………………171
　───浸透戦略　→戦略
　───成長率 …………………………160
　海外───への拡大 …………………154
　国内─── ……………………………154
システム
　───思考 ………………………101, 103
　機械的─── …………………………217
　ベルトコンベア・─── ……………173
　マニュアル─── ………………………32
　有機的─── …………………………217
　よろしく─── …………………………33
シックス・シグマ ………………………200
執行
　───管理　→管理
　───役員 ………………………70, 71
実施 ………………………………………200
シナジー効果 ……………………………145
支配 …………………………………………25
　経営者─── ……………………………26
　所有者───　→所有
資本 …………………………………………36
　自己─── ………………………………36
　社会───　→社会
　他人─── ………………………………36
自らの危険負担の下で自主的に意思決定
し，製品・サービスを生産する，
　───計算制度を持った，人間の組織
体である　→企業
指名委員会　→委員会
社会
　───資本 ……………………………210
　───性 ……………………46, 189, 261
　───的責任ブーム　→ブーム
　企業の───的責任 ………47, 153, 257

INDEX　　297

企業のための———性 ……………266
企業の———的責任の本質 …………156
CSR　　→CSR
ソーシャル・ビジネス ………………157
社是・社訓 ……………………………126
社長
　———インタビュー ………………117
　———中心型 …………………………74
　———のコミットメント　→コミットメント
　———の参画 ………………………176
　———自らが現場に出向き ………131
天下り型———　　→天下り
創業者———　　→創業者
二代目———　　→二代目
生え抜き型———　　→生え抜き
収益性 …………………………258, 262
従業員モラール　　→モラール
終身雇用制　　→雇用
集団企業　　→企業
集中
　———戦略　　→戦略
　選択と——— ………………………150
主義
　加点——— ……………………12, 233
　減点——— ……………………12, 233
　成果——— ……………………251, 253
　年功——— ……………………251, 279
　能力開発——— ………………251, 252
　能力——— ………………250, 252, 279
出資 ……………………………………37
　———者が"———の範囲を超えてまで"企業の債務返済を果たすべき責任
　　…………………………………………37
　———者は自らの"———額の範囲内"で企業の債務返済を果たす …………38
主力製造設備の自社開発・自社生産　→開発
春闘・ベア ……………………………16
シュンペーター ………………………203
上場 ……………………………………40

譲渡 ……………………………………39
情報 ……………………………188, 204
　———・カネ＞モノ＞ヒト＞ヒトの意識＞法律・制度＞無意識の価値観・文化 …………………………………80, 202
　———収集力 …………………101, 102
　カネ＜———＜信頼できる人間のネットワーク ………………………81, 190
定型的（な）——— ………182, 204, 236
不定型（な）——— ………182, 205, 236
常務会 …………………………………69
将来
　———構想の構築 …………………76
　———予測の正確性 ………………114
職位 …………………………………248
職種 …………………………………249
職能
　———資格制度 ……………………252
　———別組織　　→組織
所有 …………………………………25
　———者支配 ………………………25
　———と経営の分離 ………………25
自律 …………………………………136
　———的戦略　　→戦略
　創発・——— ………………………141
　創発的・———的 …………………183
新規
　———参入の脅威 …………………132
　———事業開発 ……………………162
　———事業部門 ……………………239
シングル・ループ学習　　→学習
人件費 ………………………………15
人事
　———評価　　→評価
　公正な———評価　　→評価
　たすきがけ——— …………………152
信念 …………………………………108
信頼取引 ……………………………207

す

ステークホルダー ……………26, 47, 63, 130

298　INDEX

ストラテジック・インテント　→戦略
スペシャリスト ………………………238
スマイルカーブ ………………………133

せ

成果主義　→主義
整合性機能　→機能
生産
　────性 ……………………………137
　海外──── ……………………………197
　現地で──── …………………………154
　主力製造設備の自社開発・自社────
　　→開発
　大量──── ……………………………194
　大量────・大量販売の時代 …………11
　トヨタ────方式 ……………………200
　自らの危険負担の下で自主的に意思決定
　　し，製品・サービスを────する，資
　　本計算制度を持った，人間の組織体で
　　ある　→企業
　最も良い────要素を選択 …………154
政治的経済的環境の複雑多様化　→環境
成熟期 …………………………………225
精神
　管理者──── …………………………93
　企業家──── ……………………92, 197
製造技術　→技術
成長
　────期 ……………………………101, 225
　────性 ………………………………258, 262
　────ベクトル ………………………143
　安定────期　→安定
　市場────率　→市場
制度
　情報・カネ＞モノ＞ヒト＞ヒトの意識＞
　　法律・────＞無意識の価値観・文化
　　→情報
　職能資格──── 　→職能
　組織────改革　→組織
　自らの危険負担の下で自主的に意思決定
　　し，製品・サービスを生産する，資本

計算────を持った，人間の組織体で
　　ある　→企業
目標管理────　→目標
製品
　────アーキテクチャ ………………194
　────開発 ……………………………162, 170
　────開発戦略 ………………………144
　────技術　→技術
　────戦略 ……………………………170
　────戦略が主 ………………………229
　────の差別化　→差別化
　────のライフサイクル ……………148, 160
　研究開発は────戦略の柱 …………175
　積極的な────戦略 …………………229
　代替────や代替サービスの脅威 …133
　花形──── ……………………………161
　自らの危険負担の下で自主的に意思決定
　　し，────・サービスを生産する，資
　　本計算制度を持った，人間の組織体で
　　ある　→企業
生理的欲求　→欲求
積極的な製品戦略　→製品
全経営過程の好循環　→好循環
全社戦略　→戦略
選択と集中　→集中
全面転換戦略　→戦略
専門知識の再構築　→知識
戦略 ……………………………………189
　────的意思決定 ……………………83
　────的提携 …………………………168
　革新推進──── ………………………147
　環境創造──── ………………………147
　環境適応──── ………………………147
　企業──── ……………………………118
　機能──── ……………………………118
　経営────は企業の外部環境や内部条件
　　と整合的関係　→環境
　研究開発は製品────の柱　→製品
　コストリーダーシップ──── …………163
　差別化──── …………………………163
　事業──── ……………………………118

市場開発―― ……………………144
市場浸透―― ……………………144
集中―― …………………………164
自律的―― ………………………136
ストラテジック・インテント ………182
製品―― →製品
製品――が主 →製品
製品開発―― →製品
積極的な製品―― →製品
全社―― …………………………118
全面転換―― ……………………147
多角化―― ………………………144
適応推進―― ……………………147
発想転換―― ……………………147
　３つの基本―― ………………162
誘発的―― ………………………136

そ

創業
　――期……………………………97
　――者…………………60, 224, 236
創出期 ……………………………224
創造
　――性…………………………137
　――性・積極性欠如 ……………5
　――性発揮 ………130, 185, 191
　企業の利潤の源泉は内部にいる人間の
　　――性の発揮………………32
　――知識―― …………………206
創発 ………………………123, 136
　――・自律 →自律
　――的・自律的 →自律
　――的取り組み ………………150
ソーシャル・イノベーション →イノベーション
ソーシャル・ビジネス →社会
組織 ………………………179, 189
　――化 …………………………89
　――（の）活性化 →活性化
　――活性化の方策 →活性化
　――活性化策は副 →活性化

――構造 …………………………212
――制度改革 ……………………231
――能力 …………………123, 181
――のフラット化 →フラット化
――の目的 →目的
官僚制―― ………………………217
公式―― …………………………214
事業部制―― ………………213, 217
職能別―― …………………212, 215
ネットワーク―― ………………222
非公式―― …………………212, 214
フラット化―― …………………221
マトリックス―― ……155, 214, 219
自らの危険負担の下で自主的に意思決定
　し，製品・サービスを生産する，資本
　計算制度を持った，人間の――体で
　ある →企業
　労組――率 →労組組織率
尊厳欲求 →欲求

た

代替製品や代替サービスの脅威 →製品
大量生産 →生産
多角
　――化戦略 →戦略
　――展開された事業 ……………128
　関連型――化 …………………144
　非関連型――化 ………………145
たすきがけ人事 →人事
他人資本 →資本
ダブル・ループ学習 →学習
多様性 ……………………………154
段階
　革新―― ………………………212
　展開―― ………………………212
短期的好循環 →好循環
タンジブルズ………………………45
　イン―― ………………………45

ち

知
 暗黙——……………………………206
 形式——……………………………206
知識
 ——創造　　→創造
 ——の深化…………………………240
 専門——の再構築 ………… 230, 237
チャンドラー ……………………………121
中間管理者　　→管理
中途採用………………………………10, 238
長期
 ——雇用　　→雇用
 ——的好循環　　→好循環
 ——的志向……………………………28
 ——の維持発展…26, 118, 185, 258, 262
調整………………………………………89
挑戦意欲………………………………254
 ——の向上…………………… 230, 231
直観………………………………………136
 ——力・カン……………………97, 99

つ

強み
 ——ネットワーク …………………180
 ——を支えるヒト　　→ヒト
 ヒトが介在する——は特に真似されにくい　　→ヒト

て

定型的（な）情報　　→情報
定性要因の定量分析法　　→QAQF
テイラー ………………………………193
適応推進戦略　　→戦略
適合概念 ………………………………119
敵対的買収　　→買収
哲学 ……………………………………105
 経営者の—— ……………………105
展開段階　　→段階

と

動機付け………………………………89, 243
 ——要因　　→要因
洞察力……………………………… 101, 102
統制………………………………………89
トップ
 ——ダウン ……………123, 137, 141, 183
 ——マネジメント …………………55
ドメイン ………………………………126
トヨタ生産方式　　→生産
トランスナショナル企業　　→企業
取締役会
 ——（アメリカ企業）………………65
 ——（ドイツ企業）…………………68
トリプル・ボトムライン …………259, 264

な

流れ作業 ………………………………194

に

ニーズ主導型 ……………………170, 174
二代目 ………………………60, 226, 236
ニッチ …………………………………164
日本
 ——企業の大規模化　　→企業
 ——的経営　　→経営

ね

ネイルバフ＝ブランデンバーガー ……166
ネットワーク組織　　→組織
根まわし…………………………………87
 オープンな—— ……………………87
 クローズドな—— …………………87
年功 ……………………………………250
 ——主義　　→主義
 ——序列制 ……………………8, 208

の

納期 ……………………………………193
ノウハウ …………………………………4

能力
　　──開発
　　──開発主義　　→主義
　　──開発の循環プロセス ………… 242
　　──開発⇄──発揮 ………… 241
　　──主義　　→主義
　　相手の立場に立ってものを考える──
　　　　 …………………………… 101
のりしろ（行動） ………… 248, 253

は

場 ……………………………………… 206
ハーズバーグ ………………………… 244
バートレット＝ゴシャール ………… 154
バーナード ………………… 33, 186, 253
バーニー ……………………………… 178
バーリー＝ミーンズ ………………… 26
買収 …………………………………… 151
　M＆A ……………… 151, 154, 166, 168
　敵対的── …………………………… 152
ハイブリッド ………………………… 211
生え抜き ……………………… 60, 61, 236
バタフライ効果 ……………………… 77
発想転換戦略　　→戦略
発展 ……………………………… 26, 224
　長期の維持──　　→長期の維持発展
花形製品　　→製品
ハメル＝プラハラード ……………… 181
範囲の経済　　→経済

ひ

ピーターズ＝ウォーターマン ……… 134
非営利企業　　→企業
非関連型多角化　　→多角化
非公式的　　→公式的
ビジネス・ケース …………………… 264
ビジョン ……………………… 112, 126
　──の提示と浸透 ………………… 117
人（ヒト） …………………… 188, 241
　──が介在する強みは特に真似されにくい ………………………………… 180
　──柄 ……………………………… 105
　──による主体的活動 …………… 183
　──の学習効果　　→学習
　──の交流 ………………………… 155
　──の問題 ………………………… 149
　強みを支える── ………………… 180
評価 …………………………… 90, 200
　ABC── ………………………… 12, 255
　勤勉⇔── ………………………… 246
　公正な人事── …………………… 247
　人事── …………………………… 246
　人事──の容易性・明瞭性 ……… 10
品質 …………………………… 188, 193
　──管理　　→管理
品性 …………………………… 105, 106

ふ

ファウンドリ ………………………… 199
ファブレス …………………………… 199
ファヨール …………………………… 90
フィランソロピー・ブーム　　→ブーム
ブーム
　CSR── …………………… 259, 262
　社会的責任── …………… 258, 262
　フィランソロピー・── …… 259, 262
フォード …………………… 194, 219
不確実性に対処する仕組み ………… 117
不定型（な）情報　　→情報
プライベートブランド ……………… 199
フラット化
　──組織　　→組織
　組織の── ………………………… 120
フランチャイズ ……………………… 223
プロジェクト・チーム ………… 216, 219
プロセス・イノベーション　　→イノベーション
プロダクト・イノベーション　　→イノベーション
分析 …………………………………… 136
　──的 ……………………………… 183
　──的アプローチ ………………… 134

―――麻痺症候群 …………………134

へ

平均的な人間がちょっと良いことをしたら
　ほめる　　→ほめる
ベルトコンベア・システム　　→システム
変化
　―――の質の　………………………119
　―――の速度が異なる ………………119
　―――の速度の差の原理 ……79, 80, 202
変動費 ……………………………………5
ペンローズ ………………………143, 164

ほ

報酬委員会　　→委員会
ホーソン実験 …………………………243
ポーター ……………122, 132, 162, 165
ホールディング・カンパニー …………151
ポジション ……………………………179
　競争業者間の―――争い ……………134
　資源―――・バリヤー　　→資源
　ポジショニング ………………………158
ボトムアップ …………………………137
ほめる
　―――哲学 ……………………………245
　平均的な人間がちょっと良いことをした
　　ら――― ……………………………246

ま

マーケット・シェア ……………144, 159
マーケティング ………………………170
マイクロファイナンス …………………157
負け犬 …………………………………161
マズローの欲求五段階説　　→欲求
マトリックス組織　　→組織
マニュアルシステム　　→システム

み

自らの危険負担の下で自主的に意思決定し，
　製品・サービスを生産する，資本計算制
　度を持った，人間の組織体である　　→

企業
　3つの基本戦略　　→戦略
　ミドル同士の部門を超えた交流 ………123
　ミンツバーグ ……………………123, 135

む

無限責任 …………………………………37
　―――社員 ……………………………37

も

目的
　――――手段の関係 …………………34
　企業の基本的―――を実現するための具
　　体的方策　　→企業
　個人の――― ……………………33, 186
　組織の――― ……………………33, 186
目標
　―――管理制度 …………………243, 253
　MBO ………………………………243
　経営―――　　→経営
モジュラー型 …………………………194
最も良い生産要素を選択　　→生産
モノ ………………………………188, 193
　―――ゴトの重要度の差（の原理）
　　　　　　　　　　　　………79, 80, 190
　―――づくり …………………………195
模倣困難性 ……………………………179
モラール ……………………130, 187, 244
　―――ダウン …………………………149
　―――の向上 …………………………33
　従業員――― …………………………3
問題児 …………………………………161

や

役員の意見
　―――参考型 …………………………74
　―――中心型 …………………………74
野心 …………………………………97, 98
安い労働力　　→労働
やる気 ……………………………3, 244

ゆ

有機的システム　　→システム
有限
　　──会社　　→会社
　　──責任……………………………38
　　──責任社員……………………39
有効性 …………………………………186
誘発的戦略　　→戦略

よ

要因
　　衛生── ……………………………244
　　動機付け── ……………………244
良き企業市民　　→企業
予測の精度が低下 …………………115
欲求
　　安全── ………………34, 185, 245
　　帰属── ………………34, 185, 245
　　自己実現── …………34, 185, 245
　　生理的── ……………33, 185, 245
　　尊厳── ………………34, 185, 245
　　マズローの──5段階説………33, 245
よろしくシステム　　→システム

り

リーダーシップ………………………94
　　──行動論………………………95
　　──特性論………………………95
　　──の条件適合理論………………96
リード・タイム ……………………174

利益

見識ある自己───・啓発された自己
　　…………………………………264
利害関係者……………………………63
利潤
　　──の最大化……………………25
　　企業の──の源泉は内部にいる人間の
　　創造性の発揮　　→創造性
リスクを分散 ………………………154
リストラ ……………………148, 253
　　──クチャリング ………………230
リッカート……………………………95
リニア・モデル ……………………174
理念的インセンティブを喚起 ………129
倫理的価値
　　──観……………………………108
　　──判断力……………………105, 106

る

ルメルト ……………………………145

ろ

労組組織率……………………………16
労働
　　──問題…………………………16
　　企業内──組合……………………14
　　安い──力…………………………9

わ

ワールドコム事件　　→事件

執筆者紹介

岡本 大輔（おかもとだいすけ）慶應義塾大学商学部教授，博士（商学） 　　【主担当第Ⅰ・Ⅴ部】
　1981年　慶應義塾大学商学部卒業
　1986年　慶應義塾大学商学研究科後期博士課程単位取得
　主要業績
　　『企業評価の視点と手法』中央経済社，1996
　　『AIによる企業評価　人工知能を活かした知識モデルの試み』中央経済社，2004
　　『企業評価＋企業倫理　CSRへのアプローチ』（共著）慶應義塾大学出版会，2006
　　『社会的責任とCSRは違う！』千倉書房，2018
　研究紹介
　　"良い企業とは何か"を考える企業評価論を専門とし，"良い基準"を探る視点（What）とそれを"どのように測定するか"を検討する手法（How）に分けて研究。What研究では収益性・成長性に続く第3基準として社会性を提唱。How研究では計量経営学（Managemetrics）・人工知能（AI）を用いた新しいモデルを開発。

古川 靖洋（ふるかわやすひろ）関西学院大学総合政策学部教授，博士（商学）　　【主担当第Ⅱ部】
　1985年　慶應義塾大学商学部卒業
　1992年　慶應義塾大学商学研究科後期博士課程単位取得
　主要業績
　　『創造的オフィス環境』千倉書房，2002
　　『情報社会の生産性向上要因―ホワイトカラー研究の視点から―』千倉書房，2006
　　『ビジネス・イノベーション・システム』（共著）日本評論社，2009
　研究紹介
　　ホワイトカラーの生産性向上に影響を及ぼす要因や動機付けについて，アンケート調査を中心に研究し，その生産性を創造性，情報交換，モラールの観点からとらえ，これらを高める要因を追究。加えて，オフィスレイアウトやテレワークなど執務環境やツールの影響についても研究を展開。

佐藤 和（さとうやまと）慶應義塾大学商学部教授　　【主担当第Ⅳ部】
　1986年　慶應義塾大学商学部卒業
　1986　～1993年　㈱三菱総合研究所　経済・経営部門
　1996年　慶應義塾大学商学研究科後期博士課程単位取得
　主要業績
　　『ハイブリッド・キャピタリズム』（共著）慶應義塾大学出版会，1997
　　『日本型企業文化論―水平的集団主義の理論と実証―』慶應義塾大学出版会，2009
　研究紹介
　　計量経営学，組織理論，比較経営論の立場から，現代日本企業における組織文化の理論研究及び実証分析を行なう。最近では社会の変化と企業組織の関連から考える新しい日本型経営の姿や，これと韓国や中国，台湾の企業経営との比較について研究を進め，多国間での経営者のリーダーシップ・スタイルの違いについての調査・研究にも従事。

馬場 杉夫（ばばすぎお）専修大学経営学部教授，博士（商学）　　【主担当第Ⅲ部】
　1989年　慶應義塾大学商学部卒業
　1995年　慶應義塾大学商学研究科後期博士課程単位取得
　主要業績
　　『「組織力」の経営』（共著）中央経済社，2002
　　『個の主体性尊重のマネジメント』白桃書房，2005
　　『経営戦略論』（共著）中央経済社，2006
　研究紹介
　　組織の持続的な発展に求められる従業員の行動に関するフィールドスタディに一貫して取り組む。現在，戦略への提案とその実現に向けた組織や個人の活動に関する成功要因，促進要因，阻害要因の探索に従事。日本の大規模製造業へのアンケート調査に16年以上連続で参画し，現在も継続中。

JCOPY 〈(社)出版者著作権管理機構 委託出版物〉

本書のコピー，スキャン，デジタル化など無断複写は著作権法上での例外を除き禁じられています。複写される場合は，そのつど事前に（社）出版者著作権管理機構（電話 03-5244-5088，FAX 03-5244-5089，e-mail：info@jcopy.or.jp）の許諾を得てください。また，本書を代行業者などの第三者に依頼してスキャンやデジタル化することは，たとえ個人や家庭内での利用であっても一切認められておりません。

深化する日本の経営
―社会・トップ・戦略・組織―

2012年4月8日　初版発行
2019年3月10日　第8刷

著作者　岡本 大輔（おかもと だいすけ）
　　　　古川 靖洋（ふるかわ やすひろ）
　　　　佐藤 和（さとう やまと）
　　　　馬場 杉夫（ばば すぎお）

発行者　千倉 成示

発行所　㈱千倉書房　〒104-0031 東京都中央区京橋2-4-12
　　　　電　話・03（3273）3931代
　　　　https://www.chikura.co.jp/

©2012 岡本大輔，古川靖洋，佐藤 和，馬場杉夫，Printed in Japan
カバーデザイン・島 一恵　印刷・製本　藤原印刷株式会社
ISBN978-4-8051-0991-5 C3034